상한 갈대의 치유

상한갈대의 치유

옥수영 지음

개인과 가정, 교회에서 받은 다양한 상처와 갈등들을 치유하고
그리스도인으로 건강한 자아를 찾게하는
놀라운 상담적 전략이 담긴 "치유의 처방전"

|추|천|의|글|

    옥수영 박사는 "은혜로운교회"에서 목회를 하면서 함께 "총회신학교"를 섬기는 우리 시대의 귀한 사역자입니다. 신학교에서 신약학과 함께 목회상담학 등을 가르치면서 학생들에게 감동을 주고 신학생들의 삶에 실질적인 변화를 일으키는 유능하고 존경받는 교수이기도 합니다.

    금번에 발간되는 "상한 갈대의 치유"는 필자 자신이 신학교에서 수년간 강의한 내용의 진수(眞髓)를 잘 정리한 것이며 또한 자신이 현장에서 목회를 하면서 직접 상담과 치유 사역을 통해 경험한 실제적인 내용들이 담긴 상담과 치유에 관한 교재로 신학 교육과 목회에 실질적인 도움이 되는 귀한 지침서가 될 것으로 확신합니다.

    물질 문명의 봉우리가 높아질수록 현대인들의 마음속에는 어두운 그림자들이 만들어 지고 있는 이 시대에, 우리 교회와 사역자들은 과연 무엇을 해야 하나님의 뜻을 이루어 드릴 수 있을까요? 많은 사람들이 인간으로서의 멋과 여유를 잃고 인내심도 잃어가고 희생정신도 잃어가고 예의마저 잃어가고, 행복해야 할 가정들이 파괴되고 인생들에게 생명의 길을 제시해야 할 교회는 세속화되어가고 있는 이 시대에 이 책은 틀림없이 그 문제 해결과 치유를 위한 한 줄기의 빛이 되리라고 확신하며 본서를 한국 교회와 교역자들과 교회의 여러 사역자들에게 감히 추천 드리는 바입니다.

새서울교회 담임목사
총회신학연구원 학장
배 한 수 박사

하나님은 상한 갈대도 꺾지 않으시는 분이시다. 사람은 너무 쉽게 상한 갈대를 꺾고 밟아 버린다. 이 세상 누구도 상처 난 감정이 없을 수는 없으나 그것을 치유할 묘약 또한 쉽지 않다. 차제에 은혜로운교회 옥수영 목사가 참으로 유익하고 필요한 저서를 발간하게 됨은 기쁘고 감사한 일이다. 개인적으로 사위라 과찬할까 조심스러우나 냉철하게 살펴보아도 옥수영 목사는 끈기 있는 학구파이며 영국 유학 시절부터 지금까지 성실하고 헌신적으로 사역을 했고 교회 개척과 여러 신학교에 출강하면서 사명을 잘 감당해왔다. 금번에 강의와 목회 현장에서 자신이 체득하고 가르친바 상한 갈대밭의 몸부림과 치유의 노하우를 실감나게 책자로 펴낸 것이다.

이 책의 순서대로 내면적 상처의 치유부터 가정, 교회, 그리고 남녀노소가 받는 상처를 고루 진단 치료하게 하는 "치유의 처방전"과 같은 책이라 본다. 마지막 분야는 타인의 상처를 치유하는 상담 비결까지 제시했으니 이 책의 애독자들은 모두 "상처 치유자"가 될 것이다. 한국교회가 갈등과 분쟁으로 비난받는 영적 불경기에 이 책으로 말미암아 영성이 회복되고 성령과 말씀으로 거듭나 상한 갈대밭에서 건강한 새 순이 돋게 하는데 이 책이 크게 기여하리라 확신하며 기쁘게 추천하는 바이다.

남부산노회 증경 노회장
부산 성경신학원 전 학장
부산 대동교회 원로목사
정 병 찬 목사

나는 이 책을 읽으면서 저으이 놀라움을 금치 못하였다. 왜냐하면 이 책이 단지 이론에만 그치는 것이 아니라 저자의 삶과 영성이 그대로 느껴졌기 때문이다. 또한 상처 입은 자들에게 물 흐르듯이 자연스러우면서도 자기 고백적인 치유가 일어나겠다는 생각을 했다. 이 책이야말로 가정과 교회, 개인의 상처들을 가진 사람들에게 깊은 감동과 치유의 세계로 인도할 것이란 확신이 들었다. 더욱이 저자는 목회자이면서도 신학교 교수로서 지성과 영성을 겸비한 분이시다. 이 책은 치유에 대한 학문적 통찰력과 성경에 대한 폭넓은 이해를 전달하며 성도들의 상처를 보다 더 부드럽게 터치하는 깊이를 느끼게 해준다.

오늘날 같이 상처와 갈등이 혼재한 이때에 목회자와 평신도에게 치유와 회복과 소망을 주는 아름다운 책 한 권이 나오게 됨을 정말로 하나님께 감사드린다. 이 책은 우리에게 상처의 원인을 알게 하고 그 상처를 풀어나가는 방법과 상담 기법에 대해서도 쉽게 기억할 수 있게 소개하고 있다. 게다가 자녀들의 상처, 부모의 상처, 남녀의 상처, 중년기의 상처, 노년기의 상처 등, 성별, 세대별, 나이별 기질별로 구분하며 그들이 안고 있는 아픔들을 적절하게 치유하는 방법들도 구체적으로 제시하고 있다.

나는 이 책이 상처와 갈등, 쓴 뿌리와 침체로 헤매는 목회자, 신학생, 평신도들에게 놀라운 교과서가 되리라 의심치 아니한다. 모쪼록 이 책이 독자들의 마음과 영혼을 정결케 하는 청량제가 되어 여러 곳에서 많이 읽혀지기를 소망하며, 상처 입은 그리스도인들이 치유 받고 신실한 믿음의 헌신들이 일어나기를 간절히 바라는 마음이다.

CTS 목포방송본부장 목포 주안교회 담임목사
모 상 련 목사

저자 옥수영 목사님은 지성과 영성과 인성을 두루 갖추신 은혜로우신 목회자이시다. 강단에서는 열정적인 강의로 신학도에게 목회 비전을 심어주는 훌륭한 교수이시며, 상처 난 가슴들을 따뜻함과 온유함으로 어루만져주는 유능한 상담자이시다. 본서는 목사님이 삶의 현장에서 경험하신 일들을 쉽게 공감이 이루어지도록 심혈을 기울인 역작이기에, 읽는 이에겐 내면의 상처가 치유되어 긍정적인 성격으로 변화시키고 위기를 극복할 수 있는 힘을 길러주는 진솔한 상담 지침서이다. 뿐만 아니라 교회와 가정에서 서로의 갈등을 해결하고 상처를 치유해 주는 비결까지 알게 하여 이 시대의 필독서이기에 모든 분들께 꼭 권하고 싶은 책이다.

광운대, 목포과학대 겸임교수
총회신학교 원주캠퍼스 학장
홍 사 안 목사

이미 〈평신도 REVIVAL, 교회본질 되찾기〉(예찬사)와 〈갈등해소를 위한 성장 리더십〉(은혜출판사)의 저자로 잘 알려진 옥수영 목사의 〈상한 갈대의 치유〉가 새롭게 출간된 것을 기쁘게 생각한다. 저자는 일사에서 '은혜로운 교회'를 담임하고 있으며 여러 신학교에서 학생들을 가르치고 있다. 이번에 새로 출간된 〈상한 갈대의 치유〉는 인간의 상처와 갈등을 치유하려는 저자 특유의 몸부림이 짙게 배어 있다.

이 책은 세상을 살아가며 여러 사람들과 얽혀진 관계 속에서 여러 가지 상처로 찢겨진 영혼들을 어루만지려는 저자의 노력을 보여준다. 이 책의 내용은 저자가 신학교에서 기독교 상담 과목으로 수년 간 학생들을 가르치며 강의한 내용들을 발췌 정리한 것이다. 저자는 사람들의 찢겨진 '내면의 상처'와 자신도 모르게 '비뚤어진 성격'을 어떻게 다루어야 할지 구체적이며 실증적인 예를 들어가며 쉽게 설명한다.

저자는 '개인의 위기'를 다루면서 상처받은 자의 심정으로 문제를 풀어가며, '가정의 상처'와 '교회의 상처'를 치유하기 위하여 자신의 경험을 바탕으로 씨름하며 해결 방법을 제시한다. '남녀의 상처'와 '노년기의 상처'에 대해서도 저자 특유의 세심한 관찰과 노력으로 알기 쉬운 대처 방안을 제시한다. 마지막으로 자신의 상처를 치유한 자들이 어떻게 다른 사람들의 상담자가 될 수 있을지에 대해서도 '좋은 상담자가 되는 비결'에서 친절하게 소개하고 있다.

이 책을 통하여 개인과 가정, 또한 교회가 받은 마음의 상처를 치유하려고 몸부림치는 많은 사람들이 문제의 본질을 확인하고 적절한 치유를 받게 될 것으로 기대한다. 목회자 뿐만 아니라, 신학생들, 또한 일반 성도들이 이 책을 통하여 자신들의 깊이 응어리진 마음의 상처와 갈등을 치유할 수 있을 것이기에 일독을 권한다.

바른교회아카데미연구원
에스라성경대학원대학교
신약학, 조 석 민 교수

옥수영 목사님을 떠올리면 언뜻 열정의 사람임이 다가옵니다. 그런 이미지가 다가올 만큼 옥수영 목사님은 행동하는 신앙인이며, 목회자이며, 신학자며 탁월한 상담가이십니다. 그가 여러 해 동안 신학교에서 강의하고 목회 현장에서 성도들과 상담하고 치유했던 경험을 금번에 이 책을 통하여 한국 교회에 목회자와 신학생, 평신도들의 문제를 치유하는데 조금이나마 도움을 주려고 출간하게 됨을 기쁘게 생각합니다.

실제로 이 책은 책상에서 나온 것이 아니라 현장에서 나온 것이기에 누구나 적용하기 쉽게 되어 있습니다. 이 책에서 그는 우리 모두 겪는 인생의 깊이 패인 문제들을 주제마다 발견하고 이에 대한 여러 개선 및 치유 방안을 구체적으로 제시하고 있고, 또 말미에 이 모든 것을 정리해 주고 묵상을 통해 다시 마음에 새기도록 하고 있습니다.

특히나 개인과 가정, 교회에서 받은 다양한 상처와 갈등들을 해소하고 그리스도인으로서 건강한 자아를 갖도록 그 방법을 제시하고 있고, 더 나아가 부모와 자녀의 상처, 남녀의 상처, 중년기의 상처, 노년기의 상처 등, 성별, 세대별, 나이별, 기질별로 구분했고, 그들이 안고 있는 아픔을 어떻게 적절하게 치유할 수 있는지를 제시하고 있습니다. 저는 이 책이 오늘날 관계 때문에 어려움을 겪고 상처 가운데서 눌려 있는 많은 사람들에게 좋은 길라잡이가 될 것을 확신합니다.

거룩한 빛, 동부광성교회
담임목사 김 호 곤

들어가는 말

갈대는 바람이 불면 흔들리는 나무이다. 그러다가 이리 저리 부딪혀 상하기라도 하면, 갈대는 더욱 문드러진다. 상한 갈대는 그 속에 상처가 심해 거의 못쓰게 되는 나무가 된다. 인간의 내면세계도 마찬가지이다. 사람들은 처음에 태어날 때 순수했다. 그러나 인생을 살면서 여러 사람들과의 얽혀진 관계 속에서 이리 상처 받고, 저리 상처 받아 찢겨진 영혼으로 세상을 살아가게 된다. 상한 갈대들이다. 속은 다 썩어져 있다. 쓴 뿌리와 상한 마음으로 괴로워하고 있다.

세상 사람들은 모두가 다 상처를 받고 살아간다. 상처 없는 사람은 없다. 남녀노소 빈부귀천을 막론하고 상처는 누구에게나 다 있다. 문제는 그 상처를 안고 어떻게 극복하느냐에 따라 그 사람의 인생이 달라진다는 것이다. 그리스도인은 상처를 입은 치유자이다. 이전 것은 지나갔고 새로운 피조물이 된 사람들이다. 그러므로 그리스도인은 이미 옛 것으로부터 치유를 받았기에 상처를 싸매어주고 위로해주는 상담자가 될 수 있다. 그러나 만약에 그리스도인이라 할지라도 상처를 치유 받지 못하고 쓴 뿌리로 남아있다면 그 사람은 오히려 가해자가 되고 문제아가 되어 또 다른 상처를 제공하는 장본인이 될 수도 있을 것이다.

이 책은 필자가 신학교에서 기독교 상담 과목으로 수 년 간 제자들에게 가르치며 강의한 내용들을 발췌하여 중요한 것들만 정리해 놓은 것이다. 특별히 쉽고 명료하게 모든 사람이 공감할 수 있도록 심혈을 기울였다. 뿐만 아니라 필자 자신도 직접 경험하고, 치유 받은 것을 진솔하게 필력해 놓기도 했다. 모쪼록 이 책이 한국교회 목회자, 신학생, 성도들에게 조금이나마 건강한 자아를 만들어가는 좋은 지침서가 되기를 간절히 열망하며 기도해본다.

끝으로 이 책이 나오도록 은혜를 주신 하나님께 모든 영광을 돌리며, 이 책의 원고를 수정하며 보완함에 아낌없는 정성을 쏟아주신 은혜출판사에게도 감사를 드린다. 그리고 늘 뒤에서 한결같은 믿음으로 순종해온 아내 정경화와 사랑하는 세 아들, 지형, 지성, 지후와도 기쁨을 함께 하고 싶다. 마지막으로 무한 신뢰로 생사고락을 같이 하는 은혜로운교회 성도들에게 더더욱 감사를 드린다. 필자는 은혜로운교회 성도들이 너무나도 자랑스럽고, 내 인생에 가장 소중한 분들로 생각한다. 이 책을 읽는 모든 분들께 주님의 놀라운 축복과 성령의 평화가 함께 하시기를 기도드린다.

일산 은혜로운교회 목양실에서
옥 수 영 목사

| 차 | 례 |

- 추천의 글 · · · · 04
- 들어가는 말 · · · · 10

Chapter 1 **내면의 상처를 치유하라**
        01 상처로 찢겨진 자아 · · · · 16
        02 내면적 상처의 치유 · · · · 38

Chapter 2 **비뚤어진 성격을 치유하라**
        01 불안과 두려움의 성격장애 · · · · 62
        02 극적이고 감정적인 성격장애 · · · · 75
        03 정신분열적인 성격장애 · · · · 91

Chapter 3 **개인의 위기를 극복하라**
        01 왜 위기를 만나는가? · · · · 104
        02 위기를 극복하는 방법 · · · · 111

Chapter 4 **가정의 상처를 치유하라**
        01 역기능 가정의 원인분석 · · · · 132
        02 역기능 자녀들의 상처치유 · · · · 146
        03 역기능 가정의 치유 프로젝트 · · · · 165

Chapter 5 교회의 상처를 치유하라

- 01 건강한 교회를 만들어라 ···178
- 02 목회자의 상처를 치유하라 ···185
- 03 평신도의 상처를 치유하라 ···200

Chapter 6 남녀의 상처를 치유하라

- 01 여성들의 상처를 치유하라 ···216
- 02 중년기의 상처를 치유하라 ···230
- 03 남성들의 상처를 치유하라 ···240

Chapter 7 노년기의 상처를 치유하라

- 01 노년기에 대한 올바른 시각 ···254
- 02 노년기의 상처를 치유하라 ···263

Chapter 8 좋은 상담자가 되는 비결

- 01 상담자의 기본적인 자질 ···276
- 02 상담의 실제적인 기술들 ···293

• 에필로그 ···308

Chapter 1

내면의 상처를 치유하라

내가 네게 명령한 것이 아니냐 강하고 담대하라 두려워하지 말며 놀라지 말라 네가 어디로 가든지 네 하나님 여호와가 너와 함께 하느니라 하시니라 (여호수아 1:9)

이 장에서는 내면적 상처의 원인과 그 처방을 알게 될 것이다. 상처는 누구나 받는다. 그러나 문제는 상처를 치유 받는 사람이 있는 반면, 치유를 받지 못하는 사람도 있기 때문에 때론 공동체가 깨어지고 문제도 일어나게 되는 것이다.

01
상처로 찢겨진 자아

너의 하나님 여호와가 너의 가운데에 계시니 그는 구원을 베푸실 전능자이시라 그가 너로 말미암아 기쁨을 이기지 못하시며 너를 잠잠히 사랑하시며 너로 말미암아 즐거이 부르며 기뻐하시리라 하리라 (스바냐 3:17)

인격적 상처

인생을 살아가면서 주위를 둘러보면 문제없는 사람이 없고, 상처 없는 가정이 없다. '저 가정은 행복할 거야' 하고 생각하지만 자세히 들여다보면 모두가 말 못할 문제와 아픔들을 가지고 있다. 이것은 저마다 마음속에 숨겨진 내면적 상처가 존재한다는 것이다. 그 이유는 생명이 잉태되면서부터 부모와 형제, 친구, 그리고 수많은 주변의 사람들과 관계를 하면서 알게 모르게 갈등과 상처들이 만들어졌기 때문이다.

인격적인 상처는 인간이 살아가면서 내면에 쌓여진 각종 쓴 뿌리와 아픈 기억들 그리고 잘못되고 왜곡된 습관들이다. 하나님의 부름받은 신자는 이러한 비뚤어진 정서와 감정, 잘못된 행동들을 기독교적 관점에서 치유를 받고 그리스도의 형상을 닮아가는 건강한 자아를 가져야 행복한 신앙생활을 영위할 수 있다. 반대로 이런 인격적인 쓴 뿌리와 상처들을 그대로 방치하면 가정이 깨어지고 사회문제가 대두되며 교회가 분열되는 원인을 제공한다. 그러므로 건강한 자아상을 확립하려면 먼저 내 상처가 무엇인지를 알고, 그것을 치유하는 방법을 알아야 할 것이다.

마음을 지켜라

예수님께서는 사람을 더럽게 하는 것이 입으로 들어가는 것이 아니라 입에서 나오는 것이라고 말씀하셨다. 무슨 말인가? 입으로 들어가는 것은 음식물이지만 입에서 나오는 것은 각종 더러운 마음의 생각이기 때문이다. 잠언에서도 "모든 지킬 만한 것 중에 더욱 네 마음을 지키라 생명의 근원이 이에서 남이니라"(잠언4:23) 말하고 있다. 사람의 마음은 언어를 만들고 언어는 행동을 만들고 행동이 반복되면 습관이 되고 그 습관이 그 사람의 성격이 되는 것이다. 그러므로 마음은 사람 됨됨이의 가장 중요한 바로미터가 되는 것이다.

자아의 네 가지 영역

마음은 누가 창조했는가? 하나님이 만드셨다. 인간의 코에 생기를 불어넣어 마음과 영혼을 창조했다. 인간의 마음은 하나님의 형상이다. 그런 하나님 형상의 마음이 세상에 살면서 상처받고 깨어지고 다른 형태의 마음으로 변모된 것이다.

자아에는 일반적으로 네 가지 마음의 영역이 있다. 이것을 세분화하여 관찰해보면 내 마음이 어떤 상태로 유지되고 있으며, 어떻게 대처해야 할지를 잘 알게 된다. 첫 번째는 누구나 알 수 있는 객관적인 자아가 있다. 두 번째는 가면을 쓰고 있는 자아가 있다. 세 번째는 나도 지각하지 못하는 자아가 있다. 마지막으로 네 번째는 잠재의식속의 자아가 있다. 이것은 나도 모르고, 남도 모르는 마음의 영역이다. 대부분 인간의 70% 정도가 이 마음의 영역에 속한다고 할 수 있다.

객관적으로 드러난 자아

이것은 나도 알고 남도 아는 마음이다. 누구에게나 객관적으로 드러난 자아이다. 예를 들면 외모, 가족관계, 고향, 학벌, 직업, 배경 등과 같은 것들이다. 이것은 이야기를 해보면 서로 잘 알 수 있는 것들이다. 그래서 어떤 의미에서는 서로 잘 알기 때문에 보다 친밀하게 상호관계를 주고, 받을 수 있다. 그러나 동시에 너무 잘 안다는 이유 때문에 각자의 단점을 악용하여 더 쉽게 상처를 주는 경우도 있다. 실제로 그것을 알고 그 약점을 공격하는 사람도 많다. 안타깝지만 나쁜 사람들이다. 하지만 사회에서 흔히 일어나는 일이다. 심지어 교회에서도 그것을 이용하는 사람들이 있다. 잘못된 신앙인들이다.

무조건 예뻐져라~

남자는 어떤 여자를 좋아할까? 본능적으로 '예쁜 여자'를 좋아한다. 보통 똑똑하고 실력 있고, 능력 있는 남자들의 공통점은 예쁜 여자를 좋아한다는 것이다. 예쁜 여자만 지나가도 눈이 돌아가는 것은 남자들의 이심전심이다. 나는 "성격을 본다. 지성을 본다."라고 말하지만 다 거짓말이다. 실제로는 인물이 먼저라는 것이 남자들의 본능이다. 시대가 이쯤 되고 보니 여자들의 잠재의식 속에 미모에 대한 관심이 남다를 수밖에 없는 것은 당연한 것이다. 그러니 성형에 대한 유혹이 어찌 아니 없겠는가?

어쨌든 시대적 트렌드가 그렇기 때문에 여자는 예쁘고 보아야 한다. 그러면 나는 "안예쁜데 어떻게 해요?" 하고 묻는다면 그 대답은 뻔하다. 예뻐지려고 노력해야 한다. 그래서 화장이라는 것이 있지 아니한가? 이런 말이 있다. 20대는 화장을 하고, 30대는 분장을 하고, 40대는 변장을 하고, 50대는 가면을 쓰고, 60대는 환장을 한다고 한다. 그래도 화장을 해야 한다. 또 옷도 짧았다 길었다 할 수 있지 않은가? 노력해야 한다. 집에 들어오는 남편에게 미니-스커트를 입고 한 번쯤은 유혹하는 용기를 가지는 것도 괜찮다.

정 안되면 성형이라도 해~

한편 요즈음에는 이런 말도 유행하고 있다. "정 안되면 성형이라도 해~" 그렇다면 크리스천으로서 성형을 어떻게 바라보아야 하는가? 심지어 크리스천 성형의사도 있지 않은가? 어떻게 신앙적 관점에서 재정립을 해야 하겠는가? 크리스천은 성형을 하면 안 되는가? 아니면 가능할 수 있는가? 또 성형을 하면 어느 정도까지 가능하겠는가?

쌍꺼풀 수술을 한 여 집사가 천국에 갔더니 예수님이 "나 너 모른다!"라고 했다는 유머는 이미 교회 안에서 회자되고 있다. 성형을 반대하는 논리이다. 하지만 무조건 성형을 반대하면 그 사람이 이미 외모로 인해 심각하게 상처받은 것을 해결할 수 있는 대안이 있는가? 신앙적으로 승화되지 않은 사람은 오히려 더 심각한 열등감으로 우울증, 자기 학대, 짜증, 불만, 반항 등의 현상이 두드러지게 나타난다. 이것은 성형을 한 것보다 훨씬 더 부정적 자존감의 상처를 갖게 될 수도 있다.

어느 집사님의 간증이다. 딸이 너무 외모 콤플렉스가 심해 쌍꺼풀 수술과 코를 높여주었다고 한다. 결과는 대만족이다. 그 아이는 지금 공부도 잘하고, 교회 생활도 잘하며, 행복해한다고 한다. 물론 아직은 성형 후유증에 대해서 느끼지 못하고 있기 때문이다. 그래도 엄마는 성형이라도 해주니까 딸의 정서가 안정이 돼 잘 커주고 있다는 것이다. 이것은 그만큼 시대가 외모에 따라 사람을 평가하고 있다는 것을 반증하는 것이다. 미국 새들백교회 릭 워렌 목사도 교회 건물의 새 단장에 비유하며 어느 정도 성형을 인정하기도 했다.

그러나 여기서 성형에 대한 올바른 진단이 필요하다. 성형의 유혹은 한도 끝도 없다. 한 번 하면 계속 예뻐지고 싶은 욕망에 또 다시 성형을 하는 사람이

80% 이상 된다고 한다. 이것이 문제이다. 그렇게 계속 성형을 하다보면 중독(addiction)에 걸리게 되고, 결국 나 아닌 다른 자아로 살아가며 더 심각한 상처를 받게 된다는 것이다. 그러나 20% 정도는 성형을 더 이상 하지 않아도 자신의 상태에 대해 만족한 삶을 산다고 한다. 절제하는 사람이고 자족하는 사람이다. 당신도 이처럼 성형을 의지적으로 조절할 수 있겠는가? 진정으로? 그리고 성형의 후유증에 대해 걱정을 안 할 자신이 있겠는가?

내면의 아름다움을 키워라~

내가 아는 존경하는 교수님이 있다. 너무 잘생기고 지성적이며 영성이 충만한 목사님이시다. 신학생들에게도 참으로 신뢰와 존경을 받는 분이시다. 그런데 그 사모님을 보고 나서 더욱 존경심이 들었다. 이유는 내가 세상에 태어나 그렇게 못생긴 사모는 보지 못했기 때문이다. 그런데 더 놀라운 것은 교수님이 사모님을 얼마나 극진히 사랑하시는지 언제나 같이 다니시고 정말로 부부의 행복한 모습을 우리들에게 보여주는 것이었다. 교수님은 사모님의 내면의 아름다움을 보며 깊은 사랑을 느낀다고 말한다. 나는 속으로 생각했다. "교수님은 참으로 성직자이십니다."

영국 속담에 이런 말이 있다. "예쁜 여자를 만나면 3년이 행복하고, 착한 여자를 만나면 30년이 행복하고, 지혜로운 여자를 만나면 3대가 행복하다." 아마도 내가 존경하는 교수님의 사모님은 인자하고 착하시며 지혜로운 아내임이 틀림이 없을 것이다. 그렇기에 교수님도 그 사모님이 아니면 안 된다고 죽자 살자 쫓아다니며 지금도 행복하게 살고 있다고 생각한다.

호호~ 하며 맞춰줘라!

인물 좋고, 능력 있는 한 남자가 지성적이고 키도 큰 예쁜 여자와 결혼을 했다. 참으로 킹카-퀸카가 만난 것이다. 그런데 얼마 있지 않아 남편이 바람이 났다. 아내가 뒤를 추적해보니 그 남편의 여자는 정말로 못생기고 배우지도 못한 사람이었다. 예쁜 아내의 첫 마디가 왜 하필 이 여자야? 나보다 예쁘고 똑똑하면 이해라도 하지. 왜 이렇게 못생긴 여자야?" 하는 것이다. 그때 남편의 말은 "당신은 당신밖에 모르지만 이 여자는 내가 말하면 까르르 웃어주고 재미있어 하고 기분 좋게 해주기 때문이야!" 했다는 것이다. 무슨 말인가? 잘 웃고 편안한 여자가 예쁜 여자보다 훨씬 낫다는 것이다. 시작은 예쁜 여자가 좋지만, 나중은 호호~ 하며 맞춰주는 여자가 낫다는 것이다.

남자는 자신이 말할 때 특별히 웃어주는 여자를 좋아한다고 한다. 입을 가리고 '호호' 하며 맞장구쳐주고 같이 웃고 즐거워해주는 여자가 좋다는 것이다. 내가 무슨 말을 해도 좋아해주고 심지어 부부관계를 하며 사랑을 해도 '당신이 최고!' 라고 해주고, 무엇이든지 인정해주는 것을 좋아한다는 것이다. 예쁜 여자는 보기에는 좋을는지 모르지만 살기에는 불편하다는 것이 남자들의 통설이다. 결국 인생은 롱런이다. 편안하고 지혜로운 여자가 이기적인 여자를 이기며 '호호' 하며 잘 웃어주고 맞춰주며 인정해주는 여자가 예쁜 여자보다 승리한다는 것이다. 이것이 예수님의 정신이며 섬기는 마음이고 축복의 통로인 것이다.

비판보다는 배려해주어라!

객관적으로 드러난 자아는 나도 알고 남도 아는 자아이기 때문에 서로 잘 아는 상태이다. 외모, 학벌, 고향, 직업, 능력, 배경 등은 모두 다 밖으로 드러나는 것들이다. 사회는 냉정해서 이런 것들을 악용하거나 자기를 과시하는 사람들도 많이 있다. 이런 사람들은 내적으로 왜곡되고 병든 사람들이다. 이런 사람들이 많으면 사회는 건강하지 못하다.

그러나 우리 그리스도인들은 이미 주어진 것들에 대해 약점을 들춰내는 것이 아니라 배려해주고, 서로 이해와 섬김을 통해 아름다운 공동체를 만들어가야 하는 사명을 가지고 있다. 기독교적 내적치유는 이렇게 드러난 객관적인 자아를 자연스럽게 수용하고 서로 공감하고 위로해주며 덮어주고 싸매어줄 때 이뤄지는 것이며 더 건강한 자아를 만들 수 있는 것이다.

가면을 쓰고 있는 자아

이것은 내 마음을 내가 알지만 남은 모르는 것이다. 즉 가면을 쓰고 있는 자아이다. 나는 내 자신의 목적을 위해서 철저히 상대를 속인다. 이럴 때 상대는 내 마음을 전혀 모르고, 내가 보여주는 것만을 갖고 판단하며 반응을 해준다. 지극히 가식적이고 위선적인 마음이다.

바리새인들이 그와 같았다. 그들은 안식일과 십일조, 구제와 기도를 규칙적으로 했다. 거리 한복판에 나가 손을 들고 기도하며 그것을 자랑하기도 했다. 많은 사람들이 그들을 칭송했다. 그러나 그들의 마음에는 하나님을 사랑하는 마음이 없었다. 자기들의 정치적 야심과 기득권을 지키기 위한 가식적 행동에 불과했다. 그렇기 때문에 늘 마음이 공허하고 불안했던 것이다. 예수님이 그것을 지적하자 결국 그들은 예수님까지 십자가에 못 박는 파렴치한이 되었다. 그들은 가면을 벗지 못하고 계속 가식적이고 위선적인 행동의 극치로 사람을 죽이는 것도 서슴지 않은 행동을 보였던 것이다.

위선적 가면을 벗어라

일전에 동국대 교수였던 신정아씨 사건을 계기로 학벌주의의 병폐에 대해서 심각한 문제가 야기된 적이 있었다. 학벌을 위조해서 가면을 쓰고 마치 자신이 미국 최고 대학의 박사인 것처럼 행동을 하다가 덜미가 잡혀 마녀 사냥식의 매스컴의 집중 포화로 불행한 인생을 겪은 모습은 참으로 우리에게 씁쓸한 마음을 갖게 했다. 우리 한국사회는 더욱이 학벌위주의 문화이기 때문에 이런 가면을 쓰지 않을 수 없는 상황이 도래하는 경우들이 많다. 참으로 애석하지 않을 수 없다.

균형 감각을 갖춰라

필자는 집에 가면 아빠요, 신학교에 가면 교수요, 교회에 가면 목사가 된다. 각각 어느 곳에 속해 있느냐에 따라 지위와 역할과 명칭이 달라진다. 그러나 이런 지위들 가운데서 나도 모르게 가면을 쓰고 위선적인 행동이 나타나게 되는 것을 발견한다. 그것은 나는 알지만 남은 모르는 행위이며 양심의 가책을 느끼는 것들이다. 물론 일상생활을 하면서 가면을 전혀 안 쓸 수는 없지만 너무 많은 가면을 쓰게 되면 자신도 불행하고, 남도 불행하게 만드는 위선적인 사람이 될 수 있다. 이제는 균형적인 감각을 유지할 필요가 있다.

여보, 우리 큰 일 났어!

그럼, 어느 때에 가면을 벗고 가장 순수할 수 있겠는가? 어느 40대 후반인 가장의 이야기이다. 사업을 하는데 다른 거래처 사장을 만났다 "요즘 어때요?" 물으면 "네 잘되고 있어요!"라고 대답을 한다. 안된다고 하면 오더(order)를 받을 수 없기 때문이다. 회사 직원들과 회식을 한다. 직원들이 "사장님 힘들지요?" 하면 "아니, 괜찮아! 너희들도 힘내서 열심히 일해!"라고 한다. 회사가 힘들어도 내색을 할 수 없기 때문이다. 사업상 골프친구들을 만났다. "요즘 어떤가?"라고 하면 "요즘 다 힘들지, 그래도 우리 회사는 잘 되는 편이야!"라고 대답을 한다. 사실 부도의 위기에 있음에도 겉으론 태연한 척 한다. 그리고 동창회에 갔다. 그곳에서도 술을 곁들이며 친구들이 근황을 물으면 "아이~ 우리 회사는 아무 문제없어!"라고 대답을 한다.

그리고 술에 만취되어 집으로 들어온다. 아내가 밤새 기다리며 수고했다고 발을 정성스럽게 씻겨준다. 그제서야 남편은 닭똥 같은 눈물을 펑펑 흘리며 아내의 가슴에 포옥 안겨 "여보, 우리 큰 일 났어! 회사가 부도 직전이야. 어찌하면 좋지?"라고 하소연을 한다. 그때 비로소 가면을 벗고 순수한 자기 자신으로 돌아오는 것이다. 심각한 위기의 상황이 재연되고 나서야 자기의 가면을 벗는 것이다. 조금만 더 일찍 가면을 벗었다면, 조금만 일찍 아내와 대화를 했다면, 조금만 일찍 직원들과 해법을 찾았다면 최소한 이런 엄청난 스트레스와 중압감은 느끼지 않았을 것이다. 한국 남자들이 대부분 이렇게 살아간다. 가면을 안 쓸 수는 없지만 그 가면을 너무 오래 쓰면 그리고 이따금씩 그 가면을 벗어주지 않으면 굉장히 힘든 상황이 올 수 있다는 것을 명심해야 할 것이다.

신앙의 가면도 벗어라

신앙은 연조가 아니다. 물론 대체로 오랜 기간 믿은 사람들의 신앙 수준은 높다. 그러나 아무리 오래 신앙생활을 했다고 해도 종교적 위선에 빠지는 사람들도 많이 있다. 소위 신앙적 가면을 쓴 사람들이다. 밖에서 볼 때는 잘 믿는 사람인 것처럼 보인다. 그러나 자기 내면의 신앙의 상태를 보면 다 썩어져 곪아있다. 그들은 하나님 앞에(Koram Deo) 있지 않고 세속적인 생각으로 살아간다. 사회적 지위나 교회 직분 때문에 종교생활을 한다. 자녀들 앞에서 가면을 벗을 수 없어 마지못해 교회생활의 경건을 유지한다. 첫 사랑을 잃어버린 채 나도 모르게 세상으로, 세상으로 빠져 들어간다. 결국 교회생활이 종교생활이 되고 자기도 모르는 사이에 내면의 기쁨이 없이 반복되는 신앙의 행위를 계속 하게 된다.

첫 사랑을 회복하라

어느 장로님의 간증이다. 장로님은 대학교수이시다. 부인 권사님은 가끔 지상파 TV에도 나오고, 여러 유명 세미나를 주관하는 가정 사역 강사이시다. 자녀들은 다 명문대학 출신들이다. 겉으로 보기에는 남부러울 것이 없다. 물질적으로, 가정적으로 행복해 보인다. 교회생활에도 문제가 없었다. 부부 성가대원으로 신실한 믿음생활을 해왔다. 그런데 안타까운 것은 두 사람이 18년 동안 말도 안하고, 부부관계를 안했다는 것이다. 작은 사건이 화근이 되어 싸운 것이 장기간 가게 되고, 별로 불편하지 않으니까 평행선을 그으며 지금까지 살게 된 것이다. 급기야는 미혼인 자녀 때문에 이혼은 못하고, 나중에 시집 장가 다 보내 놓고 이혼을 합의한 상태가 되었다.

그러던 중 사랑하는 큰 아들에게 문제가 생겼다. 갑자기 위암 말기로 사망선고를 받게 된 것이다. 아내도 유방암으로 죽을 위기에 직면했다. 한꺼번에 터진 인생의 위기 앞에 장로님은 첫 믿음을 생각하며 하나님께 간절히 호소했다. "하나님, 이번 한 번만 기회를 주시면 제가 새롭게 태어나겠습니다. 아들과 아내가 잘못된 것은 모두가 다 나의 책임입니다. 한 번만 살려주십시오!" 눈물을 뿌리며 간절히 기도했다. 그런데 놀라운 것은 아들과 아내가 수술에 성공하고 둘 다 회복되어 건강한 몸으로 돌아온 것이다. 장로님은 감사했다. 지난날들을 참회하며 자신의 이중적 가면을 벗고 아내에게 먼저 다가가고, 아들에게 진정한 신앙의 모본을 보이는 아버지가 되었다. 이렇게 때론 고난이 우리 신앙의 가면을 벗게 되는 계기가 된다는 것을 발견한다.

가면을 쓰고 있는 자아는 잘못된 자화상을 가지기 쉽다. 이런 사람은 조금만 나쁜 환경을 만나면 어그러지고 비뚤어진 자아상을 만들어간다. 남 몰래 나만의 가면을 쓰고 위선적인 행동을 하는 것이다. 물론 때로는 공동체의 유익을 위해 가면이 필요할 때가 있다. 그러나 그것이 왜곡되어지고 평상심을 잃어버려 균형이 깨어질 때는 위선적이 되고 형식적이 되어 가정과 교회에 문제를 일으키고 우울증, 과대망상, 히스테리, 내적 공허, 일탈 등을 일으키게 된다. 이런 경우에는 빨리 가면을 벗고 순수한 자기의 모습으로 돌아가야 건강한 자아상과 즐겁고 유익한 생활을 영위해 나갈 수 있다.

지각하지 못하는 자아

이것은 드러난 행동을 나는 모르는데 남이 알고 있는 것을 말한다. 즉 나의 행동을 내가 지각(知覺)하지 못하는 경우이다. 우리는 인생을 살면서 내가 나를 다 안다고 단정할 수 없다. 왜냐하면 살다 보면 내가 보지 못하는 부분이 간혹 있기 때문이다. 오히려 내가 알지 못하는 장점과 단점들을 다른 사람들이 더 잘 보는 경우도 있다. 이것은 상대로부터 잘 경청해야 되는 부분이다. 만약 이런 것들을 잘만 수용하면 더 좋은 성품과 건강한 인격을 만들어 갈 수 있다. 그러나 이런 것들을 수용하지 못하고 불건전한 반응을 일으키며 화를 낼 때는 오히려 인격 장애의 요소로 나타날 수 있다. 내가 모르는 부분을 다른 사람으로부터 들을 때 나타나는 반응이 몇 가지가 있다.

분노하지 마라

다른 사람에게 충고나 내가 알지 못하는 것을 지적당했을 때 건강하지 못한 사람은 대체로 분노한다. 자기만의 고집을 꺾지 않는다. 변명하며 자신의 기분을 통제하지 못한다. 감정적이고 충동적이어서 어찌할 바를 몰라 결국 폭발해 버리고 만다. 이런 사람은 안 좋은 기분을 쏟아 부어야만 시원하다고 생각한다. 그리고 나중에 이내 후회하며 잘못했다고 변명한다. 참으로 안타깝지만 이것은 정서불안이다. 문제는 이런 현상이 반복되면 심각한 성격 장애와 충동적인 인격을 야기하며 가정과 교회를 훼손하고 파괴하는 주원인이 된다는 것이다.

혈기와 분노는 만인의 적이다. 가정불화의 원인이 대부분 혈기에서부터 비롯된다. 아이들에게 화를 내고 폭언을 하고 폭행을 하고 감당치 못할 상처를 주고 결국 그 아이를 문제아로 만드는 것은 부모인데도 정작 그 책임을 자기에게로 돌리지 않는다. 사회든, 교회든, 가정이든 분노하는 사람이 잘되는 것을 보지 못했다. 분노는 사단의 정서이다. 가정을 파괴하고 교회를 분열시키는 사단의 계략이다.

예수님은 온유한 자가 복이 있나니 땅을 기업으로 받을 것이라고 말했다. 온유하고 친절하고 부드러운 사람이 물질의 축복도, 인간관계의 소통도, 지위도, 출세도 할 수 있다. 그러므로 다른 사람에게 간혹 충고나 지적을 받을 때에 내 자신을 다스리며 부드럽게 대처할 수 있는 마음을 가진다면 그 사람은 건강한 자아, 성숙한 믿음을 가진 축복의 사람이 될 것이다. 신앙의 성숙은 혈기 부리는 것을 보면 안다. 그리스도인은 표현할 줄 아는 능력은 길러야 하지만, 그 표현을 부정적 에너지로 분출하는 능력을 기를 필요는 없다.

변명하지 마라

사람은 자기변명에 빠지기 쉬운 존재이다. 그러나 변명은 치졸한 것이다. 나를 방어하는 기재 중에 변명은 가장 나쁜 정서 중에 하나이다. 왜냐하면 다른 사람의 의견을 수용할 생각이 전혀 없기 때문이다. 아니면 화를 면하기 위해 무엇인가를 변명해서 피해보고자 하는 마음이 있는 것이다. 분노하는 사람은 쉽게 화를 내는 반면, 또 쉽게 받아들이기도 한다. 그러나 변명하는 사람은 그렇지 않다. 어떻게 해서라도 회피하거나 감추고 싶은 마음이 있는 것이다.

변명은 자기애적 사랑이다(Narcism)

변명을 한 번 두 번 하다보면 자꾸 습관이 된다. 변명은 내가 나를 잘 안다고 생각하지만, 실상은 나를 잘 알지 못하면서 내 식으로 방어하는 것이다. 합리화하는 것이다. 변명하는 사람은 마음에 굴곡이 심한 사람이다. 자기를 너무 사랑하다보니 다른 사람의 충고를 받아들일 공간이 없다. 자기애적 사랑(Narcism)을 가진 사람이다. 그래서 잘못된 것을 지적받으면 자기중심으로 생각하기 때문에 우선 자기 합리화에 급급해진다. 그것은 객관적인 자기 모습이 아니라 주관적인 자기 모습인데도, 그것을 왜곡된 마음으로 그려 자꾸 변명하고 합리화하려 한다. 그러다 보면 습관이 된다.

변명하는 사람은 자기에 대해 정직할 필요가 있다. 투명한 자신을 만들어야 한다. 잘못된 것은 잘못된 것이라고 인정하는 훈련을 해야 한다. 무조건 내가 하는 것이 선이 될 수 없다. 때론 나도 잘못할 수 있다. 그러나 변명하는 사람은 다른 사람에 대해서는 엄격하면서도 자기는 예외라고 생각한다. 도덕적으로 자기는 특수한 상황에 처해 있기 때문에 이해해줘야 된다고 생각한다. 그것이 나름의 선이라고 생각하며 자기만의 논리를 갖고 있다. 잘못된 것이다. 변명은 비뚤어진 자기 방어이다. 다른 사람에게 제대로 된 충고를 들었을 때는 변명을 하는 것이 아니라, 정직하게 수용하며 그것을 개선하려는 미덕을 가질 때 비로소 그 사람은 건강한 자아를 가진 사람이 되는 것이다.

무조건 양보하지 마라

내가 모르는 것을 남이 알 때 그리고 그것을 들었을 때 무조건 수용적인 사람이 있다. 소심하고 수동적이어서 자기변명, 자기표현을 잘 못하는 사람이다. 소위 착한 사람 신드롬에 걸린 사람이다. 이런 사람은 자기 장점을 들으면 겉보다도 속으로 더 좋아한다. 그러나 단점을 들었을 때는 자기와 다른 생각인데도 일체 변명하지 않고 그냥 수용해버린다. 왜냐하면 다른 사람과 싸우기 싫고 갈등 관계를 원하지 않기 때문이다. 그래서 무조건 양보하고 혼자서 속으로 끙끙 앓는다.

이것도 잘못된 자아상이다. 왜냐하면 상대와 화합하기 위해 갈등을 만들지 않으면 좋은 관계가 될지는 모르지만, 자신은 위선적이고 비굴한 사람이 되는 것이다. 겉으로 보기에는 착하고 마음이 넓은 사람으로 보일지 모르지만 속에는 분노와 공허와 가식으로 가득 차 있게 된다. 그리고 마음에도 없는 타협을 했기 때문에 어쩔 수 없이 받아들이다 보면 소극적이고 우유부단한 태도가 나올 수 밖에 없다. 그러므로 상대에게 자기를 표현하는 것은 결코 나쁜 것이 아니다. 인간관계에서 겸손은 하되 비굴해서는 안 된다. 자기를 적절히 표현할 줄 아는 사람이 건강한 사람이다.

소심하면 우울증에 걸린다(hypochondria)

성격이 소심하고 내성적이고, 무조건 수동적이면, 우울증에 걸릴 확률이 높다. 이런 사람은 상대를 위해서 또는 공동체를 위해서 자신의 의견을 무조건 양보하고 자존심도, 관계도, 진실도 모두 포기한다. 다만 갈등의 해결을 위해 자신의 생각은 내세우지 않고 상대의 의견만 받아들이게 된다. 그러다 보니 우울증에 걸리지 않을 수 없다.

우울증은 성질을 안 내는 사람, 화를 안 내는 사람이 주로 걸린다. 조그만 잘못을 지적받아도 "아이구, 죄송합니다. 내가 문제라서 그래요"하고 자기가 먼저 사과한다. 별것 아닌데도 '착한 사람 신드롬'에 걸려있어 안절부절 못하며 미안해한다. 이런 사람이 우울증에 걸리기 쉽다. 그러나 자기 할 말을 다 하는 사람은 오히려 우울증에 걸리지 않는다. 며느리가 시어머니에게 "어머니, 그렇게 말하지 마세요!" "뭐 아들이 대단하다고 그러세요?" "전 그렇게 살지 않을 거예요!" 목사님에게는 "목사님, 그렇게 목회하지 마세요!" "목사님, 제 생각은 달라요!" 등의 말을 하는 사람은 버릇은 없지만 우울증엔 걸리지 않는다. 할 말을 다하기 때문이다. 그러므로 너무 과격하게 자신을 표현하는 사람도 문제가 있지만 자신의 의견과 입장을 적절하게 표현하는 용기도 때로는 필요하다. 그런 사람이 건강한 사람이라고 할 수 있다.

창조적으로 개선하라

마지막으로 충고에 대한 건강한 자아상이 있다. 그것은 내가 알지 못하는 충고를 들었을 때 일단은 놀라지 않는 것이다. 그런 다음 내가 보지 못했던 나의 모습을 스스로 묵상해보는 것이다. 그리고 남이 나에게 말해준 내 자아가 정말 객관적이고 진심으로 말한 것인지를 생각해보며, 그 사람과 심도 높은 대화를 나누어 보는 것이다. 그러면 상대의 의도와 진심을 알게 되고 내 약점과 부족한 부분도 구체적으로 알게 될 것이다. 그리고 그렇게 만들어진 절충점을 나의 새로운 자아로 정착시키며 변화해나가는 것이다.

다만 이렇게 할 때 상당한 자제와 인내가 필요하다. 왜냐하면 상대가 나를 난도질하기도 하고, 들었다 놓았다 할 수도 있기 때문이다. 그러나 참을 것은 참고, 들을 것은 듣고, 인정할 부분은 인정하며, 개선할 부분은 개선하면 내 인생에도 커다란 힘이 되며 삶의 보약이 될 것이다. 건강한 자존감을 가진 사람은 다른 사람의 말을 창조적으로 수용하고 변형하는 조절력을 가지고 있다. 그런 사람이 좋은 성품의 소유자라 할 수 있다.

잠재의식 속에 있는 자아

이것은 나도 모르고, 남도 모르는 마음이다. 왜냐하면 잠재의식 속에 쌓여 있기 때문이다. 그러나 이것은 언제 어떻게 불쑥 튀어나올지 아무도 알지 못한다. 다만 이것은 오랜 시간을 걸치면서 무의식 속에 쌓여 있던 내 모습이기에 나도 알지 못하고, 상대방도 알지 못할 뿐이다. 인간 내면의 70%가 잠재의식이다. 이런 잠재의식은 자기 정체성(self-identification)을 잘 알 수 있게 하는 가장 중요한 마음의 영역이다. 그러므로 상처 입은 사람은 잠재의식 속에 쌓여

있던 자아를 들춰내고 치유를 받아야 새롭게 변화되는 계기를 만들 수 있다.

상처는 마음에 쌓인다!

비뚤어진 성격의 소유자는 대부분 잠재의식 속에 쌓여있는 자아를 잘 조정하지 못하기 때문에 발생하는 결과이다. 지나온 날들의 잘못된 흔적들은 무의식과 의식 속에 차곡차곡 쌓이면서 상처가 된다. 그 상처는 태어나면서부터 시작되며 더욱이 수많은 상처들은 내면에 축적되어 성장하며 그 사람의 성격을 형성한다고 할 수 있다.

태아기가 인생을 좌우한다

내면의 상처는 태중에서부터 시작된다. 태아가 어떻게 엄마의 뱃속에서 생활했는가에 따라 아이의 일생에 가장 중요한 잠재의식으로 남아있게 된다. 엄마의 정서, 엄마의 습관, 엄마의 언어 등은 아이에게 그대로 전달되며, 그것이 아이의 성격 형성에 지대한 영향을 미친다. 알콜 중독의 엄마, 욕하는 엄마, 짜증피우는 엄마, 싸우는 엄마 등 모든 정서가 아이의 잠재의식 속에 그대로 전달되어 상처로 남는다.

태교를 중요하게 생각하라

태아는 완전한 인격적 존재이기 때문에 이미 엄마의 뱃속에서부터 배우기 시작한다. 믿기 어렵겠지만 인간의 생애 중에 교신하는 잠재적 소질이 가장 높은 시기가 태아기이다. 태아는 어른들이 이미 잃어버린 텔레파시 능력을 가지고 있다. 그래서 태아는 엄마가 하는 말을 듣고 그대로 행동할 줄 안다. 엄마와 마음이 통하는 태아는 엄마가 손가락 끝으로 두 번 찌르며 "두 번 차줄래?" 하면 두 번 반복해서 차고, "세 번 차줄래?" 하면 세 번 찬다고 한다. 이것은 태아가 엄마와 텔레파시가 통하고 교신하며 엄마가 하는 말도 알아듣는다는 의미이다.

보통 산모는 임신 5개월이 되면 태아의 태동을 느낀다. 그때에는 매일 말을 해주며 아이가 건강하게 자라도록 지도해주어야 한다. 그림 카드, 글자 카드도 태아들이 모를 것 같지만 다 안다. 글자도, 색깔도 규칙적으로 알려주면서 칭찬을 해주면 더욱 좋다. 보통 하루 10분 정도 해주면 충분하다. 출산할 때는 빛을 줄이고, 소곤거리듯 말을 해주며 금방 탯줄을 자르지 말고 맥동이 끝날 때까지 기다려 주며, 그때까지 엄마의 배 위에 올려 엎드린 자세로 껴안아주면 좋다. 그리고 물의 온도 38-39도 정도의 따뜻한 물에 담가주면 아이가 자연스럽게 양수의 상태를 느끼며, 정서적으로 안정되고 행복한 아이로 출산할 수 있게 될 것이다.

어릴 때 상처, 어른까지 간다

어린 시절의 상처는 어른이 되어도 지울 수 없는 행동을 낳게 한다. 더욱이 어린 시절 부모님의 영향력은 절대적이다. 예를 들어 부모로부터 과잉보호를 받은 아이들은 대부분 자기애성 장애를 가질 확률이 높다. 자기만 알고 이기적이 되며 소위 왕자병, 공주병에 걸린다. 반면에 부모가 수수방관하며 간섭받지 않은 아이들이 크면 피해의식, 과대망상, 반항적이고, 도전적이 된다. 그만큼 어릴 때 어떤 부모님으로부터 어떤 영향을 받느냐는 매우 중요하다.

그러나 아이들이 사춘기를 지나면서부터는 부모님보다 학교와 친구들의 영향력이 더 커진다. 대부분 비뚤어지는 아이들을 보면 사춘기를 잘못 보냈기 때문에 그렇다. 그러므로 이때는 자녀들이 친구들과 환경에 크게 좌우되기 때문에 부모님이 직접 간섭하기 보다는 좋은 친구와 좋은 환경을 가질 수 있도록 관심을 갖고 배려하고 이끌어주는 지혜가 필요하다. 사춘기에 가장 중요한 부모의 덕목은 인내일 것이다. 왜냐하면 자녀들의 부모와 얽힌 어릴 때의 상처는 평생 가기 때문이다.

훔쳐서라도 가져와!

시골에 한 소년이 있었다. 어릴 때 너무나도 가난해서 준비물을 못 사가지고 학교에 올 때가 태반이었다. 하루는 학교에 크레파스를 또 가지고 가지 못했다. 그런데 선생님은 매번 준비물을 갖고 오지 못하는 이 소년에게 "이 놈이 오늘도 안가지고 왔어? 매번 안가지고 오면 어떻게 공부를 하려고 하는 거야? 다음부터는 훔쳐서라도 가져와!" 하며 매로 때리고 발로 차며 무시하고 경멸했다. 그 이후 이 소년은 선생님의 말대로 보이는 대로 훔치고 속이고 안 되면 사람을 죽이고 집에다 묻고 인육을 먹으며 사회 음지에서 세상을 증오하는 잔인한 사람으로 성장했다. 그가 바로 세상을 떠들썩하게 했던 지존파 살인마 '김기환'이라는 사람이었다.

성장해서도 마음의 상처는 쌓인다

자녀들이 성장해 어른이 되어도 환경을 무시하지는 못한다. 가정, 학교, 교회, 직장, 사회 어느 곳이든 사람과 관계하는 곳은 언제나 갈등이라는 것이 존재한다. 그렇기 때문에 어떤 환경 속에서 관계를 하며 생활을 하느냐에 따라 어른이 되어서도 그 성격과 정서가 달라질 수 있다. 사람은 누구나 상처를 받을 수 있다. 그러나 그 상처를 치유하지 않으면 내면에 차곡차곡 쌓여 인격적인 장애와 비뚤어진 성격으로 사회 문제를 일으키고, 가정을 파괴하는 문제아가 될 수밖에 없다.

자존감 상실

어릴 때부터 성장하면서까지 부모나 친구로부터 받은 상처가 너무 크면 자존감이 심각하게 상실된다. 그러다 보면 어른으로 자라면서 점점 폭력적이 되고 반항적이 된다. 어떤 경우는 외톨이를 자처하여 심각한 우울증과 자기 비하를 경험하기도 한다. 나아가 엄청난 열등감, 상실감, 패배감으로 인생의 회의를 가져오며 자신감을 완전히 잃어버리는 경우도 있다.

부정적 사고

자라면서 만들어진 마음의 상처는 부정적인 사고를 만든다. 나는 매사에 할 수 없다고 생각하며 원망, 불평, 짜증, 초조 등으로 어떤 일에도 적극적으로 도전하는 것을 꺼려한다. 그리고 지레 겁을 먹고 그 일에 대해 비판적이 되며 소극적인 태도를 취한다. 매사가 반항적이며 왜곡된 사고로 주변의 사람들을 피곤하게 만드는 경향이 있다.

대인관계의 어려움

어른이 되어도 쌓여진 마음의 상처는 우울증과 강박증을 가져 오기도 한다. 그렇게 되면 사람을 만나고 싶지도 않고 주변의 평가가 두렵기도 하고 외로움, 고독, 대화 단절 등으로 관계의 어려움을 겪는다. 반대로 완벽주의, 편견, 자기 애증 등의 현상으로 대인관계가 이기적이며 편파적이고 고집불통이며 공격적이어서 사람을 괴롭히고 불편하게도 한다. 결국 장기간 인간관계를 못하게 하는 원인이 된다.

영적 굴곡과 침체

마음의 쓴 뿌리가 많이 생겨진 어른은 신앙적으로도 굴곡이 심하다. 흔들리는 갈대처럼 이랬다, 저랬다 하며 변화무쌍한 신앙생활을 한다. 신앙의 기준이 불균형적이고 게으르며 나태한 세속적인 신앙생활을 한다. 따라서 영적 상태는 마음의 상처와 밀접한 관계를 가지고 있다고 할 수 있다. 상처를 해결한 사람은 영적으로 상승할 수 있고 영적으로 성장한 사람은 이미 상처를 치유 받은 경험이 있는 사람이다. 그리스도인은 상처 입은 치유자(Healer)가 되어야 건강한 신앙생활을 할 수 있다.

> 정리와 묵상하기

상 처 Healing

※ 상처는 어떻게 만들어지는가?

사람들은 살아가면서 내면에 쌓여진 각종 쓴 뿌리와 아픈 기억들 그리고 잘못되고 왜곡된 습관들을 통해 상처를 만들어간다. 이런 것들이 무의식 속에 차곡차곡 쌓이며 자아를 콕콕 찌르는 가시가 된다. 만약 이런 것들을 치유 받지 못하면 그 사람은 어디를 가도 문제아가 되며 다른 사람과 공동체에 상처를 주는 가해자가 된다.

※ 상처를 받는 자아는 어떤 종류가 있는가?

첫째, 나도 알고 상대도 알 수 있는 객관적인 자아가 있다. 외모, 학벌, 직업, 배경 같은 것들이다. 이런 것들은 공격하고 무시하는 것이 아니라 상대를 배려하고 덮어주고 격려하는 관계가 되어야 한다.

둘째, 남이 모르는 나만의 자아가 있다. 가면을 쓰고 있는 자아이다. 이때는 위선적이고 가식적인 것을 벗어던지고 투명한 자아로 만들어가야 한다. 신앙도 가면을 쓰고 있다면 첫사랑을 회복하며 투명한 믿음으로 돌아가야 한다.

셋째, 나도 지각하지 못하는 자아가 있다. 나는 모르지만 상대가 알고 말해주는 자아이다. 이것은 분노하거나 변명하거나 합리화하는 것이 아니라 수용하며 변화해야 하는 과제이다. 그러면 더 좋은 자아를 만들어가게 될 것이다.

넷째, 잠재의식 속의 자아가 있다. 이것은 태어날 때부터 성장해서 어른이 될 때까지 차곡차곡 쌓여진 자아이다. 이것은 나도 모르고 남도 모르는 마음의 영역이기 때문에 갈등과 상처가 깊어지면 심각한 인격 장애를 일으킨다. 따라서 건강한 공동체를 만들어감으로써 어릴 때 받은 상처 등과 같은 것은 풀어야 하는 숙제이다.

02
내면적 상처의 치유

너희는 이 세대를 본받지 말고 오직 마음을 새롭게 함으로 변화를 받아 하나님의 선하시고 기뻐하시고 온전하신 뜻이 무엇인지 분별하도록 하라 (로마서 12:2)

상처가 없는 사람은 없다. 누구에게나 상처는 있다. 다만 그 상처를 해결하지 못하는 사람이 많기 때문에 문제가 생기는 것이다. 문제가 생기면 가정도 교회도 사회도 걷잡을 수 없는 혼란에 빠지게 된다. 왜냐하면 그 한 사람 때문에 전체가 피해를 보며 또 다른 상처를 만들기 때문이다.

상처의 원인을 알아라
먼저 상처를 치유하기 위해서는 그 상처의 원인을 알아야 한다. 그래야 처방을 할 수 있고 거기에 대한 대처를 해나갈 수 있을 것이다.

죄책감(guilty)의 상처
상처를 받는 첫 번째 원인은 죄책감이다. 죄책감은 자아가 양심에 어긋날 때 생겨나는 후회의 감정이다. 사람은 세상을 살면서 얼마나 많은 양심의 가책을 느끼고 후회하며 살고 있는가? 이런 것들이 겉으로는 넘어가는 것처럼 보일지 모르지만 내면에는 다 아픈 상처로 남는다. 따라서 이러한 죄책감의 상처는 빨리 씻어낼수록 좋다.

원죄(original sin)

성경은 인간에게 원죄(original sin)가 있다고 말한다. 이것은 아담과 하와가 저지른 최초의 범죄이다. 원죄는 인간에게 전가되어 죄의 본능으로 자리 잡고 있다. 이것은 어느 누구도 해결할 수 없다. 예수 그리스도의 보혈만이 해결할 수 있다. 따라서 원죄는 예수 그리스도를 통해서만이 씻음 받을 수 있는 것이다.

자범죄(自犯罪)

인간은 원죄만 가지고 있는 것이 아니다. 살아가면서 짓는 자범죄(自犯罪)도 있다. 이것은 원죄를 느끼지 못하는 사람도 양심을 가지면 누구나 느낄 수 있는 죄책감이다. 요즈음에는 양심이 무디어져 아예 죄책감이 무엇인지 모르는 사람도 있다. 심각한 상태라 아니할 수 없다. 그러나 그러한 죄를 인식하지 못한다 할지라도 어느 틈에 마음속에 차곡차곡 쌓인다는 것을 알아야 한다. 그 죄가 정신과 육체를 갉아먹고, 사람을 피폐하게 만들며 씻지 못할 평생의 오점으로 남긴다는 것을 깨달아야 할 것이다.

수치심(shame)의 상처

상처를 받는 두 번째 원인은 수치심이다. 이것은 현실과 이상의 차이로 인한 자신의 부정적인 평가이다. 다시 말해 수치심은 자신이 기대하는 것이 현실에 못 미쳐 부끄럽게 생각하는 부정적인 평가라 할 수 있다. 아담과 하와는 선악과를 따 먹음으로 죄책감도 느꼈지만, 부끄러워 무화과로 몸을 덮는 수치심도 함께 느꼈다. 왜냐하면 하나님처럼 되지도 않았고, 도리어 벌거벗은 것이

드러나 기대했던 것보다 현실이 너무 못 미쳐 부끄러워 견딜 수 없었기 때문이다. 수치심은 두고두고 마음의 상처로 남는다.

건전한 수치심

파울러(James W. Fowler)는 이것을 다섯가지 수치심으로 구분했다. 첫 번째는 "건전한 수치심"이다. 이것은 모두가 느끼는 보편적인 수치심으로써, 수치심을 느낄 때 곧 반성하고 발전적으로 수정해나가면 더 행복한 자아를 만들게 된다. 살아가면서 건전한 수치심은 필요하다. 그래야 성숙한 인간이 될 수 있다.

완벽한 수치심

두 번째는 "완벽한 수치심"이 있다. 이것은 주로 부모님에 의해서 생긴다. 부모님들은 똑똑하고 착한 자녀들에게 많은 기대를 건다. 그러다 보니 자녀들은 일등 강박관념, 도덕 강박관념, 칭찬 강박관념 등 강박증에 걸리게 된다. 만약 부모가 기대하는 수준에 못 미칠 때는 심한 수치심과 부끄러움을 금치 못한다. 젊을 때는 아무 문제가 없어 보이지만, 40대가 되면 탈진 현상이 나타나며 피곤과 강박증으로 생의 보람과 의미를 느끼지 못하고 '헉헉' 대며 살아갈 때가 많다.

귀속적 수치심

세 번째는 "귀속적 수치심"이다. 이것은 외부적 환경에 나도 귀속되어 자신을 부정적으로 생각하는 수치심을 말한다. 예를 들어 아버지가 가난하면 나도 가난하게 생각하는 수치심이다. 아버지 직업이 형편없으면 나도 형편없는 놈이라고 생각한다. 아니면 내가 학벌이 좋지 않아서 사람들 앞에서 수치심을 느낀다든지, 직업이 좋지 않아서 수치심을 느낀다든지, 또는 흑인이기 때문에, 어느 지방출신이기 때문에 수치심을 느끼는 것 등은 모두 귀속적 수치심에 속한다.

중독성 수치심

네 번째는 "중독성 수치심"이다. 이것은 그 집단에서만 특별히 느껴지는 수치심으로 특정한 사건에 대한 수치심이 중독된 것이라 할 수 있다. 예를 들면 아버지가 바람둥이면 딸은 그것을 친구에게 감추려는 수치심에 중독되어 있다. 그러면서도 다른 도둑질이나 거짓말 같은 것에는 전혀 수치심을 느끼지 못한다. 중독성 수치심은 한쪽에만 치우쳐 과민반응을 일으키는 것이다. 그러나 이것은 다른 것에 대해서는 전혀 수치심을 느끼지 못하는 도덕적 불감증을 유발할 수 있다. 대체적으로 중독성 수치심은 이중적 행동을 강요받은 가정에서 자란 아이들에게서 쉽게 발견될 수 있다.

무 수치심

다섯 번째는 "무 수치심"이 있다. 이것은 남에게 상처를 주어도 전혀 수치심을 느끼지 못한다. 양심에 불화살을 맞았다고 할 수 있다. 도덕적으로, 양심적으로 아무 거리낌이 없이 범죄 행위를 저지른다. 이런 사람은 어린 시절 동안 전혀 사랑을 받지 못한 성인아이들의 특징이 있다. 이들은 수치심을 느끼기는커녕 오히려 범죄행위를 살아가는 생존수단으로 여긴다. 사회는 이런 사람들을 선도할 수 있도록 사랑을 베풀고 배려하는 넉넉한 마음을 가질 수 있어야 한다.

가계 대물림의 상처

상처는 집안 대대로 내려오는 성격, 습관, 음식, 질병 등의 문제 때문에 받는 경우도 많다. 왜냐하면 상처의 대부분은 가정에서 일어나는데, 그 원인이 당대의 가정이나 또는 그 위의 조상들 가족력의 영향으로 인함이기 때문이다.

부모의 대물림

먼저 "부모"로부터 전가되는 상처도 있다. 예를 들어 부모님의 성격과 습관에 따라 자녀들이 닮아가는 경향이다. 주로 아들들은 아버지를 닮고, 딸들은 엄마를 닮는다. 예를 들어 화를 잘 내는 아버지, 거리감 있는 아버지, 유약한 아버지, 가정을 버린 아버지, 알콜 중독의 아버지, 도박하는 아버지, 나를 버린 아버지, 나에게 해를 끼친 아버지, 나를 부끄러워하고 용납하지 않는 아버지 등의 모습을 본 아들들은 그대로 닮아가는 것을 볼 수 있다. 딸들도 마찬가지이다. 엄마의 모습을 안 닮는다고 하면서도 점점 커가면서 훨씬 더 닮아가는 것을 발견한다. 그러면서 상처를 받기도 하고 애증을 느끼기도 한다.

가계의 가족력

두 번째는 "조상들 가족력"의 전통적인 습관과 대물림으로부터 오는 상처도 있다. 사실 이것도 부모님들이 전가 받은 것으로써 자신도 알지 못하는 여러 가문의 전통과 습관들이 잠재의식 속에서 쌓이면서 내려오는 상처들이다. 예를 들어 대대로 바람을 잘 피우는 습관이 있는 집안이 있다. 그런데 이상하게도 그 자녀들이 조상들의 바람기를 똑같이 닮아가는 경우들도 많이 있다. 또는 도박, 도벽, 거짓말, 알콜 중독, 사기, 저주의 말들을 하는 집안이 있다. 그리고 어떤 집안에는 대대로 무당이 있는 경우도 있다. 그런데 이상하게도 그 자녀 대에 가면 그대로 대물림을 하는 경우도 많이 있는 것을 발견한다. 더욱이 조상 중에 암이나 심한 질병에 관한 육체적 가족력이 있었던 것을 조사해보면 그 자녀 대에 음식 습관, 질병 발병의 전통이 고스란히 전가되는 것도 쉽게 발견할 수 있다. 이런 것들도 당하는 사람에게는 큰 상처가 될 수 있다.

환경(circumstance)의 상처

사람이 성장하면서 좋지 않은 환경으로 인하여 당하는 갈등과 마음의 상처도 많다. 이것은 내가 적극적으로 뛰어들어 안팎으로 내공을 쌓으며 좋은 환경을 만들어가야 할 것이다. 환경의 굴레로 인한 상처는 그것을 극복하는 도전정신과 긍정적인 자세가 절대적으로 필요하다.

고정된 환경의 굴레

먼저 "고정된 환경의 굴레"가 있다. 이것은 이미 주어진 환경 때문에 당하는 상처들이다. 예를 들어 외모나 고향, 자라난 지역, 옛날에 졸업한 학교, 좀처럼 바꾸기 힘든 배경 등은 이미 만들어져 버린 환경들이다. 물론 그것 중에는 열심히 해서 다시 바꿀 수도 있겠지만 대부분은 고착화되어 이미 주어진 환경이 되어버렸다. 그러나 사람들은 이런 수동적인 환경으로 인하여 매일 상처를 주고받는 것이다.

이런 고착화된 환경의 굴레는 시각의 문제이다. 약점은 강점이 될 수도 있고, 약점으로 그대로 나타날 수도 있다. 예를 들어 내가 만약 학벌이 없다면 그것이 약점이기도 하지만 강점이기도 하다. 내가 학벌이 없음에도 불구하고 성공하면 그 사람은 더 훌륭한 사람이 되는 것이다. 또 개성을 중시하는 시대에 오히려 더 주목받을 수 있다. 만약에 학벌로 인한 굴레에 정말로 견디지 못한다고 하면, 다시 도전하라. 그래서 쟁취하면 된다. 그렇지 않고 머물러 서서 후회만 하고, 열등감만 느끼면 그 사람은 정말로 소인배이며 고착화된 환경의 굴레에서 벗어나오지 못하는 불행한 인생이 되는 것이다.

능력부족인 환경의 굴레

둘째는 "능력부족인 환경의 굴레"도 있다. 이것은 게으름, 전략실패, 관리

부재 등 나의 잘못으로 인한 상처들이다. 당시에 잘 했으면 됐는데 판단미숙 또는 지혜부족으로, 혹은 게으름으로 상황을 극복하지 못해 당하는 위기와 상처들을 말한다. 이런 경우에는 땅을 치고 통곡하며 후회하고 비탄해한다. 내가 조금만 잘했더라면 하는 아쉬움을 갖게 된다. 그러나 늦지 않았다, 그것을 깨닫는 순간 다시 시작할 수 있는 또 다른 기회를 맞을 수 있다. 능동적인 환경의 굴레는 내가 어떻게 다시 일구어 나가느냐의 능력에 따라 극복할 수 있을지 없을지가 결정된다.

영적인(spiritual) 상처

상처는 신앙 생활하면서도 받을 수 있다. 어떤 의미에서 영적인 상처가 가장 중요한 문제이다. 사실 거의 모든 상황을 조명해보면 거기에는 영적인 문제가 담겨져 있는 것을 발견한다. 그래서 신앙인에게는 영적인 문제가 가장 중요한 과제이다.

영적인 상처는 보통 교회에서 많이 일어난다. 목회자와의 갈등, 성도와의 불화, 개인 신앙생활의 불만족 등 교회 생활하면서 충돌이 될 때 나타나는 현상이다. 또한 가정에서도 영적인 상처는 얼마든지 받을 수 있다. 신앙문제로 가정이 조화를 이루지 못할 때 가족들은 심각한 상처를 받는다. 예를 들어 남편이 믿음이 없어서 생기는 신앙적인 갈등, 자녀들이 신앙적으로 커가지 못할 때 일어나는 갈등, 집안에 제사문제로 인한 충돌 등 가정에서도 신앙적인 상처는 알게 모르게 받을 수 있다.

만약 그리스도인들이 영적으로 눌리거나 침체의 늪에 빠지면, 겉으로 드러나는 생활이 엉망이 되지만, 속으로도 어둠의 권세에 사로잡혀 우울하고 무절제하며 세상을 향해 나갈 수밖에 없다. 영적으로 침체되면 생각과 감정과 언어와 행동도 억눌림을 당하고 정서적으로도 생활적으로도 혼란을 겪게 된다. 따라서 신앙인은 무엇보다도 영적인 능력을 길러야 한다. 영적으로 강건하면 어떤 상황도 이겨나갈 수 있는 하나님의 능력을 가질 수 있다.

상처를 치유하는 성경적 해결

상처는 치유해야 한다. 상처를 치유하지 않으면 그것이 곪아 또 다른 상처를 만들고, 몸의 암적 존재가 되며 더욱 더 심각한 문제를 유발하게 된다. 그렇게 되면 그 사람은 개인과 가정, 교회와 사회에서 분열과 갈등을 일으키는 가해자로 살아가게 될 것이다. 따라서 개인이 마음의 상처를 받았을 때에는 신속하게 해결하는 것이 건강한 사회를 위해서도 좋고, 또 그렇게 하는 것이 주님이 원하시는 것이며 성경적인 좋은 방법이라고 할 수 있다.

나를 솔직히 수용하라!(acceptance)

상처를 받았을 때 대처하는 첫 번째 방법은 내가 가지고 있는 모습을 그대로 수용하는 것이다. 나의 나 됨을 인정하는 것이다. 물론 이것은 쉽지 않다. 이미 받은 상처를 갖고 어떻게 수용한단 말인가? 결코 쉽지 않다. 그러나 상처를 갖고 마음에 복수심을 품으며 미움과 증오를 갖게 되면 그 상처는 더욱 더 큰 상처로 남게 되고 또 상처도 해결되지 않는다.

상처를 수용하는 단계

사람이 암이나 또는 실패와 같은 큰 문제를 만나면 크게 세 가지 반응이 나온다. 첫째는 "부정"이다. 둘째는 "분노"이다. 셋째는 "수용"이다. 물론 사람에 따라 각각 반응이 다를 수 있지만 암에 걸리면 처음에는 '아니야!' 하고 부정한다. 그러나 그것이 점점 사실로 받아들이면서 '왜 하필 나에게 이런 일이?' 하며 분노하게 된다. '내가 뭘 잘못했기에, 내가 얼마나 열심히 살았는데…' 하며 오열하기도 한다. 그러나 시간이 지나면서 점점 그 사실에 대해 수용하며 성숙을 배우고 대처해 나가는 능력을 길러나간다.

상처를 수용한 사람들

상처를 해결하기 위해 제일 먼저 수용하는 마음을 갖는 것이 중요하다. 학벌의 상처, 인간관계의 상처, 공동체 속의 상처, 돈과 질병의 상처 등 무엇이든지 간에 그것을 수용하는 것이 상처를 해결하는 가장 우선적인 방법이다. 수용하면 어떻게 대처할지 해답이 보이게 된다.

모세-내가 누구관데?

모세는 40년 왕궁생활, 40년 광야생활, 40년 이스라엘 지도자의 삶을 살았다. 그는 천당과 지옥, 성공과 실패, 높음과 낮음을 뼈저리게 경험한 사람이었다. 그럼에도 불구하고 그는 자신의 상처를 잘 수용하고 새롭게 인생을 걸어간 대표적인 인물이었다.

처음에 그는 의기양양했다. 유대인이면서도 애굽의 왕자로서 최고의 교육과 문화적 혜택을 입은 사람이었다. 애굽의 바로가 될 수도 있었다. 교만했다. 그러나 그는 유대인의 지도자가 되기로 결심하고 애굽 사람을 죽였지만 도리어 유대인에게도 인정받지 못하고 왕의 탄압만 받아 광야로 도망가게 되었다. 그렇게 살기를 40년, 그는 그동안 무기력한 삶을 살았다. 그때 하나님은 호렙산 떨기나무 가운데서 모세를 불렀다. "모세야, 모세야!"

모세는 하나님의 부름에 "내가 누구관데 유대인의 지도자가 될 수 있겠습니까?" 하며 자신의 무능함을 드러냈다. 지난 날 교만과는 천지차이였다. 40년 동안 자아가 꺾이며 하나님 앞에 겸손하게 되었다. 지난날은 자기 능력을 믿고 애굽의 왕이든, 유대인의 지도자이든 다 될 수 있다고 믿었지만 이제는 하나님의 능력이 아니면 안된다는 생각으로 바뀌게 되었다. 모세가 자신을 수용하니까 하나님께서 나타나셨고 그에게 새로운 능력을 주시며 유대인의 위대한 지도자로 쓰임 받게 된 것이다.

베드로-무식한 나에게도?

베드로는 어부 출신이었다. 평생 고기잡이 외에 해본 것이 없었다. 배운 것도 별로 없었다. 한 마디로 무식했다. 오죽 했으면 예수님의 수제자인 베드로가 성경을 두권 썼는데, 그것도 마가나 실라가 대필했을 것이라고 의심하는 학설이 나오고 있겠는가? 베드로는 당시에도 무식했지만 후대에도 그가 유식했다고 말하는 사람은 없다. 솔직히 그는 학벌이 출중한 바울에 비해 지식의 열등감을 가지고 있는 사람임에는 틀림이 없었다.

그러나 그가 그것 때문에 주의 사역을 훌륭하게 감당하지 못한 것이 있는가? 한 마디로 말하면 전혀 없다. 오히려 베드로는 자신의 학벌이 없음에 하나님을 더 의지하고, 성령의 능력을 덧입어 더 훌륭한 사도가 되었으며, 복음 전도자로 위대하게 쓰임을 받았다. 그는 학벌에 대해 자신의 연약함을 그대로 수용했다. 뿐만 아니라 부족한 부분은 더 노력했다. 성경을 더 열심히 연구했고, 기도도 더 많이 했다. 그는 열등감을 수용하며 승화시킨 사도였다.

뿐만 아니라 베드로는 예수님을 세 번 부인했다. 그가 회개했다 할지라도 그를 아는 많은 사람들은 "예수님을 배반한 사도"란 별명을 붙였다. 사람들은 그에게 조금만 안 좋은 일이 일어나면 "쯧쯧, 예수님을 세 번 부인해서 그래" "그 버릇 어디 가겠어?" 하며 놀려대기도 했다. 베드로에게 예수님을 세 번 부인한 사실은 두고두고 회자되었으며 그 열등감은 평생을 따라다녔다.

그러나 베드로가 그런 열등감 때문에 주의 사역을 못했는가? 오히려 그러한 열등감이 베드로를 거꾸로 십자가에 순교하게 하는 에너지가 되었다. 열등감은 수용하면 오히려 더 큰 놀라운 힘의 원천이 된다는 것을 모르는가? 만약 베드로가 그 열등감을 수용하지 못하고 자기를 학대하고 비하했다면, 가룟유다처럼 자살하거나 방탕한 삶을 살았을 것이다. 그러나 베드로는 그렇게 하지 않았다. 오히려 자신의 연약함을 솔직히 수용하고 더 하나님을 의지하며 믿음의 길을 걸어갔던 것이다.

베드로에게도 장점은 있었다. 바울에 비해서 학벌은 좋지 않았지만 설교는 잘했다. 베드로가 설교하면 그 자체가 실감나는 이야기였다. 예수님과 물 위를 함께 걸은 장면, 오병이어의 사건 모두가 현장감 넘치는 간증이며 살아있는 설교였다. 많은 사람들이 모여들었고 인산인해를 이루었으며 그가 복음을 전할 때마다 삼천 명, 오천 명이 회개하며 돌아왔다. 베드로는 자신의 열등감을 극복했으며 오히려 더 열심히 주의 사역을 감당하는 하나님의 위대한 종이 되었다.

바울-가시에 찔린 나에게도?

바울은 배경이 좋은 사람이었다. 좋은 가문의 집안에서 태어났고 유학파였으며 오늘날로 말하면 서울대 출신이었다. 또 산헤드린 공회 의원이었으며 오늘날의 국회의원과 같은 위치였다. 로마 시민권을 갖고 있었고 마음만 먹으면 어디든지 가서 권세를 휘두를 수 있는 특혜가 있었다. 그에게는 부족함이 없었고 모자람이 없었다. 항상 풍부했으며 야심과 꿈이 가득한 청년이었다.

그가 예수를 믿었을 때는 극적이었다. 예수님이 직접 나타나 이방인의 사도로 소명을 주었고, 그도 또한 전적으로 목숨을 바쳐 주님을 위해 복음을 전하는 위대한 사도가 되었다. 그에게 있는 좋은 학벌과 탁월한 지적 능력을 통해 성경을 열세 권을 쓰는 진기록을 세웠다. 뿐만 아니라 그의 능력은 탁월하여 손수건만 대어도 병자가 낫는 역사가 나타났다. 그는 강력한 성령의 능력을 덧입은 사도였다. 참으로 놀라운 사도였다.

그러나 그에게도 열등감은 있었다. 고린도후서 11장 6절에 보면 말에는 졸하다고 고백한다. 이것은 말을 잘 못 했다는 것이다. 설교도 못 했던 것 같다. 설교가 얼마나 길고 지루했으면 창문에 걸터앉았던 유두고라는 청년이 졸다가 떨어져 죽었겠는가? 또 고린도교회에서는 설교를 못했던 바울에 반대하여 탁월한 설교가 아볼로를 중심으로 한 파가 생겨나기도 했다. 바울은 자신이 생각해도 베드로와 아볼로에 비해 설교를 못한다고 생각했기 때문에 "말에는 졸하나" 하고 고백했던 것이다.

그는 외모의 열등감도 있었다. 기독교 문헌에 의하면 바울은 참으로 못생긴 사람이었다. 그의 모습을 자세히 뜯어보면, 머리는 자주 밀어 대머리처럼 보였고 얼굴은 우락부락하게 크고 눈은 가늘게 쫘~악 찢어졌고 코는 매부리 코였으며 키는 난장이처럼 작았고 다리는 휘어진 오다리였으며 어느 하나 잘생긴 데라고는 한 군데도 없었다. 사람들은 볼품없는 바울을 보며 "뭐 저런 사람이 사도야?" 하며 놀려댔다.

바울은 또한 몸에 가시도 있었다. 신학자들은 그의 가시를 '간질병'이라고도 하고 '안질병'이라고도 했다. 그는 몸에 심한 질병을 안고 사역을 했다는 것이다. 많은 사람들이 놀랐다. "남의 병은 고치면서 왜 자신의 병은 고치지 못하느냐? 그게 무슨 사도냐?" 이런 이야기를 들었던 사도 바울도 부끄러웠고 안타까웠다. 그래서 오죽했으면 예수님께 세 번이나 육체의 가시를 제거해달라고 기도했겠는가? 그러나 하나님은 "내 은혜가 네게 족하도다!" 하며 들어주지 않았다.

이처럼 사도 바울은 실제로 열등감과 가시가 많은 사람이었다. 보기에는 능력이 탁월한 사람인 것처럼 보였지만 실제로 자신을 들여다보면 약점 투성이고 열등감 천지였다. 그러나 바울은 이런 자신의 열등감을 그대로 수용했다. 그리고 고백하기를 "내가 약할 때 그때에 곧 강함이니라" 간증하며 더 하나님을 의지하고 더 하나님께 가까이 나가는 훈련을 통해 하나님의 위대한 사도가 될 수 있었다.

참 자아(True self)를 수용하라

사람에게는 거짓 자아와 참 자아가 있다. 대부분 사람들은 가면을 쓰고 거짓 자아를 쫓아가지만 신실한 믿음의 사람은 가면을 벗고 참 자아를 쫓아 하나님의 형상을 닮아가는 믿음의 사람이 된다. 거짓 자아는 열등감으로 더덕더덕 붙어있는 왜곡된 자기 자신이다. 여기에 현혹되어 넘어지면 아무 것도 할 수 없다. 우울증, 자기 학대, 과대망상, 강박증 등 성격장애자가 된다. 그러나 참된 자아를 쫓는 사람은 자기 상처와 열등감을 그대로 수용하며 더 나은 사람이 되도록 승화시키고 발전시켜 나가는 사람이 된다. "내게 능력 주시는 자 안에서 내가 모든 것을 할 수 있느니라" (빌립보서 4:13)

상처를 준 사람도 용서하라!(forgiveness)

상처를 입었을 때 회복하는 다음 단계는 다른 사람을 용서하는 것이다. 용서는 새로운 회복을 가져다준다. 사람은 용서하지 않기 때문에 상처의 마음이 열리지 않고, 용서하지 않기 때문에 인생도 앞으로 나갈 수가 없다. 용서는 상처 입은 사람의 관계 회복이며, 소생케 하는 놀라운 첩경이다.

사랑해~

한 아내가 목사님의 설교를 들으며 은혜를 받았다. 목사님은 이렇게 설교했다. "두 사람이 싸우고 미워하는 바다는 '썰렁해' 라고 합니다. 그러나 두 사람이 서로 아껴주고 격려해주는 바다는 '사랑해' 라고 합니다. 여러분도 부부 간에 서로 사랑하세요!" 아내는 남편에게 이야기해주기로 했다. "여보, 내가 퀴즈 하나 낼께요. 두 사람이 싸우고 미워하는 바다를 '썰렁해' 라고 해요. 그러면 두 사람이 서로 아껴주고 위해주고 예뻐해 주는 바다는 무엇이라고 할까요?" 라고 물었다. 그런데 남편은 그 말이 귀찮은 듯이 씩씩대며 "그건 왜 물어?

열바다이지"라고 했다는 것이다.

수영을 배우는 것이 어떤지요?

한 아내가 남편과의 애정지수를 점검하고 싶었다. 남편에게 물었다. "여보, 어머니하고 나하고 물에 빠지면 누구 먼저 구해줄 거야?"라고 그랬더니 남편이 생각조차 하지 않고 "어머니" 하는 것이다. 아내는 섭섭하기는 했지만 당신의 어머니이니까 그랬겠지 생각하면서 이번에는 "그럼 여보, 애들하고 나하고 물에 빠지면 누구부터 구해줄 거야?"라고 물었다. 그랬더니 이번에도 주저함 없이 "그야 당연히 애들이지!" 하는 것이다. 아내는 충격을 받았다. 하도 마음이 아파 목사님을 찾아가서 자초지종을 이야기했더니, 목사님이 그 집사님을 물끄러미 쳐다보시면서 하시는 말씀이 "지금부터 수영을 배워보시는 것이 어떻겠어요?" 했다는 것이다.

주님의 용서를 체험하라

때론 가장 가까이 있는 사람이 원수일 수 있다. 남편과 아내, 자식이 그렇다. 그럼에도 불구하고 그들을 용서하고 사랑하고 덮어주고 감싸주면 행복한 공동체, 아름다운 가족이 될 수 있다. 용서는 아무나 하는 것이 아니다. 사랑의 깊이가 없는 사람은 자기가 입은 상처를 꼭 남에게 발설하며 분풀이를 한다. 결국 상처는 또 다른 상처를 낳게 되는 것이다. 그러므로 상처는 용서의 깊이를 먼저 체험해야 한다. 내가 남에게 용서 받은 것처럼 남도 용서하는 것이다. 내가 남에게 사랑 받은 것처럼 남도 사랑하는 것이다. 무엇보다 주님의 용서와 사랑을 깊이 체험하면 내 마음도 열리고 남도 용서하는 아름다운 마음을 갖게 될 것이다. 주님이 형편없는 나를 조건 없이 용서해주시고 사랑해주신 것처럼 나도 상처를 준 그 사람을 용서하는 것이다.

내가 하나님을 대신 하리이까?

요셉에게는 지울 수 없는 상처가 최소한 두개가 있었다. 첫째는 자신을 노예로 팔았던 형님들에게 있었고, 둘째는 억울한 누명을 씌운 보디발의 아내에게 있었다. 모두 가슴을 치며 통탄할 일이다. 그런데 놀라운 것은 요셉은 전혀 그들에 대해 미운 감정을 드러내지 않았다는 것이다. 오히려 상처가 크면 클수록 더욱 더 주어진 현실에 묵묵히 최선을 다했다. 요셉이 그토록 의연하게 대처할 수 있었던 것은 이미 요셉이 그들을 용서했기 때문이다. 용서했기 때문에 더 이상 그 일에 집착하지 않았고 용서했기 때문에 훌훌 털어버리고 다시 새 길을 걸을 수 있었던 것이다. 만약 요셉이 용서하지 못했다고 하면 그는 국무총리가 될 수도 없었고 화병으로 자살을 하거나 방탕한 문제아가 되었을 것이다. 참으로 요셉은 건강한 자아상을 가지고 있었다.

더욱이 요셉은 형들에게 성경적인 용서의 원리를 가르쳐 주었다. 형들이 아버지, 야곱이 죽자 총리였던 요셉에게 두려운 마음이 들었다. 형들은 옛날을 생각해서 요셉이 복수심으로 자기들과 가족을 해치지 않을까 걱정했다. 그러나 요셉은 "내가 하나님을 대신 하리이까? 당신들은 나를 해하려 했으나 하나님은 그것을 선으로 바꾸어 주사 오늘과 같이 만민의 생명을 구원케 하셨다."라고 대답했다. 이것은 모든 것이 하나님의 섭리라는 것이다. 그는 고난도, 역경도, 모함도, 억울함도 모든 것이 합력하여 선을 이루게 하시는 좋으신 하나님의 섭리와 사랑이 있었다고 굳게 믿었다. 이것이 요셉을 위대하게 만든 원동력이었던 것이다.

주여! 저들을 용서하소서!

스데반은 초대교회 일곱 집사 중에 수석 집사였다. 복음을 전하다가 돌에 맞아 순교했다. 그때 바울이란 청년도 증인이 되어 그 현장에 있었다. 스데반은 그들을 향하여 "주여 저들을 용서하소서! 저들이 하는 일을 알지 못하나이다." 하고 하나님께 용서를 구하며 이미 그들을 용서했다. 그런데 어떤 일이 일어났었는가? 스데반을 죽이는데 일등 공신이었던 바울이 회심하고 주님께로 돌아와 이방인의 위대한 사도로 열방을 향해 복음을 전하는 놀라운 전도자가 되었던 것이다. 예수님도 동일한 기도를 드렸다. 십자가를 향해 조롱하고 비웃고 수치와 모멸을 주었던 바리새인, 로마병정, 수많은 사람들을 위해 "아버지여, 저들을 용서하소서. 저들의 하는 일을 알지 못하나이다." 기도했다. 결국 주님의 용서를 통해 그들이 변화되고 세상이 변화되고 복음의 꽃이 온 천지에 활짝 피게 되었다. 그러므로 용서는 개인을 변화시키고 가정과 교회, 사회를 변화시키는 놀라운 원동력이 된다.

내가 먼저 변화되라!(transformation)

내 자아를 새롭게 만들기 위해서는 수용과 용서만으로는 부족하다. 이제는 나만의 새로운 자아상으로 변형할 수 있는 노력이 필요하다. 상처를 주고받는 데에는 그만한 이유가 있다. 손바닥이 부딪혀야 소리가 나는 것처럼 상처는 상호간의 문제에서 비롯된다. 그러므로 나를 용서하고 남을 용서했다고 하면 이제부터는 나도 변화되어야 한다. 생각을 바꾸고 언어를 바꾸고 행동을 바꾸고 습관을 바꾸지 않으면 진정한 변화를 기대할 수 없다. 갈등과 문제는 내가 변화되지 않음에서 시작된다. 내가 먼저 변화되면 세상도 바뀌고 사람도 변화될 수 있다.

맥주 한잔 하자!

청년회 찬양집회 참석한 아이들의 말이다. 요즈음 찬양의 무드는 뛰고 솟고 소리치는 것이 대세이다. 청년 자매들이 그런 곳에 가면, 마음이 감동되고 은혜를 충만히 받는다. 이것은 긍정적인 시너지 효과이다. 청년들이 찬양을 통해 변화되고 새로워지는 추세는 좋은 현상이다. 앞으로도 찬양이 보다 발전적이고 더 수준 높은 다양한 영역으로 만들어지면 좋겠다.

그러나 찬양집회를 참석하는 젊은이들에게 부정적인 영향도 있다. 청년들이 찬양을 하며 은혜도 받지만 너무 감성적인 부분만 만져지기 때문에 의지적으로 자신을 변화시키는 노력이 부족하다고 한다. 예를 들면 찬양 집회에서는 신나게 노래하고 뛰고 솟고 소리치고 하다가, 끝나고 친구들과 집에 가면서 하는 말이 "오늘 우리 스트레스 확 풀었는데 맥주 한잔 하고 갈까?"라고 한다는 것이다. 그런데 놀라운 것은 이런 청년들이 제법 된다고 한다. 진정으로 변화되지 않은 모습들이다.

피나는 노력을 하라!

하나님은 준비된 사람을 쓰신다. 준비도 하지 않고 쓰임을 받으려 하는 것은 분명 잘못된 생각이다. 사회든 교회든 하나님은 감성과 의지가 균형적으로 철저히 준비된 사람을 쓰신다. 상처를 회복하는 사람에게도 철저히 자기 자신을 준비하며 변화되지 않으면 계속해서 그 사람은 또 다른 상처를 주고받을 수밖에 없을 것이다.

축구스타 박지성 선수를 보라. 그는 평발이다. 축구를 할 수 없는 발이다. 그런데도 그는 불굴의 의지와 피땀 흘리는 노력으로 세계적인 축구 명문구단 영국 맨체스터 유나이티드에서 뛰고 있다. 준비된 사람이기 때문이다. 한국 농구대통령 허재는 현역 시절에 남들과 같이 농구하는 시간 외에도 집에 와서 밤에도 농구 연습을 했다고 한다. 홈런왕 이승엽도 매일 하루에 2000번씩 타격연습을 했다고 하지 않는가? 요즈음 손담비, 이효리 등과 같은 에스(S) 라인의 여자 연예인들, 이병헌, 장혁 등과 같은 왕 복근의 남자 연예인들이 나오면 환호

성을 질러댄다. 왜 그런가? 멋있기 때문이다. 그런데 그들도 몸을 만들기 위해 다이어트하고, 운동하고, 눈물겨울 정도로 노력을 많이 한다고 한다. 이 세상의 모든 것은 무엇이든지 노력하지 않으면 성취되는 것은 하나도 없다.

명심해야 한다. 공부만 힘든 것이 아니다. 무엇이든지 성공하는 사람을 보면 준비된 사람들이라는 것을 발견한다. 성공은 눈물과 피와 땀과 수고의 열매가 있어야 그것이 의미가 있고 보람이 있는 것이지 그냥 하늘에 뚝 떨어지는 일확천금의 성공은 무의미하며 모래 위에 쌓은 탑과 같은 것이다. 상처도 치유 받으려면 피나는 노력을 해야 한다. 내가 변화되지 않으면 상처는 결국 곪아서 암적 존재가 될 것이다.

생각의 전환 – 작심삼일

옛날 속담에 '작심삼일(作心三日)'이란 말이 있다. 사람이 마음을 먹고 3일을 못 넘긴다는 것이다. 역으로 만일 3일을 넘기면 그 사람은 가능성이 있다는 뜻이기도 하다. 상담학자 스콧 팩은 이런 말을 했다. "인간에게 가장 큰 죄 중에 하나는 생각의 게으름이다." 하와가 생각의 게으름으로 선악과를 따먹었다. 만약에 그녀가 하나님의 말씀을 정확하게 생각하고 의지를 발동했다면 그것을 따먹지 않았을 것이다. 담배를 끊는 사람도 3일 생각을 굳게 먹고 의지를 발동하면 끊을 확률이 높다. 그러나 3일을 견디지 못하면 말짱 도루묵이 된다. 그러므로 무엇이든지 생각을 3일만이라도 부지런히 지켜낸다고 하면 우리는 의지를 발동하며 변화의 역사를 이룰 수 있을 것이다. 3일은 생각을 변화시킬 수 있는 중요한 기점이 된다고 할 수 있다.

죽으면 죽으리라~

에스더는 3일 금식을 통해 죽으면 죽으리라 결심했다. 그는 금식하며 기도

하면서 생각을 고정시키며 확실한 의지를 발동했다. 3일 동안 물 한 모금 마시지 않고 기도했으니 얼마나 그 생각이 확고했겠는가? 더욱이 하나님이 함께 하는 생각인데 무엇이 두렵고 떨렸겠는가? 하나님은 그녀에게 생각을 고정시켜 주셨고 지혜를 주셨고 영감을 따라 일을 하게 했다. 결과가 어떻게 되었는가? 그녀는 왕의 마음을 돌려 결국 유대인을 구원했고 모함했던 하만이 오히려 장대에 높이 달려 죽게 되었다. 에스더의 3일 금식은 역사를 바꾸었고, 하나님의 영광을 드러내는 위대한 일을 하게 했다.

언어의 전환-21일 전략

알이 부화되는 데에 21일이 걸린다고 한다. 아이가 세상에 태어나 목욕을 하고 적응하는 기간도 21일이 걸린다고 한다. 21일은 사람이 변화에 적응하는 기초 기간이라고 할 수 있다. 이것을 보통 심리학자들은 21일이 언어를 통해 사람이 변하도록 유도하는 적정의 기간이라고도 말했다. 왜냐하면 3주 동안 확신을 가지고 생각을 언어로 반복하면 놀라운 일들이 일어났기 때문이다. 많은 목회학자들도 성도들이 확신을 가지고 3주 동안을 계속 반복해서 말하면 믿음대로 그 역사가 실제로 나타났다고 말한다. 대기업에 종사하는 사람들도 언어를 반복해서 교육시키면 예상을 뛰어넘는 잠재력이 표출되는 경우들이 많다고 한다. 그 고비가 3주의 기간이라고 할 수 있다.

성경적으로도 보면 언어의 고백은 놀라운 힘이 있다. 사람이 마음을 먹고 언어로 시인할 때 훨씬 더 강력한 능력을 발한다. 로마서 10장 10절도 말하기를 "사람이 마음으로 믿어 의에 이르고 입으로 시인하여 구원에 이르느니라" 했다. 구원은 사람이 마음으로 믿은 것을 입으로 시인할 때 나타난다. 변화도 마찬가지이다. 마음의 변화가 일어났으면 입으로 시인하는 작업이 있어야 한다. 반드시 말로 표현하게 되어있다. 자살하는 사람이 남들은 모르지만 은연중에 자기 의사를 표현한다고 하지 않는가? 범죄자들도 은연중에 사전계획을 말한다고 하지 않는가? 남들은 알지 못하지만 사람은 이미 알게 모르게 입으로 자신의 생각을 말하는 것을 볼 수 있다.

네 말로 인하여 왔느니라

다니엘이 21일을 금식하며 기도했다. 이유는 하나님이 보여주신 환상과 계시를 깨닫기 위해서였다. 우리 성도들도 하나님의 말씀을 깨닫기 위해 다니엘처럼 특별히 기도하면서 묵상해야 할 것이다. 다니엘은 21일 동안 금식하며 기도할 때 인자 같은 이가 말씀하시기를 "하나님이 첫날부터 네 말을 들으신바 되었으므로 내가 네 말로 인하여 왔느니라"(다니엘 10:12) 이것은 다니엘이 21일 동안 말로 하나님께 간절히 간구했다는 의미이다. 더욱이 인자 같은 이가 바사국이 21일 동안 막고 천사장 미카엘이 도와 다니엘에게 응답의 역사를 이루게 했다는 것이다. 다니엘이 21일 동안 사투를 벌이며 끝까지 인내하며 간절히 입을 벌려 기도했다는 것이다. 주님은 다니엘이 드린 입술의 고백을 응답하신 것이다. 그 이후 그는 하나님의 계시를 받으며 영적 상승이 이뤄졌다.

습관의 변화-3개월 작전

석 달은 사람이 변화되는 가장 중요한 기간이다. 최소한 3개월을 버틴 사람은 습관이 만들어졌다는 증거이다. 담배를 석 달 끊었다면 그 사람은 완전히 끊을 확률이 높다. 왜냐하면 담배를 피우지 않겠다는 습관이 만들어졌기 때문이다. 새벽기도를 석 달 동안 했다고 하면 장기간 새벽기도를 할 확률이 높다. 그것도 습관을 형성했기 때문이다.

교회마다 영적 색깔이 다르다. 그 이유는 목사님마다 목회관이 다양하기 때문이다. 처음에는 교인들이 목사님의 목회관에 어색해 하지만 석 달 정도만 지나면 조금씩 익숙해지기 시작한다. 예를 들어 목사님이 찬양중심의 집회를 강조하면 처음에는 거부반응을 일으키지만 지속적으로 석 달 정도를 강조하면 교인들은 익숙해지기 시작한다. 또 목사님이 제자훈련을 강조하면 처음에는 불편해 해도 지속적으로 석 달 정도를 강조하면 나중에는 또 익숙해지기 시작한다. 왜냐하면 그 동안 습관이 만들어지기 때문이다. 물론 석 달 동안 갈등이 심하면 그것은 습관으로 만들어지지 않을 수도 있다. 그것은 목사님의 리더십에 따라 달라질 것이다. 큰 교회들은 대부분 이런 과정들을 통해 교회 색깔이 만들어졌다고 해도 과언이 아닐 것이다.

사람의 성격도 습관을 통해 이뤄진다. 그만큼 습관이 중요하다고 할 수 있다. 심리상담학자들은 습관을 형성하는 기초 기간이 최소한 석 달은 걸린다고 말한다. 석 달을 견딜 수 있는 사람이 습관을 만들 수 있고, 좋은 습관은 좋은 성격을 형성하는 것이다. 변화는 어떻게 이뤄지는가? 습관을 통해 이뤄지는 것이다. 상처도 아물고, 새롭게 변화하기 위해서는 좋은 습관을 만들어야 한다. 물론 시간이 지나야 하지만 그래도 좋은 습관을 형성하면, 그 만큼 건강한 자아로 행복한 인생을 살 수 있는 것이다.

| 정리와 묵상하기 | 상 처 Healing |

※ 당신은 상처를 받은 적이 없는가?

상처는 아픈 것이다. 사람의 마음을 칼로 도려내는 것과 같다. 상처는 치유를 받아야 한다. 그렇지 않으면 더 아프게 되고 심하면 암에 걸리기도 하고 정신분열을 일으키기도 한다. 이 상처는 개인과 가정과 교회와 사회에 심각한 혼란과 분열을 야기시킨다. 한 사람 때문에 전체 공동체가 깨지기도 하고, 또 다른 사람에게 상처를 주는 기현상이 일어나게 된다.

※ 당신은 상처를 무엇 때문에 받는다고 생각하는가?
첫째, 죄책감으로 인한 상처이다.
둘째, 수치심 때문에 받는 상처이다.
셋째, 가계의 잘못된 대물림으로 인한 상처이다.
넷째, 좋지 않은 환경의 굴레로 인한 상처이다.
다섯째, 침체된 영적 문제로 인한 상처이다.

※ 성경적으로 우리의 상처를 어떻게 해결해야 하는가?
첫째, 나의 상처를 솔직히 수용하는 것이다.
둘째, 나에게 상처를 준 사람까지도 용서하는 것이다.
셋째, 내가 먼저 변화되어 새로운 자화상을 만들어가는 것이다. 노력하지 않는 사람은 변화될 수 없다. 생각과 언어와 습관의 변화를 통해 건강한 자화상을 만드는 것이 급선무이다.

Chapter 2

비뚤어진 성격을 치유하라

> 내가 그리스도와 함께 십자가에 못 박혔나니 그런즉 이제는 내가 사는 것이 아니요 오직 내 안에 그리스도께서 사시는 것이라 이제 내가 육체 가운데 사는 것은 나를 사랑하사 나를 위하여 자기 자신을 버리신 하나님의 아들을 믿는 믿음 안에서 사는 것이라 (갈라디아서 2:20)

이 장에서는 다양한 성격적 장애를 소개할 것이다. 그것은 내 이야기이며 내 주변의 이야기이기도 하다. 그리고 그 인격적 장애의 문제점을 통해 어떻게 건강한 치유를 받을 수 있을 것인지에 대한 심도 깊은 해법도 제시하게 될 것이다.

01
불안과 두려움의 성격장애

<small>이것을 너희에게 이르는 것은 너희로 내 안에서 평안을 누리게 하려 함이라 세상에서는 너희가 환난을 당하나 담대하라 내가 세상을 이기었노라 (요한복음 16:33)</small>

더불어 사는 존재

인간은 사회적 동물이다. 더불어 살아가는 존재들이다. 그 속에서 기쁨과 슬픔, 즐거움과 괴로움 등을 함께 겪는다. 그러다 보면 갈등과 왜곡된 관계를 만들 수도 있다. 성격장애는 이런 가운데서 형성되는 것이다. 좀 더 구체적으로 말하면 성격장애는 한 개인의 오랫동안 지속되어 온 잘못된 생활양식이라고 할 수 있다. 그것은 처음부터 생긴 것이 아니라 상처 받은 쓴 뿌리의 습관적인 결과로 만들어진 것이다. 이런 사람들이 가족과 친구, 교회와 사회 속에 있으면 그 공동체는 깨어지고 심각한 갈등을 유발하는 주 원인이 된다. 여기서는 먼저 불안과 두려움에 관한 성격장애들의 원인과 치유에 대해서 알아보도록 하겠다.

의존성 성격장애 (복종형-우울증)

사람은 살아가면서 서로 의존하며 산다. 그러나 시간이 지나고 세월이 흐르면서 어른이 되어가며 그 의존성은 조금씩 떨어지고 스스로 할 수 있는 독립적인 의지를 갖게 된다. 그러나 의존성 성격장애를 가진 사람은 시간이 가도 의존적 습관을 끊어버리지 못하고, 오히려 더 계속적으로 다른 사람을 의존하는 경향이 강해진다.

우유부단하고 의존적이다

사람은 의존할 때가 있고 독립해야 할 때가 있다. 그것이 건강하고 균형적인 인간이다. 그러나 의존적 인물은 독자적인 삶을 계획하지 못한다. 옆에 항상 사람이 있어야 한다. 혼자 있는 것을 두려워하고 자기보다 능력 있는 사람에게 편하게 의존한다. 자신의 삶의 방향을 결정하거나 판단하는 것을 유보하며 남에게 미루는 경향이 있다. 항상 다른 사람의 눈치를 보고 다른 사람의 평가에 예민하게 반응한다. 어떤 일을 자발적으로 생각하고 처리하는 능력이 부족하다.

자신감이 없고 불안한 존재다

의존성 인물은 겉으로 보기에 지나치게 친절하고 상냥하게 보인다. 또한 속으로 억누르는 기질이 있기 때문에 매사가 순종적이다. 사람이 많을 때는 협력을 잘하지만 경쟁과 비교는 싫어하며 쉽게 안주해버린다. 누가 보아도 편안한 스타일이지만 실제로는 연약하고 열등감이 많으며 자신감이 없고 불안한 존재이다. 혼자 남는 것이 두려워 감정적 의존, 경제적 의존, 신앙적 의존, 사회적 의존 등으로 분리 불안을 이겨내려고 노력한다. 신앙생활은 광신적인 형태로 나타나기도 하고 은사와 신비적인 종교체험에 집착하는 경우도 종종 있다. 왜냐하면 종교지도자나 주관적인 신비체험에 의존하기 때문이다. 이런 사람은 계속적으로 상담이나 조언, 기도 요청, 사역자에게 의존하는 경향이 있다.

염려와 공포감이 있다

이런 사람은 항상 분리에 대한 염려와 공포감이 있다. 주변에 늘 사람이 많은 것을 좋아한다. 더불어 무언가 의지할 것이 있어야 안심을 한다. 그러다가 자신이 혼자라는 생각이 들 때에는 사람들에게 버림을 받았다고 착각한다. 그래서 이들은 주변에 자신이 의존할 두 서너 명의 상담자를 두기도 한다. 왜냐하면 이들은 주기적으로 우울증에 걸리며 상대가 관심을 갖고 보살펴주어야 안심을 하기 때문이다.

독자적으로 일하지 못한다

더욱이 의존성 성격장애에 걸리면 안일한 생각을 가지기 때문에 독자적으로 일을 처리하지 못한다. 그러나 장점은 자신이 의존하는 사람이 지침을 주면 누구보다도 순종적으로 부드럽고 온순하게 일하는 특징도 있다. 게다가 의존성 성격장애는 의존하는 사람에 대한 독점의식도 강하다. 따라서 오빠 부대나 추종세력이 되어 절대적인 지지를 보낸다. 그러나 의존하는 사람이 배반했을 때에는 때로는 복수하기도 하고 이내 다른 의존 대상자를 찾아 나서기도 한다. 그들은 다른 의존 대상을 찾기까지 주기적인 우울증 증세를 보이기도 한다.

우째 이런 일이

의존성 성격장애의 원인은 대부분 부모의 과잉보호로 인한 문제로 야기되는 것들이다. 이들은 결혼을 해서도 계속 마마보이, 파파보이 또는 마마걸, 파파걸로 남는다. 그래서 여전히 부모를 의존하며 독립적인 자아를 만들지 못한다. 그리고 배우자와의 관계도 상대편에게 떠넘기기 식으로 일관하며 복잡한 일은 맡으려 하지 않는다. 원인은 부모의 과잉보호이다.

또한 살아가면서 강력한 지도자의 보호 아래에서 생활한 사람들도 의존성 성격장애에 걸릴 확률이 높다. 자기는 아무 것도 안 해도 강력한 카리스마의 리더십 아래 편안하게 지냈기 때문에 자연히 의존적인 사람으로 변해간다. 나중에는 자기의 책임까지도 타인에게 돌리며 안일한 생각을 가지려 한다. 그러다가 점점 의존성 성격장애로 변해가는 것이다.

어떻게 치료할 수 있을까?

그러면 의존성 성격장애는 어떻게 치료할 수 있겠는가? 물론 여러 가지 해법이 있겠지만 여기서는 크게 세 가지로 요약하여 그 치료법을 제시하고자 한다.

명확한 책임소재

의존성 성격장애에 걸리면 책임감이 결여되고 이기적인 인간이 된다. 매사에 독립적인 결정을 하기 보다는 남을 의존하여 쉽게 문제를 해결하고자 한다. 어려운 일이 있을 때에는 현실을 도피하려고 하는 경향이 강하다. 따라서 의존적인 사람에게는 내가 할 것과 타인이 할 것에 대한 "명확한 책임소재"를 비지시적인 언어로 인식하게 해주는 것이 중요하다.

긍정적인 자화상

또한 의존성 성격장애는 경쟁을 싫어하고 열등감이 많으며 자신감이 결여되어 있는 불안한 존재이다. 혼자 남는 것이 두려워 감정적, 신앙적, 경제적 의존 등을 통해 분리 불안을 이겨내려고 한다. 따라서 의존성 성격장애는 먼저 내면의 "긍정적인 자화상"을 갖도록 하는 것이 중요하다. 또한 자신이 갖고 있는 은사와 재능을 발견하게 하고, 그 능력을 마음껏 발휘하도록 힘과 용기를 복돋아주어야 한다.

일의 성취감

마지막으로 의존성 성격장애는 내가 할 수 있는 것부터 작게 시작하여 성공하는 "성취감"을 경험하도록 해주어야 한다. 그래야 다음에도 홀로서기를 하며 더 열심히 일을 할 수 있을 것이다. 만약 자신이 하는 일이 자주 실패하면 불안과 부담감, 열등감, 압박감, 우울증 등으로 더 의존적이 되고, 심각한 장애를 일으킬 수도 있을 것이다. 그래서 의존성 성격장애는 일의 성취감을 맛보게 하는 것이 무엇보다 중요하다.

회피성 성격장애 (고립형-우유부단)

어떤 사람들은 자신을 고립시키며 살아가는 사람도 있다. 이들은 의도적으로 사람들과의 관계를 회피하며 자신을 격리시키기를 좋아한다. 심리 상담학적 차원에서 보면 이들은 회피성 성격장애에 걸렸다고 말할 수 있다.

거절에 대한 두려움이 있다

회피성 성격장애자들이 왜 사람들을 피하는가? 그것은 자기를 보호하는 수단이며 거절에 대한 두려움 때문이다. 이들은 보이지 않게 피를 흘리는 마음의 상처를 안고 성인기에 들어간다고 보아야 한다. 겉으로는 드러나지 않지만 음으로 양으로 "실수와 거절에 대한 열등감"을 많이 경험했기 때문이다.

실패의 상처가 가슴깊이 박혔다

이들은 가정에서나 사회에서나 상처 받을 것에 대한 두려움으로 만성적인 불안장애와 우울증으로 고생한다. 주로 이들은 대학에 떨어졌다든지, 직업이 없다든지, 비교당하여 마음의 상처가 깊은 사람들이라 할 수 있다. 이들은 사람들이 모이는 곳을 꺼려하고, 사람들 앞에 선다 해도 지나치게 수줍어하거나 당혹스러워한다. 그래서 반대로 다른 사람들과 어울리지 않음으로써 자신을 보호하는 방법을 선택한다. 정서적으로 단절되며 혼자 있는 것을 좋아한다.

소극적이고 우유부단하다

회피성 성격장애에 걸리면 업무수행에 소극적 생활양식을 갖게 된다. 미래를 준비하지 않고 수수방관하며 자기희생을 감수하려고 하지 않는다. 의무를 다하기 보다는 축복을 은근히 기대하는 공짜 심리를 갖는다. 이들은 무엇이든지 배우려는 의지가 없고 행운이 갑자기 닥칠 것이라고 기대한다. 자신이 원하는 것이 무엇인지 조차도 모를 때가 있다. 반면에 이들은 실수해서 흠 잡히는 것에 대해 늘 불안해한다. 또 실수하면 어쩌나, 또 거절당하면 어쩌나 늘 불안해하며 우유부단한 성격을 드러낸다.

우째 이런 일이

회피성 성격장애는 부모의 사랑과 관심을 빼앗긴 아이들에게서 주로 나타나는 현상이다. 예를 들면 부모의 냉혹하고 무자비한 언어폭력으로 사랑을 받지 못한 경우이다. 또 아이 입장에서는 잘해보려고 하지만 받아주지 않는 부모들의 거절로 인해 한계에 부딪히며 스스로 문을 닫아버리게 되는 것이다.

뿐만 아니라 부부가 화목하지 못한 가정에서 자란 아이들이 회피성 성격장애에 걸리기가 쉽다. 왜냐하면 잦은 부부싸움은 서로 비하하고 무시하고 경멸하는 언어를 사용하게 되기 때문이다. 이때 부모의 화난 감정이 아이들에게 전이되어 더욱 아이들이 두려움을 갖게 하다. 뿐만 아니라 아이들이 부모의 싸움을 중재하려고 애를 써보지만 오히려 욕만 듣는다. 때론 이편, 저편도 들지 못하는 우유부단한 성격만 드러내기도 한다. 그런 형태로 계속 자라게 되면 분명한 목적에 대한 헌신 능력이 결여되고 무감각한 사람이 되어가는 것이다.

어떻게 치료할 수 있을까?

그러면 회피성 성격장애는 어떻게 치료할 수 있겠는가? 일반적으로 네 가지

덕목을 회복하면 회피성 성격장애는 자연스럽게 치료받을 수 있을 것이다.

자존감의 회복

회피성 성격장애는 먼저 "무너진 자존감"을 회복해야 한다. 자신은 항상 거절당할 것이란 두려움을 갖고 있기 때문에 자신감이 없고 늘 불안한 것이다. 따라서 이런 사람은 먼저 긍정적인 자존감을 회복하는 것이 급선무이다. 더욱이 이런 자들에게는 사랑과 관심과 배려가 절대적으로 필요하다. 그래서 자신에 대한 확신과 자신감을 갖도록 배려해주는 것이 좋다.

일의 소명감 회복

두 번째는 "일의 소명에 대한 확신과 열정"을 갖도록 해주어야 한다. 회피성 장애는 실수하면 어떻게 하나, 또는 거절을 당하면 어떻게 하나 생각하며 늘 불안해하기 때문에 일에 대해 소극적이고 우유부단하다. 따라서 실수를 한다 해도 그 일을 반드시 해야 된다는 소명의식을 불어넣어 주어야 한다. 그러면 열정을 갖고 열심히 할 수 있을 것이다.

일의 성취감을 경험

세 번째는 의존성 성격장애와 마찬가지로 자신이 하는 "일의 성취"를 맛보도록 해주어야 한다. 할 수 있는 일부터 시작하며 가능한 것부터, 작은 것부터, 쉬운 것부터 하나씩 해나가며 일에 대한 확신과 열심을 갖도록 도와주어야 한다.

약속의 성실한 이행

마지막으로 한 번 약속한 것은 "성실히 이행"하고 신뢰를 꾸준히 쌓아가야 한다. 강요하는 것은 치명적이기 때문에 몰아붙이는 것은 조심해야 하며 그들을 이해하고 돌보아주는 관계를 지속적으로 해야 한다. 그러면 조금씩 한계에 대한 도전과 자신감으로 회복되게 될 것이다.

강박성 성격장애 (경직형-완벽주의)

일을 할 때 무엇이든지 완벽하게 하려는 사람은 강박성이 강한 사람이다. 사소한 일에도 집착하며 신중하게 생각한다. 매사에 작은 규칙과 일상의 형식에도 얽매이며 골몰해 한다. 그러나 너무 지나치게 신중해서 완벽하게 하려고 하다 보니 오히려 일을 그르치게 하는 경우도 많다.

사소한 일에 집착한다

강박성 성격장애는 나무를 보지만 숲을 보지 못한다. 사소한 일에 집착하며 전체를 놓치는 경우들이 많다. 물건 하나를 잃어버리면 온 집을 다 뒤져 찾는다. 찾지 못할 경우 잠시 쉬면서 새로운 물건을 구입하려는 생각을 하면 되는데 절대 하지 않는다. 반드시 잃어버린 물건을 찾아야만 된다고 생각한다. 이들은 사소한 일에 목숨 걸고 반드시 그 일이 이뤄져야 된다고 생각한다. 그러다가 전체를 보는 눈이 흐려지기도 하기 때문에 통전적 리더십을 발휘하기는 어렵다.

율법주의자들이다

강박성 성격장애는 완벽주의자들이다. 일에 중독되었고 남들도 자신처럼 일해야 된다고 생각한다. 다른 사람을 지배하려고 하고, 자신의 지위에 민감하며 아랫사람에게 순종을 요구한다. 자신이 속한 단체에서 질서를 고집하며 지나치게 양심적이다. 또한 그 조직의 재정이나 회의 형식에도 집착한다. 그래서 자신의 틀에 벗어난다고 생각하면 비판하기도 하고 그 조직의 분열을 조장하기도 한다. 신앙생활도 지나치게 성구를 인용하며 과도하게 적용하며 집착한다. 혹시 사고 등을 만나면 그것 때문에 저주를 받았다고 생각하고 조바심, 우울증, 낙담 등을 한다. 그러므로 이들에게는 조금이라도 여유를 갖는 것이 중요하며 때로는 자신이 망가지는 연습도 필요하다. 너무 완벽하지 않아도 세상은 아름다운 것이다.

소심하고 인색하다

강박성 성격장애는 여러 면에서 인색하다. 감정이나 물질에 대해서도 인색하다. 이들의 하는 일은 꼼꼼하고 소심하다. 상하구분이 정확하고 자신의 목적을 위해 직관적인 능력도 있다. 일을 처리하기 위해서는 어떻게 해결해야 할지도 잘 안다. 조직적이고 체계적으로 일을 하려고 한다. 그러나 이들에게는 따뜻하고 부드러운 감정 표현 능력이 부족하다. 지나치게 경직 되어 있었다. 다른 사람에게 칭찬을 하거나 선물을 주는 경우도 극히 드물다. 돈 문제로 다투는 일도 자주 있다. 인색하기도 하고 매사를 주고받는 공식적인 것으로 생각한다. 그러므로 이런 사람들은 후덕한 배려 정신을 조금만 갖추면 아름다운 인관관계와 성공적인 삶을 살 수 있다. 조금만 후덕해져라! 그리하면 더 많은 것들이 당신에게 돌아오리라!

남의 티를 보고 흠을 잡는다

강박성 성격장애는 자신이 완벽하다고 생각한다. 다른 사람들도 자신처럼 그렇게 살아야 된다고 생각한다. 그래서 다른 사람을 지배하려고 하고 은근히 순종을 요구한다. 자신의 지위에도 민감하며 다른 사람들이 못하는 꼴을 잘 보지 못한다. 혹시 자존심이 상하거나 자신의 하는 일이 비판을 받으면 견디지 못한다. 반대로 다른 사람들이 하는 일이 잘못되거나 대충하면 용납하지 못한다. 다른 사람의 잘못을 떠들어대고 소문을 내기도 한다. 소극적인 강박성 성격장애는 은근히 드러내어 자신의 정당성을 주장하려고 하는 성향이 많다. 이런 사람들은 회의할 때 조심해야 한다. 잘못 건드렸다가 큰 코 다칠 수가 있기 때문이다. 그러나 강박성 성격장애는 상대의 티는 보지만 자신의 들보는 보지 못한다. 자신도 실수하고 잘못할 수 있다는 생각을 해야 한다. 그리고 잘못하는 그들을 때론 이해하며 품고 사랑의 마음으로 바라볼 수 있는 눈을 길러야 할 것이다.

우째 이런 일이

강박성 성격장애는 지나치게 간섭을 받고 자란 아이들에게 나타나는 현상이다. 이들의 부모는 주로 규율이 강하고 자녀들에게 과잉단속을 한다. 가정에서는 엄격한 규율이 있지만 실제로는 형식적이고 가식적인 순종만이 있을 뿐이다. 자발적인 동참보다는 마지못해 복종하는 것이다. 종교행위도 부모의 간섭 속에 이뤄진 경우가 많다. 규칙적으로 참석하기는 하지만 내면의 변화는 없다. 그러나 이들이 은혜를 받으면 다른 사람을 추궁하기도 한다. "왜 교회 안 오세요?" "당신은 한 번도 기도회에 참석하지 않는군요" 하며 판단하고 정죄하기도 한다.

또한 사회에서도 엄격한 규율 속에 적응된 사람들이 종종 강박성 성격장애에 걸린다. 왜냐하면 경직된 직장이나 단체에서 지나치게 간섭을 받기 때문이다. 이들은 심해지면 표면적 반항을 하거나 또는 잠재적 불순종하는 순종자들이 된다. 그러나 이들이 상사가 되면 정작 당신은 남을 지배하려는 경향을 가진다. 당신은 강요받는 것을 싫어하지만 반대로 자신은 또 남을 지배하려는 모순된 행동이 나타난다. 참으로 기이한 현상이다. 이 모든 현상들이 강박증의 원인들이다.

어떻게 치료할 수 있을까?

그러면 강박성 성격장애를 어떻게 치료할 수 있겠는가? 크게 세 가지 정도의 인격적 훈련을 통해 그 해답을 제시할 수 있을 것이다.

함께 일하는 동료의식을 가져라

먼저 율법주의를 깨뜨려야 한다. 조금은 망가져야 한다. 내가 다해야 되고 내가 완벽해야 된다는 생각을 버리고 조직을 함께 만들어가는 "동료의식"의 훈련을 해야 한다. 그러기 위해서는 간섭하는 것을 덜 해야 한다. 배려하고 칭찬하는 훈련도 해야 한다. 내가 강요받는 것을 싫어했듯이 남을 간섭하려는 의지도 꺾어야 한다. 형식적인 회식이 아니라 진심으로 베풀고 나누는 훈련도 해야 할 것이다.

정기적인 휴식공간을 가져라

둘째는 정기적인 "휴식공간"이 필요하다. 강박성 성격장애는 일중독이고 의식적인 사람이기 때문에 인관관계가 항상 경직되어 있고 중압감을 느낀다. 그러므로 이들에게는 때로는 휴식이 필요하다. 특별한 취미생활을 한다든가, 여행을 간다든가, 아니면 운동 등을 통해 자신을 찾는 휴식의 시간이 필요하다. 신앙인이라면 기도하는 시간을 가지면서 자신을 돌아보는 훈련도 좋은 대안이 될 것이다.

공감하는 친구를 사귀라

셋째는 "공감하는 친구"를 가지는 것이 좋다. 강박성 성격장애는 내면에 항상 긴장감이 있다. 그들의 손과 얼굴의 근육, 앉아있는 태도, 앞뒤로 거닐며 서성대는 모습, 그리고 숨을 가쁘게 쉬는 모습을 보면 확실히 알 수 있다. 그러므로 이들에게는 서두르지 말고 차분하고 따뜻하게 말해주는 친구가 필요하다. 유머 감각이 있고 온유한 마음으로 그를 격려하는 친구가 있으면 보다 더 빨리 치료되며 세상을 아름답게 볼 것이다.

| 정리와 묵상하기 | 상 처 Healing |

* 불안과 두려움의 성격장애는 어떤 것이 있는가?

첫째, 자발적인 처리 능력이 부족하고 다른 사람을 무조건 의존하는 의존성 성격장애가 있다.

둘째, 의도적으로 다른 사람과의 관계를 회피하며 자신을 격리시키기를 좋아하는 회피성 성격장애가 있다.

셋째, 사소한 일에도 집착하며 신중하게 생각하는 완벽주의자 강박성 성격장애가 있다.

* 의존성 성격장애를 해결하는 방법은 무엇인가?

첫째, 책임감이 결여되고 이기적인 인간이기 때문에 명확한 책임소재를 인식시켜 주는 것이 중요하다. 그때 강요적인 방법보다는 비지시적인 언어로 설명해주는 것이 좋다.

둘째, 자신감이 결여되었기 때문에 자신의 장점과 능력을 복돋아 주어 긍정적인 자화상을 갖게 해주는 것이 좋다.

셋째, 내가 할 수 있는 것을 작은 일에서부터 시작하여 성공에 대한 성취감을 맛보게 해주어야 한다. 그래야 다음에도 홀로서기를 하며 더 열심히 할 수 있다.

* 회피성 성격장애를 어떻게 치료하면 좋을까?

첫째, 회피성 성격장애는 "또 실수하면 어떨까? 또 거절당하면 어떨까?" 하는 두려움을 갖고 있기 때문에 무너진 자존감의 회복이 급선무이다. 이런 사람에게는 사랑과 관심과 배려가 선행되어야 한다.

둘째, 소명에 대한 확신과 열정을 심어주어야 한다. 실수를 해도 그 일은 반드시 해야 된다는 소명의식을 불어넣어주는 것이다.

셋째, 의존성 성격장애와 마찬가지로 쉬운 일부터 하나씩 해나가며 일에 대한 성취감을 맛보도록 유도해주어야 한다.

넷째, 몰아붙이는 것은 치명적이기 때문에 약속한 것은 성실히 실행하며 신뢰를 쌓아가야 한다. 시간을 갖고 이해하고 돌보아주는 작업을 계속하면 그들의 마음이 조금씩 움직일 것이다.

* 강박성 성격장애를 어떻게 치료해야 하는가?

첫째, 경직된 완벽주의를 버리고 조직을 함께 만들어가는 동료의식을 훈련해야 한다.

둘째, 경직된 인간관계를 풀기 위해 정기적인 휴식이 필요하다. 취미나, 여행, 적당한 운동, 묵상과 기도생활 등과 같은 것이 도움이 될 것이다.

셋째, 유머가 있고 온유한 친구가 있으면 좋다. 만약 내면의 긴장감을 따뜻하게 풀어주고 자신의 생각을 공감하는 친구가 있다면 강박성 성격장애는 자연스럽게 치료될 수 있을 것이다.

02
극적이고 감정적인 성격장애

> 아무 것도 염려하지 말고 다만 모든 일에 기도와 간구로, 너희 구할 것을 감사함으로 하나님께 아뢰라 그리하면 모든 지각에 뛰어난 하나님의 평강이 그리스도 예수 안에서 너희 마음과 생각을 지키시리라 (빌립보서 4:6-7)

건강한 자아는 변함없는 감정의 상태를 갖는다. 때론 감정이 흔들린다 해도 이내 정상으로 돌아와 마음의 평정을 유지한다. 그러나 감정적 성격 장애는 환경에 따라 사람에 따라 감정의 기폭이 심하고 불안정한 변화를 일으킨다. 이들은 주로 이기적이어서 자기만을 생각하고 다른 사람에게도 상처를 주며 주변에 문제를 일으킨다.

배우형 성격장애 (사교적 유형-히스테리, 신경질)

얼핏 보면 생활양식은 의존성 인물과 비슷하다. 왜냐하면 배우형 성격장애도 다른 사람을 의존하는 경향이 있기 때문이다. 그러나 다른 점이 있다면 배우형 성격장애는 다른 사람을 수동적으로 의존하는 것이 아니라 다른 사람의 칭찬과 인정을 받기 위해 공격적으로 인간관계를 맺고 능동적으로 의존한다는 것이다. 그러다가 싫증이 나면 또 다시 다른 사람과 관계를 맺으며 그 사람에게서도 칭찬과 인기를 한 몸에 받는 행위를 계속 하는 사람들이다.

인기를 먹고 사는 사람

배우형 성격장애는 여자나 남자 모두 다른 사람을 의식하고 대중의 인기를 끌며 스타처럼 행동하고 화려하게 다른 사람의 주의를 끄는 생활 방식으로 살아가는 사람을 말한다. 이들은 소위 공주병, 왕자병에 걸려있어 항상 인기를 의식하고 사람의 주목을 끄는 행위를 계속 한다. 자기 목적을 위해서는 수단과 방법을 가리지 않고 사귀는 공격적인 인간이다. 주목을 받지 못할 때는 압력과 거짓말도 서슴지 않는다. 멋지게 자신을 포장하며 항상 주변에 사람이 끌도록 유도한다.

변화무쌍한 사람

배우형 성격장애는 항상 새로운 것을 갈망하는 사람이다. 일상생활에서도 늘 새로운 자극을 원하고, 그것이 계속 반복되면 또 쉽게 지루함을 느낀다. 이들은 생활이 피상적이며, 인간관계도 깊이가 없다. 모든 것을 자기중심에서 생각하고 쉽게 바꾸고 쉽게 포기해 버린다. 매사가 활발하고 극적이며 사람과 말할 때도 시선을 의식해서 상당히 과장하며 포장하는 편이다. 신앙생활도 극적이며 화려하다. 첫인상에 신경을 쓰며 반짝하다가 금방 사라지기도 한다. 성도와의 관계도 외향적이며 대인관계를 잘하고 매력적이지만 이내 마음에 들지 않을 때는 교회를 자주 옮겨 다니는 경향도 있다.

신경질적인 사람

배우형 성격장애는 무대에 올라갈 때만 행복하고 내려오면 이내 불행하다. 오랫동안 지속적인 관계를 하기보다는 이익에 따라 일시적인 관계를 하기 때문에 진실성이 없다. 그럴듯하게 포장되어 화려하게 보이지만 실제로 가까이서 보면 신경질적이고 충동적인 부분이 많은 성격이다. 더욱이 자기 일이 마음대로 되지 않았거나 인기 전선에 문제가 생기면 쉽게 신경질을 내며 감정을 절제하지 못할 때도 있다. 분위기에 약하며 환경에 잘 휩쓸리는 경향이 있다. 그러다가 문제가 꼬이거나 더 심각해지면 정서적 혼란에 빠지며 미성숙한 표를 내고 불안한 모습을 보인다.

내적으로 공허한 사람

사람들과 같이 있을 때는 행복한 것처럼 보이지만 혼자 있을 때는 내면의 공허함으로 가득 차 있다. 한 사람과 오랜 기간 관계를 맺지 못하기 때문에 자신에게 문제가 생기면 내면의 공허함을 더 느낀다. 이들은 이런 것을 극복하기 위해 일시적인 일탈행위로 채워보려고 하지만 실제로 만족하지도 못하고 공허함도 해결하지 못한다. 흔히 이들은 성적인 충동, 알콜 중독, 도박, 중독성 취미 등을 통해 내적 공허함을 채워보려고 하지만 역부족이다. 결국 더 내적 공허함을 느끼고 더 깊은 수렁에 빠져 사회의 문제아로 전락한다. 이들은 사람들 앞에서는 가면을 쓰고 화려하게 보이지만 실제로는 더 외로운 사람들이다.

우째 이런 일이

배우형 성격장애는 유전적인 요소도 있다. 태어날 때부터 신경질적이거나 감정변화가 심한 아이들이 사라게 되면 배우형 성격장애를 겪기도 한다. 그러나 대부분 배우형 인물들은 자라면서 성장환경이 수시로 바꾸어진 사람들에게 나타난다. 예를 들어 어릴 때 이사를 자주 했거나, 부모님이 이직을 자주 했거나, 학교를 자주 옮겨 다녔거나, 환경의 변화가 심한 사람들의 경우이다. 이들은 옮길 때마다 피상적으로 친구를 사귀고 살아남으려고 무대 중심의 삶을 살아가는 것이다.

또한 어릴 때 대중 앞에서 자주 자랑을 했던 자녀들이 배우형 성격장애에 걸릴 확률이 높다. 부모의 욕심에 아이들을 잘 차려 입게 하고 예쁘게 보이도록 했던 것이 아이들에게도 습관이 되어버린 경우이다. 부모의 등에 떠밀려 공개석상에 나가 말을 하거나 노래나 춤, 연기 등을 해서 상을 타거나 칭찬을 들은 경험 때문이다. 아예 짐을 싸들고 아이 뒷바라지를 하며 자기 아이가 스타가 되기를 원하는 부모들도 있다. 이렇게 자란 아이들은 항상 남의 시선을 의식하고, 집중 스포트라이트를 받기 때문에 배우형 성격장애에 걸리기가 쉽다. 직업적으로는 연예인, 정치가, 의사, 변호사, 사업가, 교사, 목사 등이 이에 속한다.

어떻게 치료할 것인가?

그러면 배우형 성격장애는 어떻게 치료할 수 있겠는가? 가장 중요한 것들만 여기에 수록하며 그 해답을 제시하고자 한다.

지속적인 관계를 맺어라

배우형 성격장애자들이 치료받기 위해서는 먼저 한 곳에서 "지속적으로" 관계를 맺는 훈련을 해야 한다. 배우형 성격장애는 수시로 옮겨 다닌 약점이 있기 때문에 칭찬과 즐거움이 없어도 지속적인 인간관계를 할 수 있는 훈련이 필요하다. 이들은 진실성이 결여된 것이 특징이다. 항상 인기 중심의 삶을 살았기 때문에 다른 사람과 진정한 관계를 맺지 못했다. 따라서 인간관계를 하면서 창피한 일도 아픈 일도 참아내며 그 공동체 속에서 진실성을 배우는 지긋한 훈련을 해야 그도 또한 어려움을 만날 때 도움을 받을 수 있는 건강한 자아를 가질 수 있을 것이다. 거기에 필요한 덕목은 인내이다. 배우형 인물이 인내를 이루게 되면 그 다음에는 더없이 훌륭한 인격자가 될 것이다.

일 자체를 즐겨라

두 번째, 인생과 일 자체를 즐길 수 있는 훈련이 필요하다. 배우형 성격장애는 일 중심적이다. 일을 했을 때 성과가 있어야 하고 칭찬을 들어야 만족을 한다. 그들은 사람들의 반응이 좋을 때 쾌감을 느낀다. 그렇지 않으면 신경질적이 되고 감정의 기폭이 심하게 된다. 이들은 항상 일과 사람을 의식하기 때문에 거기에 짓눌려 살아간다. 진정한 행복을 느끼지 못하는 사람들이다. 그러므로 이들이 치유받기 위해서는 일이 칭찬의 목적이 아니라 즐김의 대상이라는 인식전환(paradigm shift)이 필요하다. 일의 성과와 상관없이 내가 좋아하는 일을 한다는 것이 즐거운 것이다. 만약 내가 다른 사람과 비교하며 의식하지 않고 행복하게 일할 수 있다고 한다면 그 사람은 건강한 사람이다. 배우형 인물은 이런 인식의 전환이 있어야 치유 받을 수 있다.

투명한 생활과 성숙한 공동체를 경험하라

세 번째, 투명한 생활과 성숙한 공동체를 경험하는 것이다. 배우형 인물은 이중생활을 하기가 쉽다. 겉으로는 가면을 쓰고 인기를 먹고 살지만, 속으론 공허하기 때문에 일탈행위를 하기가 쉽다. 따라서 이들은 무대 안과 밖이 다른 이중생활을 할 가능성이 높다. 배우형 인물은 이런 것들을 조심해야 한다. 그러기 위해서는 자신이 먼저 주변 환경을 정리하고, 투명한 생활을 보여야 한다. 현재의 쾌락보다 신실함이 내 인생을 더 성공적으로 만든다는 것을 인식하며 자신의 타임 테이블을 가족과 주변에 공개하고 견제를 받아야 한다. 배우형 인물은 견제가 필요한 사람이다. 더욱이 배우형 인물이 불투명한 생활을 해도 만족할 수 있는 성숙한 공동체를 만나게 되면 자연스럽게 일탈에서 벗어나 건강한 자아를 갖게 될 것이다. 배우형 성격장애는 무대 안과 밖이 투명한 시스템을 만들고 성숙한 가정과 교회를 만나면 자연스럽게 치료될 수 있을 것이다.

자기애성 성격장애 (자기중심적 유형-나르시즘, 무례함)

자기애성 성격장애는 나르시즘이라 한다. 나르시즘의 어원은 그리스 신화에서 비롯되었다. 처녀인 '에코'가 멋진 청년인 '나르시서스'를 짝사랑했다. 그러나 나르시서스 청년은 냉정하게 눈길 한 번 주지 않았다. 결국 처녀 에코는 애인을 사모하다가 상사병으로 죽었다. 이것을 본 정의의 여신 네메시스(Nemesis)는 나르시서스를 심판하기로 했다. 그는 나르시서스에게 연못에 비친 자기의 모습을 보고 이룰 수 없는 한없는 자기사랑에 빠지게 했다. 그도 또한 매일 연못에 비친 자기의 모습을 연모하다가 상사병으로 죽었다. 그리고 그가 죽자 그 육체가 꽃으로 변했는데 사람들은 그 꽃 이름을 '나르시서스'라고 불렀다. 이것이 자기애성 성격장애의 기원이다.

자기를 과장하며 무례하다

자기애성 성격장애는 지나치게 자기를 과신하고 분에 넘치는 자기 존중이 있다. 과장된 자긍심이다. 자기를 객관적으로 평가하지 못하고 훨씬 더 높이 포장하는데 프로급 선수들이다. 그래서 자신의 업적이나 기술을 과장하여 대중의 아첨과 칭찬을 들으려고 노력한다. 만약 반대되는 평가를 들으면 인정하려고도 하지 않고 들으려고도 하지 않는다. 게다가 그들이 외모가 출중하다든가. 그 분야에 전문가라든가, 또는 예술이나 기술에 일가견이 있는 사람이라면, 더더욱 자신의 주장을 결코 굽히지 않는 특징이 있다. 자기가 최고라는 생각뿐이다. 무례하다. 예의가 없다. 황제병, 왕비병에 걸린 사람들이다. 배우형과 비슷하기도 하지만 그 정도는 비교가 되지 않는다. 훨씬 더 많은 포장과 과대망상에 빠져있다고 해도 과언이 아니다.

이기적이고 동정심이 없다

자기애성 성격장애는 항상 자기가 중심이 되어 있는 사람이다. 다른 사람의 대접을 받거나 섬김을 받으면 그것이 당연한 것이라고 여긴다. 자기는 늘 최고의 대우를 받아야 된다고 생각한다. 그러면서도 그들 마음속에는 감사와 은혜에 대한 기대가 없다. 게다가 다른 사람을 무시하면서도 자기가 받을 특혜에 대해서는 철저히 요구한다. 에릭 프롬은 이들을 "착취형 기질"이라고 명명했다. 더 심각한 것은 자기가 무례히 행하면서도 스스로는 그것을 잘 알지 못한다는 것이다. 자기중심에서만 생각하기 때문이다. 자기 목적을 위해서는 다른 사람을 착취하고, 냉정하며, 동정심이 없다. 고삐 풀린 망아지처럼 자기만 생각한다. 그러나 마음은 순수하기 때문에 조금만 길들이면 정말로 훌륭한 지도자로 거듭날 수도 있는 장점이 있다.

도덕적 양심이 결여되었다

이들은 허황된 꿈을 꾸며 오만한 고집이 있다. 웬만한 것에는 감동도 하지 않는다. 상대가 아무리 잘해도 욕구불만이다. 더 잘해주기를 바란다. 사회에서 살아가면서 지켜야 할 법을 무시하는 것도 대수롭지 않게 생각한다. 자신은 특수한 상황에 있다고 생각하며 남은 지켜도 자기는 그것을 지키지 않아도 된다고 믿는다. 자신은 모든 것에서부터 중심에 있기 때문에 항상 예외로 생각한다. 그러면서도 상대는 철저히 원칙을 지켜야 된다고 비판한다. 말을 할 때는 일관성이 없고 자신의 기준에 따라 수시로 바뀐다. 이들과 함께 살아가다 보면 다투지 않고 평화롭게 살아갈 대안이 별로 없다. 그들은 띄어놓은 풍선을 누군가 터뜨리면 분명 지독하게 화를 내고 분노할 것이다.

우째 이런 일이

자기애성 성격장애는 부모가 무조건 응석을 받아준 자녀들에게 나타나는 현상이다. 다시 말해 이런 성격장애는 부모가 자녀를 과잉보호하여 무조건적인 칭찬과 달콤함으로 키운 결과이다. 이렇게 자라게 되면 자기는 늘 최고의 대우를 받아야 된다고 생각한다. 잘못한 일도 합리화하여 묵살해버린다.

반대로 자기애성 성격장애는 어릴 때 부모로부터 사랑을 받지 못한 애정결핍으로 나타나는 현상일 때도 있다. 이런 자녀들은 어릴 때부터 부모의 사랑 없이 자랐기 때문에 자기 힘으로 성공해야만 했다. 이들은 누구보다도 자기를 최고로 믿고 최선을 다해 자수성가한 사람들이다. 이들은 한 번도 실패함이 없이 승승장구하며 성공을 일구어 내었다. 참으로 놀라운 일이다. 이들은 자신이 최고라고 생각하며 주변의 칭찬과 인기를 한 몸에 받으며 살아가지만 실제로는 애정결핍의 반대급부 현상으로 가면을 쓰고 있는 것이다.

어떻게 치료할 것인가?

그러면 자기애성 성격장애를 어떻게 치료할 수 있겠는가? 자기애성 성격장애는 자기밖에 모르기 때문에 특별히 공동체 생활을 잘 적응하는 훈련을 해야 할 것이다. 여기에 세 가지 정도의 해답 목록을 만들어본다.

경쟁자를 만나 선한 경쟁을 하라

자기애성 성격장애를 치유하는 첫 번째 방법은 나보다 나은 "경쟁자"를 만나 선한 경쟁 또는 실패를 경험하는 것이다. 이들은 항상 자기가 최고라고 생각하기 때문에 실패도 맛보고 고난도 만나고 아픔도 체험해보아야 한다. 그래야 세상에는 다양한 사람들이 있고, 자기보다 나은 사람도 있으며 모두가 다 협력하며 살아가야 한다는 생각을 할 것이다. 자기애성 성격장애는 고난과 역경, 말 못할 실패 등을 만나서 거기에 대한 심각한 자기 성찰이 있지 않으면 변화가 일어나지 않는다.

공동체 속에서 더불어 사는 훈련을 하라

두 번째는 공동체 생활을 통해 "더불어 사는 법"을 배워야 한다. 이들은 철저히 자기중심적이기 때문에 다른 사람과 더불어 살아갈 줄을 모른다. 따라서 한 공동체에서 지속적으로 기쁨도 슬픔도 즐거움도 외로움도 함께 하는 훈련을 해야 한다. 또한 그 공동체 속에서도 내가 좋을 때만 속해있고 내가 나쁠 때는 떠나는 것이 아니라 때론 싫은 일이 있어도 함께 해야 하고 싫은 일도 해야만 한다면 감수하는 훈련도 받아야 된다. 그래야 자기애성 성격장애는 자기중심적인 삶이 무너지며 건강한 자아를 가질 수 있고 사회생활에서도 행복하게 적응할 수 있다.

다른 사람도 소중하다는 경험을 하라

세 번째는 내가 소중하듯이 "다른 사람도 소중하다"는 것을 경험에서 배워야 한다. 그동안에는 무례하고 내 마음대로 휘둘렀지만 사회생활을 하면서 다른 사람도 소중하다는 것을 인식하는 경험이 필요하다. 그래야만 치유 받을 수 있다. 만약 계속해서 나만 중요하고 다른 사람의 영역과 가치는 별로라고 생각하면 그 사람은 끝내 치료 받지 못하고 주변사람에게 끊임없이 상처를 주는 성격장애로 남을 것이다. 따라서 이들이 치료받기 위해서는 다른 사람의 가치도 인정하고 존중해주는 관계를 경험해야 하고 다른 사람의 사정을 공감하고 배려하는 법도 배워야 한다.

적대적 공격형 성격장애 (부정적 유형-피해의식)

공격적인 성격장애는 부정적인 생각으로 가득 차 있는 사람이다. 항상 피해의식에 노출되어 있고 무언가 불만과 적대감이 마음속에 수북이 쌓여있다. 무슨 이야기를 해도 공격적인 언어가 튀어나와 조심스럽게 대화를 해야 하는 사람들이다. 물론 처음에는 이들이 자만심이 많고 자신감이 넘치는 자화상으로 보이기 때문에 호감이 갈는지 모르지만 점점 겪다보면 굉장히 충동적이고 무모하게 일을 시작하며, 비판적이고 공격적이라는 것을 깨닫게 된다.

냉소적이고 전투적이다

공격성 성격장애를 가진 사람은 반사회적 인물들이다. 인간관계에서도 협박과 위협을 사용한다. 다른 사람들로 하여금 자신을 두려워하게 만든다. 무모하게 싸움을 잘한다. 논쟁을 잘하고, 힘을 과시하고 상대를 매도하고 좇아내는 일을 잘한다. 어떤 투쟁이 없을 때는 만들어서라도 싸움질을 하는 사람들이다. 교회에서도 이러한 치고받고 싸우는 공격적인 사람이 최소한 한 명은 있게 마련이다. 자기주장을 관철하기 위해서는 오만하고 적대적인 방법을 취하며 전쟁을 방불하게 한다. 권력을 잡기 위해서는 무도덕적인 잔인성을 보이기도 하며, 화를 잘 내고, 화가 날 때는 욕설과 매질도 참지를 못한다. 세상의 권세와 영광을 순식간에 얻으려고 한다. 그리고 사람과 조직을 교묘하게 이용하여 획득하려고 한다.

복수심이 강하다

이들은 권력을 잡기 위해 수단과 방법을 가리지 않는다. 권력을 잡았을 때는 그것을 유지하기 위해 정열을 다 쏟는다. 만약 자기가 얻고자 하는 것을 얻지 못하거나 반대하는 자들이 나타나면 이내 난폭해지고 복수하게 된다. 복수를 할 때는 주위에 있는 사람이나 조직을 이용한다. 그들이 종교인이라 해도 권력욕에 묻히기 때문에 결국 복수의 칼 앞에 노예가 된다. 이것은 자기애성 인물과 비슷하여 그 행동을 구별하기가 힘들다. 이들은 상처받고 눈물을 흘리는 경우가 거의 없다. 공격을 받을 때는 더 냉정해진다. 그리고 나중에 더 세련된 가면으로 천연덕스럽게 복수한다. 그렇게 하고서도 죄의식을 느끼지 못한다. 오히려 자신에게 싫은 짓을 했던 사람에게 빚을 갚았다는 위안을 삼을 뿐이다. 그들은 은밀히 자기를 공격했던 원수의 목록을 만든다. 그리고 쾌재를 부르며 덫을 놓는다. 그리고 서서히 무너지는 것을 보며 즐거워한다.

약자를 비열하게 이용한다

공격성 인물은 강한 자에게 약하고, 약한 자에게 함부로 대하는 특징이 있다. 그들은 권력 정상을 향해 사다리를 타고 올라갈 때는 이기심이 없고 협조적인 것처럼 가장한다. 하나의 수단일 뿐이다. 더욱이 그들은 자신의 목적을 위해 위에 있는 사람에게는 키스하고 아래 있는 사람은 발로 차고 깔아뭉갠다. 이들의 생존전략이다. 다른 사람을 잘 믿지 못하고 자신의 영역을 침범당하는 것을 싫어한다. 그러나 강한 자에게는 비굴할 정도로 순종적이며 자기의 충성심을 증명하려고 한다. 역으로 약한 자는 자신의 먹잇감으로 이용한다. 비열한 사람이다. 냉정과 난폭을 오고가는 이중성이 있다.

우째 이런 일이

공격성 인물의 과거를 살펴보면 그 내면세계를 이해할 수 있다. 대부분 이들의 어린 시절은 부모의 버림을 받았거나 부모가 만족하지 못해 무시와 적대감을 받으며 굴욕과 수치심으로 살아온 자들이다. 아이들은 그것에 상처를 받으며 자기도 모르게 사람들에 대해 적대적이며 불신과 경계로 가득 차 있게 되었다. 또한 어떤 단체나 조직에서 억울한 피해를 당했거나, 굴욕적인 수치심을 느낀 자들이 사회에 대해 적대적이 되며, 공격적인 행동을 취하게 된다. 공격성 성격장애의 원인을 정리해보면 타인에게 심각한 미움과 무시와 멸시와 학대를 당한 사람들에게 나타나는 현상인 것이다.

어떻게 치료할 것인가?

공격성 성격장애는 늘 피해의식과 우울증에 걸려있기 때문에 쉽게 분노하고, 사람을 경계하는 현상이 두드러진다. 인내심이 없고 충동적이다. 그러므로 적대적 공격형 성격장애는 이런 문제를 잘 감안해야 치료가 가능할 것이다.

분노의 병폐를 인식해야 한다

공격성 성격장애가 치유받기 위해서는 우선 자신이 먼저 "분노의 병폐"에 대해서 인식해야 한다. 공격성 분노는 가정과 사회를 황폐케 한다. 처음에는 화를 내는 것이 스트레스를 푸는 데에 도움이 될지는 모르지만 나중에는 모두를 망가지게 하는 원인이 된다. 그것은 또한 가정의 세대 대물림으로 이어진다. 무서운 병이다. 따라서 공격성 성격장애는 자신이 먼저 그것을 인식하며 절제할 수 있는 훈련을 해야 한다. 그렇지 않으면 계속 돌아가는 순환적인 병폐와 파괴가 있게 될 것이다.

좋은 친구나 집단을 만나는 것이다

둘째는 "좋은 친구나 집단"을 만나는 것이다. 공격성은 사람을 잘못 만나서 그렇게 된 것이다. 부모이든 사람이든 무시당하고 학대받았기에 반사회적 사람이 된 것이다. 따라서 주변에 신뢰하는 좋은 친구를 만나게 되면 자연스럽게 마음이 풀어지고 그들의 생각을 공유할 수 있을 것이다. 더욱이 공격성 인물은 동료집단의 영향력이 크다. 함께 지내는 또래 집단이 적대적이고 의심이 많고 냉소적이라면 그는 더욱 적대적이 될 것이다. 그래서 교도소에 가면 더 공격적이 되는 것이 바로 이런 이유 때문이다. 따라서 공격성 성격장애는 적대감과 불신이 해소될 수 있는 사람이나 단체를 만나야 치료될 수가 있다. 신뢰받는 환경을 만들어주면 처음에는 안 듣는 것 같지만 조금씩 변화를 일으키게 될 것이다. 그리고 공격성 친구를 만날 때는 거기에 말려들지 말고 아닐 때는 '아니다'라고 간단하고 명확하게 그리고 직접적으로 말하는 것이 좋다. 그래야 상대가 이해하고 더 이상 농간을 부리지 않는다.

그리스도와 신뢰관계를 회복하는 것이다

셋째는 "그리스도와 신뢰관계"를 회복하는 것이다. 무엇보다도 그리스도의 사랑을 흠뻑 받으면 내 이기적인 마음이 열린 마음으로 변화될 것이다. 그동안 받았던 피해의식과 열등감, 적대감 등이 순식간에 용해되며 새로운 피조물로 거듭나고 세상을 다시 아름답게 바라보는 계기가 될 것이다. 그러나 거기서 끝나면 안된다. 이런 마음들이 온유함과 진실함으로 바뀌어 행동으로 습관화하는 인격훈련을 계속 해야 한다. 그렇게 되면 흔들리지 않는 영적인 훈련과 습관이 인격으로 형성되어 나도 모르게 성숙한 자아로 변하게 될 것이다.

> 정리와 묵상하기　　　　　　　**상 처 Healing**

* 즉적이고 감정적인 성격장애는 어떤 것이 있는가?

첫째, 사교형이면서도 신경질적인 배우형 성격장애가 있다.
둘째, 자기중심적이면서도 무례한 자기애성 성격장애가 있다.
셋째, 매사가 부정적인 적대적 공격형 성격장애가 있다.

* 배우형 성격장애는 어떻게 치료받을 수 있는가?

첫째, 한 공동체에서 지속적으로 관계를 맺는 훈련을 해야 한다. 배우형 성격장애는 수시로 옮겨 다니며 항상 무대의 주인공이 되어왔다. 이제는 한 곳에서 지긋이 조연도 참아내는 훈련을 해야 치료받을 수 있다.

둘째, 일 자체를 즐길 수 있는 훈련이 필요하다. 배우형 성격장애는 일의 성과를 통해 칭찬을 들어야 만족을 한다. 남과 비교하여 월등해야 행복감을 느낀다. 그렇지 않으면 신경질적이 되고 감정의 기폭이 심하게 된다. 이들은 진정한 행복을 느끼지 못하는 사람들이다. 그러므로 이들이 치유받기 위해서는 일이 칭찬의 목적이 아니라 즐김의 대상이라는 인식전환(paradigm shift)이 필요하다.

셋째, 투명한 생활과 성숙한 공동체를 경험하는 것이다. 배우형 인물은 이중생활을 하기가 쉽다. 겉으로는 가면을 쓰고 인기를 먹고 살지만 속으론 공허하기 때문에 일탈을 하기가 쉽다. 따라서 이들은 공개적인 타임 테이블이 필요하며 재미있고 건전한 공동체 속에 들어가면 보다 치료가 빠를 수 있다.

※ 자기애성 성격장애는 어떻게 치료받을 수 있는가?

첫째, 나보다 나은 "경쟁자"를 만나 선한 경쟁 또는 실패를 경험해야 한다. 그래야 세상에는 다양한 사람들이 있고 자기보다 나은 사람도 있으며 모두가 다 협력하며 살아가야 한다는 생각을 하게 된다.

둘째, 배우형 인물과 마찬가지로 좋은 공동체 속에 들어가 "더불어 사는 법"을 배워야 한다. 이들은 철저히 자기중심적이기 때문에 다른 사람과 더불어 살아갈 줄을 모른다. 따라서 이런 이기적인 자아가 깨뜨려지지 않으면 결코 치료받을 수 없다. 하기 싫은 일도 해야만 한다면 감수하는 훈련을 받아야 한다.

셋째, 내가 소중하듯이 "다른 사람도 소중하다"는 것을 경험에서 배워야 한다. 그동안에는 모든 일을 내 마음대로 무례하게 휘둘렀지만 사회생활을 하면서 다른 사람도 소중하다는 것을 인식하는 경험이 필요하다. 그래야만 치유 받을 수 있다.

※ 적대감과 공격성 성격장애는 어떻게 치료받을 수 있는가?

첫째, 우선 자신이 먼저 "분노의 병폐"에 대해서 인식해야 한다. 공격적으로 분노하면 나뿐만 아니라 가정과 사회도 모두 황폐케 된다. 처음에는 화를 내는 것이 스트레스를 푸는 데에 도움이 될지는 모르지만 나중에는 모두를 망가지게 하는 원인이 된다는 것을 알아야 한다.

둘째, "좋은 친구나 집단"을 만나는 것이다. 공격성은 사람을 잘못 만나서 그렇게 된 것이다. 부모이든 사람이든 무시당하고 학대받았기에 반사회적 사람이 된 것이다. 따라서 주변에 신뢰하는 좋은 친구나 집단을 만나게 되면 자연스럽게 마음이 풀어지고 그들의 생각을 공유할 수 있을 것이다.

셋째, "그리스도와 신뢰관계"를 회복하는 것이다. 무엇보다도 그리스도의 사랑을 흠뻑 받으면 이기적인 마음이 열린 마음으로 변화될 것이다. 그동안 받았던 피해의식과 열등감, 적대감 등도 순식간에 용해되며 새로운 피조물로 거듭나고 세상을 다시 아름답게 바라보는 계기가 될 것이다.

03
정신분열적인 성격장애

> 그 중에 이 세상의 신이 믿지 아니하는 자들의 마음을 혼미하게 하여 그리스도의 영광의 복음의 광채가 비치지 못하게 함이니 그리스도는 하나님의 형상이니라 (고린도후서 4:4)

여기에 나오는 정신분열적 성격장애는 가장 심각한 장애의 종류일 것이다. 기이하고 괴상한 행동을 수반하며 좀처럼 예상할 수 없는 기질들이 나타난다. 이들과 함께 지내다 보면 이들의 마음속에 다중성이 내재되어 있다는 것을 느끼며 어떻게 맞춰야 할지를 도무지 가늠하기 힘들 때가 많다.

편집성 성격장애 (의심이 많은 유형-시기와 다툼)

편집성 인물은 보통 독점력이 강한 사람이나 과대망상과 집착, 그리고 의심이 뒤섞여 있는 사람에게 나타나는 성격장애이다. 이들이 위기를 만날 때는 비이성적인 행동이 나타날 때가 있기 때문에 그때에는 단기적인 정신과적 조치가 필요하다. 편집증 환자가 신앙의 극단을 걷게 되면 잘못된 이단으로 빠지는 경우도 많다. 왜냐하면 잘못된 과대망상으로 집착하기 때문에 그것이 최고인 줄 알고 푹 빠져버리기 때문이다.

의심은 끝이 없다

편집성 성격장애는 무조건 의심부터 한다. 문제에 대해서도 의심이 많고, 사람에 대해서도 의심이 많다. 이들은 어느 곳에서든지, 무슨 일이든지 의혹의 눈초리로 바라보며 분위기를 냉랭하고 딱딱하게 만든다. 그 이유는 사람들이 끊임없이 자기를 해치려 한다고 의심하기 때문이다. 이것은 자기를 비판하고 속인다고 생각하는 정도가 회피성 인물보다도 훨씬 더 심하다. 이들의 심리 깊은 곳에는 불신이 자리 잡고 있기 때문이다. 매사에 사람을 믿지 못하기 때문에 일을 점검하고 사람을 감시하며 그들의 동태를 살피는 피곤한 일을 계속 한다. 자신의 농담에는 개의치 않지만 상대가 농담을 하면 의심의 눈초리로 바라보고 생각이 복잡해진다. 왜냐하면 혹시 자기를 넘어뜨리려고 하는 태도가 아닌가 의심하기 때문이다.

자기 주관대로 비판한다

편집성 인물은 남 탓을 잘 한다. 문제점이나 잘못이 발생하면 절대로 자신의 탓으로 돌리지 않는다. 모두 타인의 잘못이며 그 책임을 다른 사람에게 전가시킨다. 그러나 이들에게는 야심도 있고 능력도 있으며 예리하고 통찰력도 있다. 그런 것들이 자기 기준에 맞지 않거나 이치에 합당치 않다고 생각할 때는 비판하는 것을 주저하지 않는다. 혼자 힘으로 안될 때는 반대그룹과 지속적으로 분란을 일으키며 비판한다. 이들은 자신에게 충성하지 않는 자는 심하게 꾸짖고 그들을 향해 추궁하는 것을 멈추지 않는다. 게다가 자신이 위대하다고 생각하기 때문에 문제가 생겨도 자기보다는 남들이 잘못되었다고 쉽게 생각한다. 따라서 이들은 타인에 대해서 냉정하고 무관심한 편이고 쉽게 비판하고 쉽게 책임을 전가하며 복수심도 강하다.

시기 질투는 끝까지 간다

편집성 인물은 시기와 질투가 극에 달한 사람이다. 다른 사람을 신뢰하지 못하기 때문에 나타나는 현상이기도 하지만 독점의식이 강하기 때문에 적대적이고 고집스러우며 마음대로 되지 않을 때는 마음속에 뿌리 깊게 자리 잡았던 시기와 질투가 표출된다. 이들은 조직의 서열의식이 강하기 때문에 자기를 넘볼까 의심한다. 거기다가 다른 사람들이 자기보다 조금만 잘하면 이내 참지 못하고 성을 잘 내며, 비위를 건드리고 무시해 버린다. 이들은 남들이 자기에게 복종해야 되고, 자기 기준에 맞게 행동해야 된다고 생각한다. 이들은 권력 지향적이기 때문에 시기와 질투는 몸에 자연스럽게 배어있는 이들의 전형적인 소유물이 아닐 수 없다.

자기 과신이 하늘을 찌른다

이들은 열정과 야심, 능력이 있고, 자만심에 차있으며 자기를 과신하는 스타일이다. 자기애성 성격장애가 심해지면 편집증에 걸리기 쉽다. 이들은 또한 스스로 자신이 위대하다는 생각을 과도하게 한다. 그래서 별 것 아닌 일에도 자존심이 상하고, 다른 사람이 자기를 무시한다고 생각한다. 조그만 것을 굉장히 과장하여 자랑하기도 한다. 그러나 구체적이고 자세한 내용을 묻게 되면 자기들이 말했던 어떤 주제에 대해서도 자세한 내용을 알지 못하는 때도 많다. 피상적인 지식을 갖고 자만심을 드러내는 예이다. 이들은 짧지만 주기적으로 비합리적인 행동이나 망상 패턴을 보이기도 한다. 신앙생활에서도 자기에 대한 과대평가를 하는 경우가 많다. 그러다가 잘못된 교리에 깊이 빠져 이단으로 가는 경우도 종종 있다.

왜 이런 일이?

편집성 인물은 부모가 의심이 많은 편집적 환경에서 자란 자녀들에게 나타나는 현상이다. 자녀들이 잘못하는 것도 아닌데 부모는 작은 일에도 의심부터 하고 불신을 드러낸다. 자녀들에게 재차 묻고 점검하고 동태를 살피고 증거를 찾으려고 한다. 자녀들이 무언가 잘못된 낌새만 보여도 의심부터 한다. 편집성 성격장애의 특징은 항상 주변으로부터 의심을 받고 있다고 생각하는 환경에서 자란 사람들이다. 그래서 이들은 자라면서 본인들도 남을 자주 의심하는 습관이 생겼고 또 자기도 계속해서 의심을 받는 일들이 일어났다. 따라서 이들은 이미 부모와 주변으로부터 연속적으로 불신과 의심을 받으며 상처를 많이 받은 사람들이다.

더욱이 성장하면서 과거에 배반당한 경험이 많은 사람은 더욱 편집증적인 성격장애에 걸릴 확률이 높다. 왜냐하면 상대에 대한 신뢰가 무너지고 믿었던 사람으로부터 배신을 당하니 이제는 나도 다른 사람을 신뢰하지 못하고 의심하게 되는 것이다. 안 그러려고 해도 생각에 이미 자리 잡고 있어서 쉽게 떨쳐버리지를 못한다. 그래서 한 단체에서 실패에 실패, 불신에 불신, 또 이쪽에서 저쪽으로 이직되는 것을 연속적으로 경험하면 나도 모르게 편집적인 증세가 나타날 수 있다. 그렇기에 환경을 잘 만나는 것이 중요하다.

또한 편집성 인물은 독점력이 강하거나 자기 자신을 너무 과신하는 경우가 많다. 그러다 보니까 자신의 우월감으로인해 상대를 인정하지 않는 경우가 많다. 더욱이 서열의식이 강해 상대가 치고 들어오는 것을 용납하지 못한다. 그러다 보니 자신의 성벽을 굳건히 쌓고 늘 상대를 의심과 불신의 관점에서 보고 상대의 동태를 살피고 감시하는 형태가 반복되어진 사람에게 편집증 증세가 나타난다.

어떻게 치유할 것인가?

그러면 편집증 성격장애는 어떻게 치료할 수 있겠는가? 더욱이 편집증 인물은 조심해야 한다. 혹시 말이라도 잘못 하면 복수심이 강하기 때문에 금방 돌아올 수 있다. 크게 네 가지로 진단하며 그 해법을 찾고자 한다.

인격적인 사랑의 대상을 만나야 한다

편집성 성격장애는 먼저 "인격적 사랑의 대상"을 만나야 치료받을 수 있다. 이들의 가장 큰 원인은 불신과 의심에서 비롯된 것이기 때문에 인격적으로 사랑을 주고받는 대상을 만나면 그동안 쌓여진 상처가 회복되고 새롭게 사람에 대한 신뢰관계를 만들어 가는 계기가 될 수 있다.

지속적인 신뢰관계를 경험해야 한다

둘째는 인격적 사랑의 대상을 만난다 하더라도 또 헤어지고 또 불신을 받는 그런 일들이 나타나면 더욱 편집적인 증세를 일으킬 것이다. 따라서 "지속적인 신뢰 관계"를 경험해야 한다. 친구이든, 애인이든, 단체이든 꾸준하게 한결같은 믿음과 신뢰를 이루어나가야 그들이 진실을 경험하게 되고 사랑을 경험하게 되며 자존감에 대한 굳건한 확신을 갖게 된다. 따라서 편집성 성격장애는 주변 환경들을 마주 대하면서 그들과 진실한 관계를 지속적으로 해나가는 것이 치료의 급선무가 될 것이다.

내 모습을 그대로 보는 객관적인 자아상을 가져야 한다

셋째는 "내 자신을 그대로 보는 객관적인 자아상"을 가져야 한다. 편집성 성격장애는 자신을 너무 과신하기 때문에 교만하다. 반면에 상대에 대해서는 냉정하고 무관심한 편파적 자화상을 가지고 있다. 이들에게는 하루 속히 자신을 있는 그대로 볼 수 있는 참된 자아상을 확립하는 훈련이 필요하다. 그러기 위해서는 경건한 묵상과 쉼을 통해 자신을 돌아보는 영성을 가져야 한다. 체계적인 성경공부나 경건한 기도 모임도 자신을 수양하는 좋은 훈련이 될 것이다. 또는 건전한 공동체에서 좋은 상대를 만나고 자신을 솔직히 인식할 수 있는 자아상을 만드는 훈련을 하는 것도 좋을 것이다.

존재지향의 사람이 되어야 한다

넷째는 소유지향에서 "존재지향"으로 바뀌어야 한다. 편집성 성격장애는 독점력이 강한 사람이다. 권력지향적인 사람이다. 서열을 따지고 자기 영역을 중요하게 생각하기 때문에 그것을 침범하면 가차 없이 상대를 눌러버린다. 그래서 늘 매사가 긴장되고 의심하며 불신하는 경향이 있는 것이다. 따라서 이들은 일하는 자체의 즐거움을 회복해야 한다. 다른 사람과 비교하지 말고 내가 일할 수 있다는 즐거움에 감사하며 평범함 속에서도 감사와 기쁨이 생길 수 있도록 일상을 즐겁게 만들어야 한다. 비교하고 의심하고 불신하면 이미 그 사람은 불행한 사람이다. 편집증은 여기서부터 시작되는 것이다.

분열성 성격장애 (도피적 염세주의 유형)

이들은 사회에 대한 무관심과 무감동으로 일관한다. 세상에 별로 재미를 느끼지 못하는 사람들이다. 학교, 직장, 결혼 등 실패를 해도 연연해하지 않는다. 다음에도 또 실패를 거듭하며 회복하기 어려울 정도로 그 일들을 반복한다. 급기야는 염세주의적인 정신병적 증세를 보인다. 그러면서도 내적으로는 억압된 감정들이 쌓여있다. 언제 충동적으로 분노가 폭발할지도 모른다. 더 위험한 것은 다른 사람들에 대한 느낌을 거의 갖지 못한다는 것이다. 각종 총기 사건 등은 이런 분열성 성격장애에 속한 사람들이 저지르는 것들이다. 이들은 타인에 대한 따뜻함이나 부드러움이 없고 이성교제에 대한 욕구도 거의 없으며 칭찬이나 비판에 대해서도 전혀 무관심하다.

하지만 개인적으로는 부끄러움이 많고 지나치게 내향적이며 온순한 편이다. 정서적으로 빈약한 편이어서 언어, 행동, 사고의 개성이 없다. 혼자 살거나 혼자 일하는 것을 좋아한다. 다른 사람에게도 특별하게 흥미를 주지 못한다. 신앙적으로도 자긍심이 부족하고 삶의 에너지가 약하여 수도원같은 생활을 추구하는 사람들이다.

이들은 자기 정체성에 대한 심각한 혼란을 겪었거나 인생의 목적에 대한 에너지가 약해 삶의 욕구가 부족한 사람들이다. 이들은 어릴 때 회의적이고 염세적인 가정에서 자란 사람들이다. 또는 부모들이 우울증과 불안, 분노 등을 반복하며 살아온 것을 옆에서 지켜 보아온 자녀들이 그대로 답습하여 분열성 성격장애 현상을 일으키는 것이다. 일을 해도 감동이 없고 결혼을 해도 재미가 없고 세상만사가 다 흥미가 없는 사람들이다. 그러므로 이들에게는 인생은 포기할 수 없는 목적과 의미가 있다는 것을 심어주어야 한다. 더욱이 삶의 동기 유발을 위해 지속적인 사랑과 돌봄과 양육을 유지시켜 나가지 않으면 이들은 결코 치유받기가 힘들다. 정신과 치료도 필요한 사람들이다.

분열형 성격장애 (괴상한 신념주의 유형)

이들은 언어 표현이 비논리적이고 비현실적이다. 이야기를 도저히 따라잡을 수 없을 정도로 횡설수설한다. 타인에 대해서 전혀 관심이 없다. 기괴한 외모나 행동, 사고를 가지고 있다. 또한 인지적, 지각적으로 왜곡된 생각을 한다. 그들은 실제로 존재하지 않는 어떤 힘이나 사람이 있다는 환상을 가진다. 그리고 그것을 나름대로 신념으로 갖고 지켜나간다.

예를 들면 이들은 오늘 아침에 하나님이 나뭇가지 사이로 지나가는 것을 보었다고 한다. 그리고 그분이 새가 되어 내게 노래를 불러주었다고 말한다. 그리고 "나는 앞으로 무슨 일이 일어날 것인지 하나님이 알 수 있게 해 주셨어요!"라고 말한다. 또한 이들은 죽은 사람과 대화를 나눈다거나 그들에게 편지를 쓰기도 한다고 한다. 이처럼 이들은 현실과는 무관하게 한 사건에 대해 이야기하다가 곧 다른 것을 말하고 다시 원래 주제와는 아무 관계도 없는 것을 이야기하다가 결국 미로에 빠지는 경우들이 많다. 상대방은 불편한데도 정작 본인은 모른 채 주절거린다.

이들은 그룹에서 주로 고립되어 있고 친구가 극히 적으며 직장이나 교회에서도 꼭 필요한 사람들만 만난다는 느낌을 받는다. 그들은 정말 외로운 사람들이다. 교회에 나오기는 하지만 그저 회중이 하는 대로 함께 움직일 뿐 진실로 회중들의 삶에 참여하는 것은 아니다. 다른 세계에 사는 사람들이라고 해도 과언이 아니다.

현대에도 분열형 성격장애가 있는 것을 가끔 본다. 이들은 주로 어릴 때 가정이 편협된 신비주의적인 신앙의 환경이나, 세상과는 차원이 다른 평범치 않은 가정의 부모 밑에 자란 자녀들이다. 또 자라면서 그런 신비적인 환경들을 접하면서 자기도 모르게 빠져 들어가는 경우도 있다. 이들에게는 짧은 기간이지만 광적으로 정신병적인 증세를 보이기도 한다. 이들과 대화를 나누다 보면 마치 저 멀리 떨어져 있는 사람과 대화를 나누는 듯한 느낌을 받는다. 사실 이들을 교정하는 것은 어렵다. 특별한 정신과 치료가 필요하다고 생각한다.

그럼에도 불구하고 이들을 치료하기 위해서는 세 가지가 참고로 적용될 수 있을 것이다. 첫째는 "교육"이다. 장기적인 교육 프로그램을 통해 지적인 교정을 해주는 것이다. 둘째는 "체험케 하는 것"이다. 자신들의 환상이나 지식이 잘못되었음을 경험하게 해주는 것이다. 그러기 위해서는 정상적 체험이 개인적으로 여러 각도에서 일어나야 된다. 이것은 주변의 친구와 교회 단체 등 공동체 그룹을 통해 도움을 받을 수 있다. 사랑과 돌봄을 통해 지속적인 교정을 요하는 것이다. 셋째는 "영적인 치료"이다. 궁극적으로 영적인 치료를 받으면 모든 것이 해결된다. 성령께서 역사하셔서 그 마음을 만져주시고 치료해주시어 새롭게 변화시켜 주는 것이다. 이것은 기도와 말씀을 통해 성령의 강권적인 역사가 나타나기를 기대하는 것이다.

| 정리와 묵상하기 | 상 처 Healing |

※ 정신분열증 성격장애는 어떤 것이 있는가?

첫째, 독점력이 강하고, 의심하고 집착하며, 시기 질투가 강한 편집증 성격장애가 있다.

둘째, 무관심, 무감동으로 일관하는 도피적 염세주의자 분열성 성격장애가 있다.

셋째, 상식을 벗어난 기이한 신념주의자 분열형 성격장애가 있다.

※ 편집증 성격장애는 어떻게 치료받아야 하는가?

첫째, "인격적 사랑의 대상"을 만나야 치료받을 수 있다. 이들의 가장 큰 원인은 불신과 의심에서 비롯된 것이기 때문에 인격적으로 사랑을 주고받는 대상을 만나면 그동안 쌓여진 상처가 회복되고 새롭게 사람에 대한 신뢰관계를 만들어 가는 계기가 될 수 있다.

둘째, 사랑하는 사람과 "지속적인 신뢰 관계"를 경험해야 한다. 또 헤어지고, 또 불신을 받는 일이 나타나면 편집증 증세는 더 심해질 것이다. 따라서 사랑하는 사람과 꾸준하고 진실된 관계를 경험해야 한다. 그러면 마음을 열고 신뢰와 믿음으로 서서히 나아가게 될 것이다.

셋째, "내 자신을 그대로 보는 객관적인 자아상"을 가져야 한다. 편집성 성격장애는 자신을 너무 과신하기 때문에 교만하다. 반면에 상대에 대해서는 냉정하고 무관심한 편파적 자화상을 가지고 있다. 이들에게는 경건한 묵상과 영적인 훈련을 통해 하루 속히 자신을 있는 그대로 볼 수 있는 참된 자아상을 확립하는 것이 필요하다.

넷째, 경직성을 버리고 "일 자체"를 즐길 줄 아는 사람이 되어야 한다. 편집성 성격장애는 독점력이 강한 사람이다. 권력 지향적이다. 서열을 따지고 자기 영역을 중요하게 생각하기 때문에 그것을 침범하면 가차 없이 상대를 눌러버린다. 그래서 늘 매사가 긴장되고 의심하며 불신하는 경향이 있다. 따라서 이들은 일하는 자체의 즐거움을 회복해야 한다. 다른 사람과 비교하지 말고, 내가 일할 수 있다는 즐거움에 감사하며 평범함 속에서도 감사와 기쁨이 생길 수 있도록 일상을 즐겁게 만들어야 한다.

※ 분열성 성격장애는 어떻게 치료받아야 하는가?

첫째, 이들에게는 인생은 포기할 수 없는 목적과 의미가 있다는 것을 심어주어야 한다. 이들은 어릴 때 회의적이고 염세적인 가정에서 자란 사람들이다. 또는 부모들이 우울증과 불안, 분노 등을 반복하며 살아온 것을 옆에서 지켜 보아온 자녀들이 그대로 대물림하게 된 것이다. 그래서 이들에게는 인생이 살만한 것이고, 정말 가치 있다는 것을 알도록 목적과 의미를 바로 심어주어야 치료를 받을 수 있다.

둘째, 삶의 동기유발을 위해 지속적인 사랑과 돌봄과 양육을 유지시켜 나가야 한다. 그렇지 않으면 이들은 결코 치유받기가 힘들다. 심할 경우는 정신과 치료도 필요한 사람들이다. 상담을 통해 안될 경우는 빨리 정신과 치료를 받는 것도 좋은 치료의 방법이다.

※ 분열형 성격장애는 어떻게 치료받을 수 있는가?
이들은 특별한 정신과 치료가 필요하다. 그것과 더불어 병행해야 할 것이 있다.
첫째, "교육"이다. 장기적인 교육 프로그램을 통해 지적인 교정을 해주는 것이다.
둘째, "체험케 하는 것"이다. 자신들의 환상이나 지식이 잘못되었음을 다양한 정상적인 경험을 통해 깨닫게 해주는 것이다. 그러기 위해서는 정상적 체험이 개인적으로 다양하게 일어나야 된다.
셋째, "영적인 치료"이다. 성령께서 역사하셔서 그 마음을 만져주시고 치료해주시어 새롭게 변화시켜 주는 것이다.

Chapter 3

개인의 위기를 극복하라

> 수고하고 무거운 짐 진 자들아 다 내게로 오라 내가 너희를 쉬게 하리라 나는 마음이 온유하고 겸손하니 나의 멍에를 메고 내게 배우라 그리하면 너희 마음이 쉼을 얻으리니 이는 내 멍에는 쉽고 내 짐은 가벼움이라 하시니라 (마태복음 11:28-30)

이 장에서는 개인이 위기를 만날 때 그 원인이 무엇이며 어떻게 극복해야 할 것인지에 대한 문제를 다룰 것이다. 위기는 곧 기회이며 축복의 통로이다. 이것을 잘 선용하면 이전보다 더 지경이 창대하게 될 것이다.

01
왜 위기를 만나는가?

> 자녀이면 또한 상속자 곧 하나님의 상속자요 그리스도와 함께 한 상속자니 우리가 그와 함께 영광을 받기 위하여 고난도 함께 받아야 할 것이니라 생각하건대 현재의 고난은 장차 우리에게 나타날 영광과 비교할 수 없도다 (로마서 8:17-18)

신자에게 위기가 없다고 말하는 사람은 기복신앙을 가진 사람이다. 예수를 믿으면 무조건 잘된다는 말도 거짓말이다. 예수를 믿는다 해도 사람은 누구에게나 다 고난이 있고 어려움도 있고 역경도 만난다. 그러나 신자는 고난을 만날 때 대처하는 방법이 불신자와 다르기 때문에 차별화가 있는 것이다.

영적인 원인이 있다

왜 위기를 당하는가? 신자가 제일 먼저 생각해야 될 문제는 영적인 것이다. 신자의 경우 고난의 원인은 대부분 죄에서 찾는다. 그럴 수 밖에 없다. 왜냐하면 최초의 고난도 아담과 하와의 죄로 인한 것이었으며 그 결과 고난의 극치인 사망도 죄 때문에 왔기 때문이다. 성경은 죄의 삯은 사망이기 때문에 인간은 어느 누구도 여기에서 놓임을 받을 사람이 없다고 말한다. 그러므로 신자가 위기를 만날 때는 반드시 죄의 문제, 영적인 문제를 점검해보아야 한다. 그렇지 않으면 그 위기는 전혀 해결되지 못하고 계속 반복되는 상태로 방황하며 고난의 연속을 만나게 될 것이다.

영적인 죄

영적인 문제로 위기를 만난 대표적인 예는 다윗이다. 그는 안일과 게으름 때문에 전쟁터에 나가지 않았다. 그러다가 목욕하는 우리아의 아내 밧세바를 보고 범하였다. 그랬으면 회개했어야 했는데 그렇지 않았다. 오히려 전쟁터에 나가 있는 우리아를 최전방으로 몰아넣어 죽게 했다. 나중에 나단 선지자의 호된 질책을 받고 회개하게 된다. 그 결과 어떻게 되었는가? 밧세바가 낳은 아이는 죽었다. 다윗의 집에는 칼이 떠나지 않았다. 다윗도 똑같은 방식으로 아들 압살롬에게 당하였다. 압살롬은 다윗의 후처를 백주에 강간하는 사건을 벌이며 아버지에게 엄청난 수치와 모멸을 주었다. 이것이 다윗이 당한 죄의 결과이었다. 다윗은 하나님의 가장 사랑받는 사람이었지만 죄로 인해 영적인 위기를 만났던 사람이었다. 그도 나중에 고난의 원인이 영적인 문제라는 것을 깊이 깨닫고 나서야 그의 아들 솔로몬에게 '남자답게 강건하여 여호와의 말씀을 지켜 행하라 그것이 너에게 큰 복이 될 것이다.' 라고 권면했던 것이다.

믿음의 성장통

또 다른 영적인 문제는 죄로 인한 것이 아니라 믿음의 연단에 관한 경우이다. 예수를 잘 믿는데도 여전히 고난이 있는 경우이다. 한쪽은 신앙생활을 잘못해서 나타나는 경우이고, 다른 한쪽은 예수를 잘 믿는데도 나타나는 고난이다. 후자는 믿음의 연단을 통해 더 큰 축복을 주시기 위한 하나님의 시험이다. 이른바 성장통을 앓는 것이다. 마치 아이가 뒤집기를 한다든지, 걸음마를 할 때 성장통을 겪으며 쑥 커나가는 것처럼 믿음도 마찬가지이다. 때론 고난이란 터널을 통해 더 큰 축복과 은혜를 경험하는 일들이 있다. 그 대표적인 경우가 아브라함과 욥이다. 아브라함은 독자 이삭을 하나님께 바침으로 믿음의 거목이 되었고, 하나님의 놀라운 축복을 받았다. 욥도 하나님을 경외하는 동방의 의인이었지만 수많은 고난을 만났다. 그러나 그는 굴하지 않고 인내하며 승리함으로써 갑절의 축복을 받고 그의 인생이 다시 회복되는 역사를 이루었다.

그러므로 신자가 고난을 만나는 대표적인 원인 두 가지가 있다. 하나는 예수를 잘 못 믿어서 영적인 나태함과 게으름 때문에 당하는 고난이 있고 또 하나는 예수를 잘 믿는데도 당하는 고난이 있다. 이때는 인내하며 더 큰 축복을 기대하며 성장통을 겪어야 한다. 신자의 대부분 경우는 이 두 가지에 다 걸린다고 할 수 있다. 나는 어디에 해당되는가? 자신을 잘 진단하며 올바른 처방을 내릴 필요가 있다.

내 잘못을 점검하라

고난의 종류는 다양하다. 영적인 문제도 있지만 내가 잘못해서 당하는 위기도 있다. 우발적인 위기도 있다. 또는 환경이 여의치 않아 예기치 못한 불상사로 인해 생기는 고난도 있다. 예를 들어 갑자기 일어난 교통사고, 알지 못했던 죽음에 임박한 질병, 면직, 해고, 부도, 실패 등이 이런 범주에 속한다. 그렇기 때문에 우리는 이런 문제가 일어나게 되면 원인을 추적하고 그 과실을 수정해 나가면 된다. 그러면 예상외로 그 문제가 가볍게 풀려질 때도 있다.

게으름

첫째는 "게으름" 때문이다. 미리 준비하지 않아 일어나는 위기이다. 조금만 준비하고 부지런하면 되는 일을 미루고 눈앞에 닥쳐야 하는 사람들이 있다. 이런 사람들은 언젠가는 위기를 만나게 되어있다. 대부분 환경이 어렵게 되는 것은 게으름 때문이라고 말해도 별로 문제가 되지 않을 것이다. 게으름은 죄악의

출발점이며 사고라는 엄청난 시한폭탄을 안고 살아가는 것이다.

무지

둘째는 "무지" 때문에 일어나는 위기도 있다. 잘 알지 못해서 일어나는 경우이다. 약간의 지식만 사전에 알고 있어도 사고를 예방할 수 있었는데 미리 알지 못해서 괜히 고난을 당할 때도 있다. 이것도 자신의 부주의에서 비롯된 것이다. 조금만 노력했다면 위기를 만나지 않았을 것이다. 아는 것이 힘이다. 21세기는 많이 아는 자가 성공한다. 알지 못하면 실패한다. 환경이 잘 풀리는 사람은 남들보다 많이 알고 행하는 사람들이라는 것을 명심해야 한다.

부정적인 습관

셋째는 "부정적인 습관" 때문에 일어나는 위기이다. 매순간마다 남 탓을 하고, 원망 불평하며 부정적인 생각과 언어가 습관적으로 항상 몸에 배어있는 사람들이 있다. 이들의 결과는 뻔하다. 이들에게 부정적인 일들이 나타나고 부정적인 관계로 얽혀지는 것은 불을 보듯 뻔한 사실이다. 인생의 승패는 시작할 때 부정적인 사람이냐 긍정적인 사람이냐 에서 결판난다. 그러므로 위기와 고난은 부정적인 습관을 가진 사람에게 쳇바퀴 돌 듯 계속 일어날 수밖에 없는 것이다.

무계획

넷째는 "무계획" 때문이다. 세상을 성공하는 사람은 철저히 계획을 세운다. 그리고 그 계획을 이루기 위해 무던히 노력을 한다. 그러나 실패하는 사람은 아무런 계획이 없다. 되는 데로 살아간다. 대충대충 산다. 아무런 대책이 없기 때문에 고난의 연속으로 실패를 거듭하게 되는 것이다. 꿈과 비전이 있는 사람이 사고도 예방할 수 있다. 열정은 계획 속에 이뤄지는 것이다. 계획이 없다는 것은 열정도 의지도 없다는 것이다.

준비된 사람이 고난을 이길 수 있다

우리는 고난의 원인을 내 실수와 잘못에서도 찾을 줄 알아야 한다. 그 고난은 갑자기 닥치는 우발적인 경우도 있지만, 대개의 경우는 "축적된 과실로 인한 위기"이다. 잘못된 것이 조금씩 단계적으로 일어나는 위기이다. 이러한 위기는 이미 예상되어진 것인데도 불구하고 알면서도 손을 쓰지 않은 것이다.

그러나 해결하는 방법은 동일하다. 갑자기 닥친 우발적인 위기이든, 축적된 과실로 인한 위기이든지 모두가 다 내가 준비하지 않아 만들어진 위기이다. 그러므로 위의 있는 네 가지를 구체적으로 점검하여 자신을 준비하는 사람이 되어야 한다. 행동하지 않는 양심은 양심이 아니다. 표현하지 않는 사랑은 사랑이 아니다. 노래하지 않는 새는 새가 아니다. 몸소 실천할 때에 문제는 해결되는 것이다.

애매히 당하는 고난도 있다

고난도 원인을 알 수 없는 경우가 있다. 나와 전혀 상관이 없는데도 일어나는 위기이다. 이것을 성경은 "애매히 당하는 고난"이라고 말한다. 이럴 때는 그냥 당해야만 한다. 속수무책이다. 억울한 일이다. 누구에게도 말을 못하고, 또 말을 해도 일파만파로 퍼져 더 큰 상처를 받기도 한다. 예를 들면 오해, 모함, 권모술수, 비방, 스캔들, 각종 루머, 깨어진 인간관계, 시기 질투로 인한 공격 등을 들 수 있다. 성경에 욥이 그랬고 사도들이 그랬다. 초대교회 교인들도 이런 비방과 모함을 받았다. 그럴 때마다 수많은 사람들이 순교하며 장렬한 최후를 마치기도 했다.

베드로 사도는 이런 때에도 불평하고 원망하지 말라고 권면한다. (베드로전서2:19) 이런 애매한 고난을 만날수록 더 인내하고 주어진 일에 더 충성하며 아름다운 것을 경험하라고 말한다. 이것이 해법이다. 우리는 애매한 고난을 만나도 절대 주권자이신 하나님을 원망해서는 안된다. 분명히 지나고 나면 하나님의 섭리와 뜻을 발견하게 될 것이다. 이 땅에서 모르면 나중에 하늘나라에서 속 시원히 알 수 있을 것이다. 그렇기 때문에 애매한 고난을 만나도 신자는 더 인내하며 지금 내가 가고 있는 좁은 길, 십자가의 길, 고난의 길을 묵묵히 걸으며 승리해야 한다. 그렇게 충성하면 아름다운 것을 경험하게 될 것이다. 이 세상이 아무리 왜곡되어졌다 해도 아름다운 것이 더 많다. 긍정적인 시각으로 살면 애매한 고난도 풀릴 날이 올 것이다.

> 정리와 묵상하기

상 처 Healing

* 그리스도인도 고난을 당하는가?

그리스도인이 고난이 없다는 말은 비성경적인 말이다. 또한 예수를 믿으면 무조건 만사형통이란 말도 잘못된 말이다. 고난은 누구에게나 다가오게 되어 있다. 신자이든 비신자이든 누구에게나 다가오는 인생의 과정이다.

* 그리스도인은 어떤 때에 주로 위기를 만나는가?

첫째, 죄 때문이다. 죄의 삯은 사망이다. 죽음은 죄의 결과이다. 생노병사 모든 것은 대부분 죄로 인한 것이다. 이것은 회개하고 정결한 삶을 살 때 해결된다.

둘째, 믿음의 성장통 때문이다. 죄는 아니지만 믿음의 성숙을 위해 고난과 위기를 만날 때도 있다. 이때는 참고 견디며 믿음을 지켜나가야 한다.

셋째, 내 잘못 때문에 일어나는 경우도 있다. 게으름, 무지, 부정적인 습관, 무계획 등으로 인한 실수 때문에 만나는 것이다. 이럴 때는 부지런하고 좋은 습관을 만들어가야 해결할 수 있다.

넷째, 애매한 고난도 있다. 영문을 알지 못하는 고난도 있다. 이런 때에조차도 그리스도인은 참고 인내하며 믿음을 지켜나가는 아름다운 태도를 가져야 한다.

02
위기를 극복하는 방법

> 그러나 내가 가는 길을 그가 아시나니 그가 나를 단련하신 후에는 내가 순금 같이 되어 나오리라 (욥기 23:10)

사람은 위기 때에 진짜 자신의 모습이 나타난다. 평상시에는 자기 모습이 가면에 가려져 안보이지만, 막상 위기가 닥치게 되면 자신의 참 모습이 겉으로 나타난다. 그래서 그 사람의 됨됨이는 위기나 고난을 만날 때 어떤 자세를 지니는지를 보면 잘 알 수 있게 된다.

위기의 다양한 반응

사람이 위기를 만나면 그 위기에 반응하는 모습이 다양하게 나타난다. 신체적 변화라든지 정신적인 변화라든지 영적인 변화하든지 자기 나름대로 방어하며 충격을 표시하게 된다. 그러므로 위기를 극복하기 위해서는 먼저 이러한 반응들을 관찰해 보면 어떤 대응을 해야 할지 잘 알게 될 것이다.

정서적인 변화

첫째는 정서적인 변화가 온다. 위기를 만나면 슬퍼하거나, 비통해 하거나, 분노하거나, 후회하거나, 탄식하거나 하는 등 감정적 변화가 일어난다. 이때를 조심해야 한다. 감정과 정서의 조짐이 나타날 때 그것을 절제하지 못하고 폭발하면, 주변에게 상처를 주고 문제를 일으키는 성격장애자가 될 수도 있다. 반대로 위기에 대한 정서를 너무 참다보면 마음에 스트레스가 쌓여 우울증, 열등감, 수치심, 죄책감 등이 생겨 더욱 자존감에 상처를 입을 수도 있다. 그러므로 감정의 조절을 적절히 해나갈 수 있는 지혜가 필요할 것이다.

신체적인 변화

둘째는 신체적인 변화도 나타난다. 위기를 만나면 그것 때문에 긴장감이 높아지고, 피로감이 쌓이며, 수면장애, 심장 박동수 증가, 식욕부진, 스트레스, 질병 등이 나타난다. 대체적으로 암에 걸린 사람들을 보면 극도로 심각한 스트레스를 경험한 사람들이었다. 따라서 위기를 만날 때 건강에 각별히 유의해야 될 것이다. 그것은 신체적 반응이 일어남을 인지하며 조절할 수 있는 내공을 키워야 함을 의미하는 것이다.

지성적인 변화

셋째는 지성적인 반응이다. 위기를 만나면 방향감각이 상실된다. 어찌해야 할 바를 모를 때가 있다. 판단능력도 저하될 때가 있다. 한꺼번에 닥친 위기라 우선순위를 정하지 못하고 우유부단한 행동을 할 때도 있다. 집중력이 저하되기도 한다. 위기관리 능력이 탁월한 사람은 그렇지 않겠지만 대부분의 경우 집중력이 떨어지며 긴장하게 된다. 그러다가 위기가 계속 되풀이 되면 무감각해지고, 포기하게 되며 상실감과 무력감에 빠진다. 절망적인 우울증에 빠지기도 한다. 나중에는 너무 충격을 받은 나머지 기억상실 등 완전히 나락에 떨어지는 극단적인 반응으로 이어지는 경우도 있다. 심각한 지성적 상실이다. 그러므로 위기를 만날 때는 냉정해야 한다. 침착하면 길이 보인다. 무턱대고 횡설수설하며 이리 저리 왔다 갔다 하며 몸 둘 바를 몰라 하면 되는 일도 안된다. 항상 어려운 일을 만날수록 이성을 잃어버리면 안된다.

대인관계의 변화

넷째는 대인관계의 변화도 나타난다. 평소에는 잘 지내다가 위기를 만나게 되면 그전과는 사뭇 다른 생각을 하게 된다. 사람도 의심하며 불신하게 되고 괜히 피해의식에 사로잡히게 된다. 안절부절하며 사람을 만나는 것이 두렵다. 아무 것도 아닌 것에 갈등을 일으키며 문제를 유발한다. 사람을 회피한다. 현실을 도피하고 싶어 한다. 혼자 있고 싶기 때문에 자신이 고립되는 느낌을 받기도 한다. 그리고 스스로 합리화하며 '내가 지금 이런 상태이기 때문에 그런 거야!' 하며 자신의 세계에 빠진다. 대인관계의 총체적 위기를 만나게 된다. 환경적으로 어려운 것도 문제이지만 인간관계의 위기를 만나는 것이 더 심각한 위기라 아니할 수 없다. 그러므로 이때는 더욱 대인관계를 잘 하려고 노력해야 하며 무엇보다 자긍심을 잃지 말고 사람을 지혜롭게 대하는 용기를 가져야 할 것이다.

가치관의 혼란

다섯째는 가치관이 흔들리게 된다. 위기 시에는 좌절하고 포기하고 열등감에 사로잡히기 때문에 분명한 가치관을 세우기가 쉽지 않다. 소명감을 갖고 열심히 달렸는데 갑자기 생각지도 않은 위기와 고난을 만나면 그 소명감마저도 상실된다. 과연 내가 가는 길이 옳은 길이었나 생각하며 회의를 하기 시작한다. 잘 될 때는 자신의 가치관이 흔들리지 않았는데 위기를 만나니까 생각이 바뀌게 된 것이다. 처음에는 그렇지 않았는데 위기를 반복하다 보면 가치관에 점점 더 혼란이 오며 흔들리게 된다. 가치관의 혼란은 다음과 같은 단계로 오게 된다.

위기의 단계적 반응

위기를 만나면 우선 "상실의 단계"를 거친다. 예기치 못한 우발적 사건으로 인한 상실감을 느낄 때도 있고 고의적이고 의도된 사건으로 인해 받는 상실감도 있다. 이런 상실감은 빨리 넘어가는 것이 좋다. 오래 지속되면 우울증과 자기 비하 등으로 심각한 성격 장애로 나타나게 될 것이다.

둘째는 그 사건의 정도에 따라 "충격"의 크기가 정해진다. 나도 모르게 무의식적으로 위기의 정도에 따라 크게 충격받기도 하고 작게 받기도 한다. 이것은 평소에 고난에 대한 어떤 내공과 면역성을 갖추고 있느냐에 따라서도 그 충격의 정도가 달라질 수 있다. 그러므로 언제든지 위기가 일어날 수 있다는 인식과 그것을 극복하기 위해서는 어떤 훈련을 해야 되는지를 미리 준비하는 것도 도움이 될 것이다.

셋째는 그런 충격이 있은 후에 그 충격에 대해 나름대로 "자기 방어"를 한다. 자기방어중에서 분노하는 것보다 눈물을 흘리는 것이 오히려 치유 효과가 있고, 고통을 완화해주는 역할도 한다. 또한 위기시 어떤 사람은 간절히 기도하는 사람도 있다. 하나님과 협상을 하며 "고쳐주시면 이렇게 하겠습니다."하고 서원을 하는 경우도 있다. 어떤 사람은 신념이 너무나도 강해 위기의 사건에도 전혀 충격을 받지 않는 사람도 있다. 다양한 반응들을 나타낼 것이다. 모두가 다 자기 방어의 표현들이다.

시험 당한 사람은 신속히 접촉하는 것이 좋다

위기를 직면한 사람에게는 비통하고 절망하는 주기가 깊어지면 깊어질수록 위기는 더 커진다고 할 수 있다. 보통 4-6주가 되면 위기 상태가 고정화된다. 이럴 때는 당사자와 접촉을 빨리 하는 것이 좋다. 만약 위기를 당한 당사자를 그대로 놓아두면 우울증, 상실감, 무력감, 패배감, 정신분열증 등에 빠진다. 심각한 성격장애로 옮겨간다. 특별히 성도의 시험이나 위기는 2-3주 안에 신속히 접촉하는 것이 좋다. 그래야 마음을 다잡고 새롭게 일어날 수 있다. 그렇지 않으면 영적 무력감과 혼자만의 세계에 집착하며 더 큰 시험에 빠질 우려가 있기 때문이다.

이렇게 위기를 극복하라

위기를 만나면 대단히 힘든 시기를 겪는다. 이럴 때 사람들은 보통 분노와 슬픔, 기도와 신념 등의 자기방어를 통해 치유를 경험한다. 다시 말하면 위기 때에 자기 방어를 통해 성숙하게 대처하는 방법을 배움으로써 치유와 회복을 경험하는 것이다. 또한 실제적인 대안을 통해 치유와 회복을 경험하기도 한다. 배고픈 사람에게는 빵만을 주는 것이 아니라 빵을 만드는 기술도 가르쳐주는 것이 실제적인 대안이다. 이 시간은 실제적으로 어떻게 위기를 극복할지에 대해서 그 방안을 제시하고자 한다.

문제를 직면하라

위기는 곧 기회이다. 위기를 잘 극복하면 이전보다 더 큰 축복을 경험한다. 욥은 하나님이 나를 단련하신 후에는 내가 정금같이 나오리라는 연단의 신앙을 통해 갑절의 축복을 받았다. 그러므로 위기를 극복하는 신앙적인 패러다임으로 잘 만들면 믿음의 거목이 되고, 하나님께 쓰임 받는 축복의 통로로 위대한 사람이 될 수 있다.

먼저 위기를 만날 때 문제를 거부하거나 회피하지 않는 것이다. 문제는 문제일 뿐이다. 문제를 크게 보면 문제에 눌릴 수 있다. 또 그 문제 때문에 사람까지 정죄하는 어리석음을 범해서는 안된다. 죄가 미운 것이지 사람까지 미운 것이 아니다. 마찬가지로 위기를 만나면 그 사람의 잘못에 초점을 맞추는 것이 아니라 그 문제를 그대로 직면하는 인식이 중요하다. 그러면 문제를 해결할 방도가 생각나고 문제를 가볍게 생각할 여유도 생기게 된다. 그러나 문제를 그대로 보지 않고 크게 보거나 문제가 일어난 이유를 엉뚱하게 생각해서 사람을 정죄하거나 비판하게 되면 문제는 더 커질 뿐만 아니라 그것을 해결할 방법도 생각나지 않는다. 그러므로 일단 위기를 만나면 문제를 그대로 인식하는 것이 매우 중요하다.

문제를 해석하라

문제를 그대로 보는 눈을 가졌으면 이제는 그 문제에 대한 의미를 해석하는 작업이 필요하다. "왜 이런 일이 일어났는가?" 곰곰이 생각하는 것이다. 그리고 그 원인에 대한 해석을 긍정적으로 발전시키는 것이다. 어떤 사람은 문제에 대한 의미를 부정적으로 해석을 하는 사람이 있는데, 그 사람은 더욱 더 열등감에 밀려 그 문제에서 헤어나오지 못하고 좌절의 늪에 빠져버린다. 그러므로 위기를 만나게 되면 항상 긍정적인 해석이 필요하다. "앞으로 더 좋은 일이 있기 위해 이런 일이 일어난 거야!" 생각하며 마음속으로 그렇게 외치는 것이다.

부정적인 해석과 긍정적인 해석

똑같은 고난을 만나도 부정적으로 해석을 하는 사람이 있는가 하면, 긍정적으로 해석하는 사람이 있다. 이스라엘의 열 두 정탐꾼이 대표적인 예이다. 열 정탐꾼이 젖과 꿀이 흐르는 가나안 땅을 정탐하고 와서 보고하기를 "그 땅은 참으로 아름다운 땅이지만, 그 곳에는 큰 용사와 견고한 성읍이 있어 우리가 쳐들어 갈 수 없습니다. 그들에 비하면 우리는 새발에 피이며, 메뚜기와 같은 존재입니다." 하고 말했다. 일명 메뚜기 해석이다. 반면에 여호수아와 갈렙은 그렇게 해석하지 않았다. "그 땅으로 참으로 놀라운 땅입니다. 그 땅은 하나님이 주신 것입니다. 아무리 용사와 견고한 성읍이 있어도 하나님이 함께 하면 별 것 아닙니다. 그들은 우리에게 주신 밥입니다. 그러므로 함께 나아갑시다. 반드시 우린 승리할 수 있습니다." 이것은 일명 밥의 해석이다. 메뚜기와 밥, 똑같은 문제였지만 바라보는 시각은 완전히 달랐다. 어떤 해석이 나중에 승리했는가? 여호수아와 갈렙의 해석이 승리했다. 나머지 열 지파의 족장들은 가나안에 들어가지 못하고 다 멸망했지만, 여호수아와 갈렙만은 결국 젖과 꿀이 흐르는 가나안에 들어갔으며, 위대한 하나님의 지도자들이 다 될 수 있었다.

열등의식과 창조의식

고난을 만날 때 거기에 눌리는 사람은 열등의식을 가진 사람이다. 비판하고 불평하고 원망하며 자신을 학대하고 남 탓으로 돌리는 사람이다. 그러나 창조의식을 가진 사람은 그 고난을 기회로 삼는다. 좌절하지 않는다. 포기하지 않는다. 그 고난을 통해 새로운 변화를 창조하고 성숙을 경험하며 인생을 더욱 앞으로 달려가는 묘미를 배워나간다.

성경에 나오는 가장 창조적인 의식을 가진 사람 중에 하나가 다니엘이다. 그는 바벨론의 포로로 끌려가도 기죽지 않았다. 오히려 당당했다. 하나님의 사람으로서 사회에서도 인정받았다. 주변에서 시기 질투를 해도 아랑곳 하지 않고 자신의 신앙의 길을 멋지게 걸어갔다. 기도하지 말라는 임금의 도장이 찍힌 것을 알고도 그는 하나님을 제일주의로 섬기며 하루에 세 번씩 예루살렘을 향하여 기도하다가 사자 굴에 갇혔다. 그러나 하나님은 사자의 입을 봉하고 그곳에서도 구원해 주셨다. 다니엘은 수많은 세상적 환경 가운데서도 믿음 안에서 창조의식을 갖고 끊임없이 노력한 사람이다. 그리고 하나님의 축복을 받는 사람이었다.

긍정적 해석의 축적

고난을 만날 때는 특별히 내면적 힘의 축적이 필요하다. 마음이 흔들리면 다 흔들리는 것이다. 내공의 힘이 없는데 어떻게 환경을 뚫고 나갈 수 있겠는가? 그러므로 고난을 만나면 끊임없는 긍정적 해석의 축적이 필요하다. "너는 잘 할 수 있어. 너는 사랑받기에 충분한 존재야. 이번만 넘기면 더 좋은 일이 있을 거야. 하나님이 함께 하셔."라고 반복해서 생각하며 내면의 힘을 축적해야 한다. 아침에도 일어나면 마음속에 외치고, 점심에도 저녁에도 자신에게 선포하는 것이 좋다. 이것이 자신감이다. 고난의 승패는 마음의 내공을 어떻게 쌓느냐에 달려있다. 그러므로 위기시에는 긍정적인 생각을 계속 축적해야 자신감을 갖고 인생을 승리할 수 있다.

감정을 조율하라

문제를 긍정적으로 해석하는 내공을 닦았으면 이제는 자신의 감정을 조절하는 능력도 길러야 한다. 위기를 만날 때 긍정적으로 해석을 하지만 가슴에 쌓여진 한을 풀지 않으면 두고두고 남아 있어 그것이 쓴 뿌리가 되며, 고난도 극복해 나갈 수 없다. 해결할 만하면 터지고, 또 터지고 할 것이다. 그러므로 위기를 만날 때는 내 감정을 조율하는 과정이 반드시 필요하다. 자신을 다스리지 못하면 그 사람은 결코 성공할 수 없다.

가슴의 한을 끄집어내라

첫째는 자신을 다스리기 위해서는 먼저 내 가슴에 있는 한을 끄집어내야 한다. 그러기 위해서 내 문제를 들어줄 사람이 필요하다. 나의 문제를 허심탄회하게 이야기하고 들어줄 사람이 있다면 그 사람은 반은 문제가 해결된 것이다. 그러므로 위기를 만날 때는 내 가슴의 한을 듣고 풀어줄 사람을 찾아야 한다.

없으면 전문 상담가라도 찾아가야 한다. 그래서 응어리진 마음을 먼저 풀어야 그 다음 단계로 넘어갈 수 있다.

깨달음의 시간을 가져라

둘째는 감정을 조율할 깨달음의 시간을 갖는 것이 필요하다. 묵상이 제일이다. 묵상은 내 감정을 조절하고 정리하며 나아갈 방향을 깨닫게 하는 좋은 훈련이다. 묵상훈련을 하지 못하는 사람은 새로운 변화를 추구하기가 어렵다. 그러므로 위기 시에는 조용히 자신을 돌아보며 과거와 현재, 미래를 통찰할 수 있는 깨달음의 시간을 가져야 한다.

취미생활을 해보라

셋째는 취미생활을 가지는 것이다. 조깅이나 음악 감상, 등산, 독서, 춤 등 취미생활을 통해 위기를 이겨나갈 힘을 축적하는 것이다. 무조건 무료하게 앉아만 있을 것이 아니라 적극적인 취미활동과 정서적 안정을 통해 새로운 도약을 꿈꾸는 것이다. 특별히 이럴 때 성경읽기와 기도 그리고 교회봉사를 통해 새로운 신앙의 눈이 뜨는 계기를 가지면 나중에 더 큰 하나님의 축복과 은혜를 경험할 수 있을 것이다.

긍정적인 환경을 만들어라

위기는 환경의 무너짐이다. 환경이 무너지기 때문에 위기가 오는 것이다. 그러므로 위기를 극복하려면 환경을 바로세우면 된다. 다시 좋은 환경으로 만들면 된다. 그러기 위해서 몇 가지 필요한 요소가 있다.

좋은 말을 많이 들어라

첫째는 좋은 말을 많이 들어라. 긍정적인 말은 많이 들을수록 좋다. 그러나 부정적인 말은 될 수 있으면 안 들어야 한다. 위기시 그런 말을 들으면 자신감도 떨어지고 자기비하로 심각한 열등감에 빠질 수 있기 때문이다. 그러므로 위기 때에는 특별히 좋은 말을 많이 듣고 할 수 있어야 한다. 그것이 자신감의 회복과 자신에 대해 긍정적인 평가를 하게 된다.

스스로도 좋은 말을 하라

둘째는 내 스스로도 좋은 말을 하라. 다른 사람에게 나에 대해 이야기할 때 나를 존중하며, 긍정적인 자아를 설명할 수 있어야 한다. 위기 시에는 자기를 조금은 자랑하는 것도 좋은 방법이다. 반면에 다른 사람에 대해서도 칭찬과 격려를 하며 좋은 말을 아낌없이 해주라. 그러면 자신의 자존감도 세워지고, 안으로는 더욱 긍정적인 내공을 쌓게 될 것이다.

좋은 사람을 사귀어라

셋째는 긍정적인 사람을 사귀는 것이다. 자기와 비슷한 처지에서 위기를 극복한 사람을 만나면 더욱 좋다. 서로 공감대가 형성되며 어려움을 어떻게 극복할지 훨씬 잘 알 수 있으며 마음도 평안해질 것이다. 위기를 만날 때는 긍정적인 사람을 만나는 것이 필수적이다. 그래야 긍정적인 생각이 전염되고 공유되며 위기도 빨리 극복할 수 있다.

위기극복의 책을 읽어라

넷째는 위기를 극복한 경험의 책을 읽는 것이다. 이것은 간접경험이다. 그러나 그런 책들을 통해 위기극복의 패러다임을 배우고, 나의 처지와 비교하여 새로운 적용을 통해 인생의 성숙을 배우게 될 것이다. 위기 때에는 책을 많이 읽어두는 것이 나중을 위해서라도 인생의 성공에 많은 도움이 된다.

영적 신앙을 강화하라

다섯째는 무엇보다 긍정적인 신앙을 강화하는 것이다. 내게 능력 주시는 자 안에서 내가 모든 것을 할 수 있다. 기도와 말씀으로 하나님의 임재를 확신하며 어떤 어려움이 있어도 하나님이 동행하시기 때문에 이겨나갈 수 있다는 믿음으로 확고히 서면 반드시 그 고난도 극복해나갈 것이다. 하나님이 주시는 능력이 그 어떤 힘보다도 강하다는 것을 깨달아야 한다.

필요한 사람에게 도움을 요청하라

인생에서 가장 불행한 사람은 위기를 만날 때 아무에게도 도움을 요청하지 않는 사람이다. 그 사람은 인생을 혼자 살아가려고 하지만 결코 쉽지 않은 인생길을 선택한 것이다. 어딘가에는 도움의 손길이 있다. 위기를 만날 때는 더욱 사람을 찾아야 한다. 그 사람이 용기 있는 사람이다. 고로 용기 있는 사람은 어려움을 만날 때 대화, 상담, 물질 등 필요한 부분의 대안을 찾고 적절한 사람을 찾아 도움을 요청하는 것이다.

의존적 도움과 독립적 도움

그러나 도움을 요청할 때는 의존적 도움과 독립적 도움이 있다는 것을 알아야 한다. 의존적 도움은 어려울 때마다 손을 벌리는 거지근성이 있는 사람이고 독립적 도움은 내가 일어날 수 있는 최소단위의 도움이라고 할 수 있다. 도움을 받거나 줄 때는 의존적 도움의 개념이 아니라 독립적 도움의 개념으로 접근해야 한다. 그래야 제대로 된 도움이라 할 수 있을 것이다.

하늘은 뚫려 있다

무엇보다도 최고 용기 있는 사람은 하나님의 도움을 받는 사람이다. 아무리 사방팔방이 막혀도 하늘은 뚫려있다. 하나님께 기도하면 하늘에서 은혜를 베풀어 주신다는 것이다. 그러므로 하나님께 간절히 도움을 요청하면 필요한 사람도 붙여주시고, 환경도 열어주실 것이다. 먼저 기도하고 필요한 사람을 찾는 것이 위기 극복의 적절한 방법이다. 그리고 사람을 도울 때에는 "나부터, 지금부터, 여기부터, 작은 것부터, 가능한 것부터"의 기준에서 시작하면 좋은 지침서가 될 것이다.

전문가에게 의뢰하라

고난이 계속 되고, 어려움과 역경이 반복되다 보면 정신적인 피폐, 영적인 곤비함, 육체적인 피로가 쌓이며 우울증, 자기학대, 상실감, 패배감 등으로 자신을 통제하지 못하는 수준까지 갈 수 있다. 그럴 때는 자신이 더 망가지며 과음, 약물중독, 도박, 폭력, 자살, 타살 등의 위협에 놓일 수 있다. 이유는 어려운 상황이 계속 되며 그것이 더 불편하고 더 이상 진전이 되지 않기 때문이다. 이럴 때는 혼자 있으면 안된다. 전문가의 상담이 절대적으로 필요하다. 교회나 병원의 전문 의사를 반드시 만나야 한다. 그렇지 않고 자칫 잘못하면 순간적으로 불행한 선택을 하는 경우가 있기 때문이다.

위기를 극복한 사람을 성경에서 배워라

성경은 위기를 만난 사람들이 어떻게 극복했는가에 대한 이야기이다. 그들은 믿음으로 승리했고 고난도 역경도 두려워하지 않았다. 슬기롭게 잘 헤쳐 나갔다. 그래서 그들은 우리들의 모델이 되는 것이다.

나오미와 룻의 성공

먼저 위기를 만나 극복한 나오미와 룻의 관계를 통해 교훈을 삼아보라. 나오미는 베들레헴 출신으로 흉년 때에 모압으로 이사를 갔다가 그 곳에서 남편과 두 아들을 잃고 두 자부와 함께 살았다. 그러나 도저히 머물 수 없는 상황이 되어 고향 베들레헴으로 다시 돌아오게 된다. 그때 큰 자부인 오르바는 친정으로 돌아갔지만, 둘째 자부인 룻은 끝까지 시어머니 나오미를 쫓았다. 이것이 위기를 극복한 놀라운 힘의 원천이 되었다.

연대의식

첫째, 두 과부가 "힘을 합친 것"은 위기 극복의 원동력이었다. 남편을 잃은 시어머니와 며느리, 그들은 소망이 없는 사람들이었다. 고독하고 외로운 상태에 있었다. 그러나 둘이 힘을 합쳐 연대의식을 가지니까 서로의 필요를 채워주는 대상으로 바뀌었다. 며느리는 젊음이 있고, 시어머니는 지혜가 있었다. 그들은 서로를 인정하고 비방하지 않았다. 상호존중과 배려가 있었다. 나오미는 룻을 칭찬하고 룻은 나오미의 말에 순종했다. 더욱이 룻은 외로운 나오미를 극진히 섬겼다. 룻도 보양할 가족이 생김으로 사명과 보람을 갖게 되었다. 아무리 힘들어도 외롭지 않았다. 기쁨의 대상이 있었기 때문이다.

건강한 자아는 아픔을 채워줄 대상이 있는 사람이다. 내가 위기를 만날 때 내 아픔을 채워줄 누군가가 있는 사람이 건강한 사람이다. 원래 심리학적으로 보면 상처가 크면 반항도 크다. 그만큼 그 사람에게 쓴 뿌리가 많기 때문이다. 나오미와 룻도 그런 사람들이었다. 그러나 이 둘은 서로 상호연대하며 필요를 채워주는 관계를 성립하니까 오히려 서로 치유 받고 더 큰 역사를 이루는 사람들이 되었다.

따뜻한 공동체의 만남

둘째, "따뜻한 공동체"를 만났기 때문이다. 두 과부가 위기를 극복할 수 있었던 것은 고향 베들레헴으로 돌아왔을 때 고향 사람들이 따뜻하게 대해주었기 때문에 한결 마음이 포근하며 극복할 수 있는 내공이 만들어진 것이었다. 더욱이 그 지역의 유지인 보아스가 효성이 지극한 룻의 소문을 듣고 따뜻한 배려와 사랑을 보여준 것은 더 없이 아름다운 장면이었다. 그러므로 위기를 만날 때 공동체의 친절과 사랑이 얼마나 중요한지 모른다. 그런 장소, 그런 사람을 만나는 것이 큰 복이다. 교회도 마찬가지이다. 경조사나 성도들의 병원 심방 같은 것이 따뜻함을 주고 힘을 복돋아주는 계기가 되는 것이다.

긍정적인 믿음

셋째, "긍정적인 신앙의 힘"이었다. 고향 베들레헴으로 돌아가면 전능하신 하나님이 함께 하신다는 믿음이 있었다. 실제로 하나님은 그들의 믿음대로 그 지역의 유지인 보아스를 만나게 해주셨고, 결혼도 성사되어 오벳을 낳았는데, 그가 바로 다윗의 할아버지였던 것이다. 예수 그리스도의 계보를 잇는 놀라운 신앙의 명문 가문이 되었던 것이다. 건강한 신앙은 위기를 만날 때 현재 내가 신앙적으로 어떻게 극복할 것인가를 생각한다. 그러나 불건전한 신앙은 내가 뭘 잘못해서 벌을 받았나, 또는 신앙적으로 믿을 만큼 믿었는데 하나님 너무 하시다 하며 불평하고 원망한다. 결국 그런 사람은 상처를 신앙적으로 승화시키지 못했기 때문에 더 많은 환경의 시련을 연속적으로 당하게 되는 것이다.

요셉의 성공

요셉은 형들의 시기로 13년의 위기를 만났다. 그것도 처절한 고통과 아픔을 겪었다. 그러나 요셉의 얼굴에는 전혀 고난을 받은 사람 같지 않게 해맑고 순수한 모습이 있었다. 그 이유의 첫 번째는 하나님의 은혜이었고, 두 번째는 요셉이 준비된 영성을 가지고 있었기 때문이다. 이 시간 그의 연단의 과정을 살펴본다.

가정대학-17세까지

요셉은 야곱의 열 한 번째 아들로 아버지의 사랑을 독차지하며 자랐다. 특별히 가정에서는 아버지의 신앙교육을 잘 받으며 자랐다. 그는 매사에 예배를 정성스럽게 드렸고, 아버지가 믿는 하나님을 제일주의로 섬기는 아들이었다. 또 무슨 일이 있을 때마다 아버지 야곱이 하나님을 의지하는 것을 두 눈으로 보면서 늘 하나님의 존재에 대한 생각을 하며 살았다. 이것이 아무 것도 아닌 것처럼 생각되지만 사실은 요셉이 어려울 때 힘들 때 어떻게 이것을 극복해야 되는지를 알게 해 주었던 중요한 영적 훈련이었다.

뿐만 아니라 그는 꿈을 꾸는 사람이었다. 자신이 꾼 꿈을 늘 마음에 간직하며 그 꿈이 이뤄질 것을 믿었다. 꿈을 잉태하고, 꿈을 가슴에 지니며 꿈을 먹고 꿈대로 사는 사람이었다. 그래서 형들은 그를 "꿈쟁이(Dreamer)"라고 놀려대기도 했다. 그러나 요셉은 그런 것에 아랑곳하지 않고 늘 언제나 믿음의 꿈을 포기하지 않고, 범사에 감사하며 기쁨으로 살아갔다. 그는 가정에서 꿈을 꾸고 아버지의 신앙교육을 빌으며 건강한 자아를 형성해갔다.

노예대학-11년, 28세까지

요셉은 17년의 좋은 시절을 다 보내고, 13년의 연단과 시련의 과정을 겪게 된다. 물론 거기에는 하나님의 섭리와 역사하심이 있으셨다. 그는 형들의 시기를 만나 애굽에 노예로 팔려간다. 그러나 그는 그 곳에서도 불평하거나 원망하는 모습을 전혀 보이지 않는다. 오히려 자신의 인생이 그렇게 주어졌다고 생각하며 자족하고 최선을 다하는 생활을 한다. 그가 첫 번째 훈련을 받았던 것은 "자족과 감사의 훈련"이었다.

두 번째 훈련은 "성실과 충성의 훈련"이다. 그는 보디발의 집에서 11년 동안을 열심히 일했다. 부지런히 일하고 지혜롭게 일했다. 보디발의 절대적인 지지를 받았다. 보디발은 자신의 아내 외에는 모든 것을 맡길 정도로 그를 신뢰하고 믿었다. 그도 그의 부름에 순종하며 열심히 일하고 겸손하게 충성했다.

세 번째 훈련은 "순결훈련"이다. 요셉은 보디발의 아내가 유혹하는 눈길과 손길에도 어디 하나 시선을 주지 않았다. 그는 하나님 앞에 깨끗하고 정결한 삶을 살려고 노력했다. 사람의 시선보다는 하나님의 시선을 두려워했기 때문에 자신의 순결을 끝까지 지킬 수 있었다. 그는 그런 순결훈련을 잘 했기 때문에 이방 나라에서도 꿋꿋하고 당당하게 롱런하며 성공할 수 있었던 것이다.

감옥대학-2년, 30세까지

요셉은 보디발의 아내 모함으로 감옥에 들어갔다. 거기는 정치범들이 수용되는 감옥이었다. 그는 그 곳에서도 모범적으로 죄수생활을 수행했다. 아마도 억울하고 억한 심정이 들었을 것이다. 노예로 팔려온 것도 억울한데 이제는 간통의 누명까지 쓰고 감옥에 갇혀있으니 얼마나 분하고 가슴이 아팠겠는가? 속이 다 타들어가는 울분과 답답함이 있었을 것이다. 그래서 그는 먼저 이런 억울한 마음을 비울 수 있는 "겸손과 무욕의 훈련"이 필요했다. 인생은 덧없다는 것을 깨닫고, 사람을 의지하는 것이 아니라 하나님을 의지해야 된다는 생각이 더욱 확고하게 들었다.

둘째, 요셉은 감옥에서 "인내 훈련"을 했다. 그는 이내 눈물 한 번 훔치고 또 주어진 현실을 받아들이며 최선을 다했다. 지금은 나에게 고난과 시련이 있지만 묵묵히 최선을 다하면 언젠가 꿈과 비전이 이뤄지며 새로운 세계가 펼쳐질 것을 믿었다. 그래서 그는 환경과 여건에 연연하지 않고, 그 환경을 뛰어넘는 하나님을 바라보며 인내하게 된 것이다. 인내는 쓰고 열매는 달다. 요셉에게도 드디어 기회는 왔다. 2년을 기다린 결과 하나님의 때가 되었고 그 기회를 통해 하나님의 영광의 도구로 귀하게 쓰임 받게 된 것이다.

행정대학-30세-110세까지

요셉의 13년의 훈련기간은 참으로 소중한 기간이었다. 그런 시간이 있었기에 더욱 훌륭한 총리가 될 수 있었고, 하나님을 위해 살 수 있으며, 가족들도 구할 수 있는 지도자가 될 수 있었다. 그는 술 맡은 관원장의 도움으로 애굽 바로 왕의 꿈을 해석해줌으로써 일약 총리가 되게 되었다. 놀라운 하나님의 은총이었다. 역전인생이었다. 그러나 성공했다고 해서 다 끝나는 것이 아니다. 그 이후가 더 중요하다. 어떤 사람은 다 올라와 놓고 순간 나락으로 떨어져 버리는 경우도 있다. 추락할 때는 날개가 없다. 사정없이 떨어지는 것이다. 왜 이렇게 되는가? 성공 이후의 전략이 없어서이다. 축복의 그릇을 만들지 못한 상태에서 받은 축복이 그분에게는 과분했기 때문이다. 요셉은 그렇지 않았다. 총리 이전까지도 잘 준비되었지만 이후에도 좋은 훈련과 능력을 발휘함으로써 죽을 때까지 그의 지위를 보장받게 되었다.

첫째, "지혜의 훈련"이다. 요셉은 하나님의 신이 감동된 사람이었다. 하나님이 주신 지혜는 세상이 주는 지혜와 비교가 되지 않는다. 요셉이 다른 사람들보다 출중할 수 있었던 것은 하나님이 주시는 지혜를 받았기 때문이다. 그는 성공해서도 이것을 잊지 않았다. 매사에 하나님을 의지하며 위로부터 공급해주시는 지혜를 따라 살아갔기 때문에 어떤 어려움도 극복하는 능력을 갖게 된 것이다.

둘째, "경제공부"이었다. 그는 애굽의 7년 풍년, 7년 흉년을 무리 없이 잘 극복한 훌륭한 총리였다. 7년 동안은 곡식을 비축하고, 흉년 때는 곡식을 백성에게 팔기도 하고, 나눠주기도 했다. 그는 어떻게 하는 것이 백성을 잘 살게 하는 것인지 알았고, 경제공부도 게을리 하지 않았던 것이다. 그리고 그러한 선지식과 예언적 통찰력은 적중했고, 애굽과 바로 왕을 살리는 전대미문의 업적을 남기게 되었다. 준비된 사람이 쓰임을 받는 것이다. 실력을 갖추고 준비하면 언젠가는 인정받는 날이 오게 될 것이다.

셋째, "용서하는 훈련"이었다. 성공한 사람들 대부분을 보면 성공하기까지 수많은 질시와 모멸을 참아가며 이겨내지만 성공하고 나면 뒤를 돌아보며 나를 핍박했던 사람들을 복수하고픈 욕망을 갖게 된다. 그러나 그렇게 하면 안된다. 그렇게 하다가는 또 다시 피의 전쟁이 이뤄지는 것은 불을 보듯 뻔하다. 요셉도 그렇게 하지 않았다. 더욱이 요셉은 하늘을 찌르듯이 권세가 높아진 상태이기 때문에 무슨 일을 해도 무리가 없었다. 그러나 요셉은 하나님 아버지의 마음이 있었다. 자기가 총리가 된 것이 자신이 똑똑해서 그런 것이 아니라 하나님의 은혜로 된 것이라는 것을 알고 있었다. 그래서 자기를 팔았던 형들, 자기를 모함하고 감옥에 집어넣었던 보디발의 아내 등을 용서할 수 있었다. 오히려 그들 때문에 총리가 되고 하나님의 영광의 도구로 쓰임을 받게 된 것을 감사했던 것이다. 참으로 훌륭한 신앙이다.

| 정리와 묵상하기 | 상 처 Healing |

* 당신은 위기 때 어떤 변화가 다가오는가?
첫째, 슬픔, 비통, 탄식, 분노, 후회 등 정서적인 변화가 온다.
둘째, 식욕부진, 근육 마비 등 신체적인 변화도 나타난다.
셋째, 판단력 저하, 방향 감각 상실 등 지성적인 변화도 보인다.
넷째, 대인관계가 어그러지는 모습도 나타난다.
다섯째, 가치관의 혼란이 일어나며 패배감과 낭패감에 빠져들기도 한다.

* 그러면 위기를 극복하는 방법이 무엇인가?
첫째, 내 문제를 있는 그대로 솔직히 받아들이는 것이다.
둘째, 그 문제를 긍정적으로 해석해서 다음 단계로 나아가는 것이다.
셋째, 현실이 아무리 어려워도 자신의 감정을 잘 조율해야 한다.
넷째, 그 문제를 해결할 수 있는 긍정적인 환경을 만드는 것이다.
다섯째, 도움이 필요한 사람이 있다면 적극적으로 요청하는 것이다.
여섯째, 좀 더 나은 해결을 위해 전문가에게도 의뢰하는 것이다.

* 룻과 나오미, 요셉에 대해서 무엇을 배울 수 있는가?
첫째는 룻과 나오미는 둘 다 과부이다. 혼자 할 수 있는 것이 별로 없다. 그래서 그들은 마음을 합하며 연대했다. 둘째는 이스라엘 공동체의 따뜻한 환영과 보아스의 깊은 사랑을 통해 위기를 극복할 수 있었다. 셋째는 무엇보다 하나님에 대한 절대 신뢰와 믿음이 그들의 어려움과 고난을 극복하게 하는 원동력이 되었다.

요셉은 형들의 시기로 애굽의 노예로 팔려갔다. 그러나 그는 가정에서 사랑의 깊이와 흔들리지 않는 믿음을 잘 훈련받았기에 그 곳에서도 흔들리지 않았다. 노예 생활 11년에서도 성실과 순결을 지킴으로 준비된 그릇을 만들었다. 2년의 감옥생활에서도 겸손과 인내, 섬김을 배웠다. 총리가 되어도 지혜와 추진력, 용서와 화해로 지도력을 인정받았다. 그의 위기 극복은 그리스도인들에게 모범이 된다.

Chapter 4

가정의 상처를 치유하라

여호와께서 집을 세우지 아니하시면 세우는 자의 수고가 헛되며 여호와께서 성을 지키지 아니하시면 파수꾼의 깨어 있음이 헛되도다 (시편 127:1)

이 장에서는 가정의 상처를 다룰 것이다. 특별히 역기능의 가정을 통해 가정의 상처를 치유하고 극복하는 방법에 대해 보다 심도 있게 다루게 될 것이다. 가정이 살아야, 교회도 살고, 사회도 국가도 행복한 공동체를 만들어 가는 것이다.

01
역기능 가정의 원인분석

그러므로 사랑을 받는 자녀 같이 너희는 하나님을 본받는 자가 되고 그리스도께서 너희를 사랑하신 것 같이 너희도 사랑 가운데서 행하라 그는 우리를 위하여 자신을 버리사 향기로운 제물과 희생제물로 하나님께 드리셨느니라 (에베소서 5:1-2)

핵가족의 시대

현재 한국의 가족 구조는 핵가족 중심이다. 나 홀로 가정도 전체 가정의 15%를 차지하고 있다. 부부간의 이혼율도 30%를 육박하고 있다. 5년 만에 이혼율이 50%를 상승했다. 가정이 그만큼 깨어지고 있다는 것을 여실히 증명하고 있는 것이다. 이제는 옛날과 전혀 다른 가족 구조를 가지고 있기 때문에 가정의 문제점도 더욱 심각해졌다. 옛날에는 가족이 함께 모여 식사도 같이 하고, 대화도 하는 안식과 사랑의 장소였다. 그러나 이제는 개인주의가 팽배하여 가족들이 하루에 한 번도 식사를 같이 할까 말까 하는 장소로 전락했다. 혹 함께 식사를 하더라도 대화하는 내용의 90%가 누군가를 욕하는 것으로 많은 시간을 투자한다고 한다. 그러다 보니 점점 가족들의 정체성이 상실되며 각자 알아서 사는 이기적 성향이 강해지게 되었다.

역기능 가정의 탄생

가정이 비정상적인 구조를 가지면서 자녀들에게 심각한 문제가 생겼다. 성격이 비뚤어지고 이상한 행동을 하며 가족의 틀을 깨는 부정적 요소가 나타났다. 이것을 역기능의 가정이라 부른다.

성공한 희생양

비현실적 가정의 역기능적 행동들은 여러 형태로 나타난다. 예를 들어 가족 중에 한 사람이 성공하면, 가족 전체는 그 사람에게서 주체성과 자존감을 찾기보다는 재정이나 인생의 전반에 관한 것을 그 한 사람에게 의존하는 책임감을 강조한다. 그러면 그 한 사람은 가족 모두를 위해 희생하지만 결국 심신이 탈진되며, 나머지 가족은 무기력한 존재들로 전락해버린다. 역기능의 대표적인 사례이다.

전이와 투사

또 한편으로는 나에게 무슨 문제가 있으면 그것을 가족들에게 전이하거나 투사하는 가정들도 있다. 예를 들어 아버지가 직장의 스트레스로 집에 들어올 때 집에는 아무런 문제도 없는데 괜히 화가 나서 집안 분위기를 망치는 경우가 있다. 이때 자녀들은 황당해하며 아버지의 눈치를 보게 되고, 우유부단해지며, 정상적인 생각과 행동을 하지 못하게 된다. 이것은 형제들 간에도 마찬가지이다. 형이 기분이 나빠 집에서 동생들에게 폭력을 행사한다든지, 욕을 한다든지 하면 동생들은 형의 눈치 보기에 급급하며 자신의 정상적인 자아를 발동하기가 힘들어진다. 이것도 역기능의 모습이다.

가정은 가족들이 매일 만나는 장소이다. 그 곳에서 기쁨과 슬픔, 즐거움과 외로움 등 다양한 감정이 교류한다. 형제들 간에 시기와 질투, 번민과 갈등이 연속적으로 일어날 수 있다. 부부 간에 보이지 않는 냉정과 침묵이 감지 될 수도있다. 그러므로 가족들 간에 미성숙함이 묻어날 때는 가족 전체에 영향을 미치기 때문에 역기능적인 요소가 나타날 수 밖에 없다.

가족 역할들의 혼선

때로는 엄격한 질서 유지가 에너지 고갈을 가져온다. 가정에는 보이지 않는 질서가 있다. 대부분 "가장"이 그 질서를 잡는다. 그는 가족의 문제를 통제하고 관리하는 사람이다. 물론 이 역할을 부모님이 하기는 하지만, 때와 상황에 따라서는 자녀들도 그 가장의 역할을 할 수 있다. "피지배자"의 역할을 하는 사람도 가정에는 있다. 구박을 당하는 대상, 상처를 입는 대상, 자의든, 타의든 피해를 입는 사람이다. "회유자"도 있다. 문제가 터지면 회유자는 타협을 하고 유혹을 해서 자기편으로 끌어들이려고 한다. 하지만 가족 구조가 만만치 않아 자기편으로 끌어들이기가 쉽지 않다. 그때에 "구출자"가 나타나 일을 교통정리하며 지혜롭고 적절하게 마무리한다. 그러나 이런 역할들이 서로 바뀌면서 반복되다 보면, 에너지가 고갈되고 지치고 피곤하여 가족들 간에 역기능적인 현상들도 많이 나타나는 것을 발견한다.

이기적인 행동방식

가정에서 갈등을 해결하지 못하는 가족들의 원인은 융통성 없는 행동방식 때문이다. 자기 생각과 편견만을 고집하는 가정은 불화와 갈등을 조장하지 않을 수 없다. 어떤 가정은 자신의 비밀을 쌓아가며 누구에게도 털어놓지 못하는 문화적 분위기 때문에 역기능적 가정을 만들어가는 경우도 있다. 이들은 이미 개방에 대한 두려움이 가득 차 있기 때문에 말하고 싶어도 할 수 없는 상태가 된다. 어떤 가정은 문제만 일어나면 모두가 다 원인에 대한 책임 회피 현상이 일어난다. 어느 누구 하나도 책임지려고 하지 않는다. 그리고 자기 편의만 챙기려고 하고, 자기와 상관이 없으면 슬쩍 빠져버린다. 이기적인 가족이다. 이런 가정은 틀림없이 역기능적인 가정이 된다. 더욱이 가정에서 실패와 좌절이 반복될 때 그 가족 구성원들은 서로 신뢰하지 못하고 불평과 원망이 쌓이며 역기능적인 가정을 만든다.

역기능 가정의 주요원인

역기능 자녀들이 생기는 뒤의 배경을 살펴보면 항상 부모와의 관계가 어그러져 있다든지, 아니면 부모의 잘못된 습관을 쫓는 경우들이 많다. 문제아는 사람의 문제이기도 하지만, 그 문제를 낳게 한 가족의 시스템도 그 원인이 된다. 특별히 거기에는 부모의 책임이 가장 크다고 할 수 있다. 그러므로 여기에서는 부모들의 어떤 습관이 잘못되어 자녀들에게 전수되어 왔는지를 알아보기로 한다.

부모의 편애(Favoritism)

가정이 잘못되는 것은 한꺼번에 이루어지는 것이 아니다. 거기에는 잘못된 원인이 조금씩 축적되어 일어나는 것이다. 더욱이 부모의 자녀에 대한 지나친 한쪽 편애의 사랑은 성인아이의 모습으로 자녀들에게 조금씩 단계적인 부정적 자아를 만들게 하는 것이다.

이삭과 리브가의 가정이 대표적인 예이다. 아버지 이삭은 에서를 사랑하고, 어머니 리브가는 야곱을 사랑했다. 서로 편애한 것이다. 당연히 문제가 발생할 수밖에 없다. 에서와 야곱은 둘 다 문제아였다. 에서는 이방여인과 마음대로 결혼해버리고, 야곱은 어머니의 말만 듣고 아버지를 속이고 타향살이를 했다. 에서와 야곱은 생전에 서로 비교하며 시기하고 질투하며 미워했다. 편애의 결과인 것이다.

더욱이 야곱은 부모의 편애를 받았던 것처럼 두 아내를 두고도 편애했다. 첫째 아내인 레아보다도 둘째 아내인 라헬을 더 사랑하며 편애했다. 레아와 라헬 사이에는 끊임없는 시기와 질투가 있었다. 그것은 자식들에게도 계속되었다. 야곱은 자식도 편애했다. 라헬이 낳은 두 아들 요셉과 베냐민을 더 사랑하며 편애했다. 레아의 아들들은 이것을 알고 요셉과 베냐민을 시기하고 질투하며 마음에 받아들이지 않았다. 급기야는 요셉을 미디안 상인에게 노예로 팔아버리는 잔인한 행위를 서슴지 않았다. 모두가 편애의 결과였다.

부모의 부정적 습관(Negative habit)

부정적인 습관은 부정적인 의식이 고착화되어진 것이다. "안된다. 못한다. 할 수 없다." 등 자신도 모르게 생각 속에 사로잡힌 부정적인 습관이 만들어진 것이다. 이것은 대부분 가정에서 전염되어졌다. 부모들의 언어적 습관이 부정적이었기 때문에 그대로 전염되어진 것이다. 대부분 부정적인 습관이 있는 가정은 실패를 자주 경험하는 가정이다. 가족 간에도 서로 믿지 못하는 가정이 된다. 매사가 부정적이기 때문에 서로 불신하고 믿지 못하는 분위기가 팽배하다.

부모는 어릴 때 자녀에게 늘 부정적으로 공격했다. "네가 뭘 할 줄 알아?" "너는 공부나 잘해!" "옆 집 철수를 좀 봐라 걔는 학원 안 다녀도 공부만 잘하더라!" 이런 식으로 자녀를 항상 부정적으로 공격하며 "넌 안된다"는 것을 마음에 심어주었다. 그러므로 부모의 입에서 긍정적인 말과 칭찬의 말보다 부정적이고 책망하는 말을 많이 하는 경우는 대부분 그 자녀들이 자신감이 떨어지고 매사가 부정적이며 세상을 비관하는 사람이 되는 것을 발견한다.

특별히 자녀들이 부정적인 부모 밑에서 자라면 반항적이 된다. "아빠가 해준 것이 뭐가 있어?" "엄마도 다른 엄마들처럼 돈 좀 벌어!" 하며 매사가 불만과 불평으로 일관된다. 게다가 자신도 "내가 할 줄 아는 게 뭐가 있어?" "난 아무 것도 할 줄 몰라!" 하며 시작도 하기 전에 자신감을 잃고 포기하는 경우도 많다. 또 하다가 힘들면 중도에 하차하고 낙심하며 실망하는 자녀들도 많다. 이런 행위들이 모두 부정적인 부모 밑에서 자란 아이들에게 알게 모르게 잠재된 기질들이다.

부모의 비판적 습관(Critic habit)

비판적인 습관을 가진 부모의 특징은 도전적이고 반항적인 언어가 몸에 익숙해 있다. 공동체에서 화합할 줄 모르고 어디를 가도 그 곳의 분위기를 깨뜨리는 데에 익숙해있으며, 또 그것을 즐기는 부모일 경우 십중팔구 비판적인 습관이 쌓이게 된다. 더욱이 한국에는 분열의 영(division spirit)이 만연되어 있다. 한국에서 가장 악한 영은 분열의 영일 것이다. 타협과 공존을 모르고 싸움이 주특기가 되었다. 정치, 경제, 사회, 문화 속에 전반적으로 비판적인 습관이 깔려져 있다. 그러니 가정에서도 수용적이고 너그러운 마음보다는 비판적이고 공격적인 말들이 오고가는 것이다.

부모의 비판적인 습관은 흑백논리와 자기중심적 사고에서 비롯된다. 특별히 자수성가한 부모나 자기주장이 분명한 부모들이 비판적인 경우가 많다. 모두가 다 자기처럼 살아야 된다고 생각하기 때문이다. 아니다. 이것은 잘못된 생각이다. "틀림(wrong)"과 "다름(difference)"은 구별할 수 있어야 한다. 생활방식은 서로 다를 수 있다. 다르다고 해서 모두가 틀리는 것은 아니다. 그런데 사람들은 나와 다르다고 하면 그 사람이 틀리다고 말하는 사람들이 많다. 이런 사람들이 비판적인 습관을 가진 사람들의 특징이다. 그러므로 비판적인 습관을 극복하기 위해서는 서로 다름을 인정하는 것이 중요하다. 나보다 먼저 다른 사람을 이해하고 존중하는 훈련을 할 때 비판적인 습관이 고쳐지는 것이다.

아브라함과 조카 롯의 관계를 보라. 롯은 아브라함으로 인해 많은 축복을 받았다. 그런데 자기 목자들과 아브라함의 목자들이 싸우는 것을 보고 떠나고 싶어 했다. 아브라함은 그것을 알고 롯에게 "네가 좌하면 내가 우할 것이고, 네가 우하면 내가 좌할 것이다(If you go to the left, I will go to the right. If you go to the right, I will go to the left)."라는 유명한 말을 했다. 누가 축복을 받았는가? 아브라함이다. 아브라함은 롯과 다름을 인정하고 그를 이해하고 존중했다. 그는 더 큰 축복을 받았다. 그러나 롯은 비판적이었고 독선적이었으며 자기생각만 했다. 결국 어떻게 되었는가? 조카 롯은 소돔과 고모라 성에서 불과 유황의 심판을 받아 겨우 살았지만 결국 이방인의 대열에 합류해버리고 말았다. 불행한 인생이 된 것이다.

부모의 시기 질투의 습관(Jealous habit)

시기와 질투는 스트레스의 가장 큰 원인이다. 암의 발병 원인 1순위이기도 하다. 시기 질투를 하면 각종 당파가 형성된다. 파벌이 생기며, 서로 물고 뜯고 이길 때까지 경쟁한다. 분쟁과 암투가 끊임없이 이어진다. 승리할 때까지 싸운다. 적어도 둘 중에 하나는 죽어야 한다. 결국 그 공동체의 분위기를 깨뜨릴 수밖에 없다. 이런 습관을 가진 부모 밑에 자란 자녀는 투쟁적이고 지는 꼴을 못 보고 반드시 이겨야 하며 자기중심적인 사람이 많다.

성경적으로 보면, 요셉 형들의 분노도 사실 시기 질투 때문이었다. 아버지의 편견으로 인한 형들의 단체적인 시기 질투는 동생 요셉을 파렴치하게 애굽의 노예로 팔아버리게 하였다. 시기 질투를 하면 눈물도 피도 없다. 형제도 없다. 끝을 본다. 야곱의 둘째 부인인 라헬은 남편을 언니 레아로부터 독차지하려고 시기 질투하다가 오히려 언니보다도 더 일찍 숨을 거두고 말았다. 시기 질투는 뼈를 깎는 염려와 근심을 수반하기 때문이다. 일찍 죽는다. 사울은 다윗을 평생 시기 질투하다가 결국 자살했고 자기가 도로 저주 받은 인생이 되고 말았다. 미리암은 동생 모세를 시기 질투하여 모세의 약점을 잡고 비방하다가 문둥병자가 되었다. 나중에 모세가 기도해주어 낫기는 했지만 시기 질투를 하나님이 얼마나 싫어하시는지를 잘 알게 해주는 대목이다.

예수님의 제자들도 야고보와 요한을 시기 질투하다가 책망을 받았다. 예수님은 "누구든지 으뜸이 되고자 하는 자는 섬기는 자가 되어야 하느니라" 하시며 다른 사람을 인정하고 섬기는 자가 되라는 권면의 말씀을 해주었다. 세례요한이 그 대표적인 사례이다.

세례요한은 예수님보다 6개월 먼저 사역을 했다. 광야에서 외치는 그의 설교는 우렁찼다. 경건했다. 수많은 사람들이 존경했다. 인산인해를 이루었다. 그런데 어느 날 예수님이 나타나자 그의 무리들이 점점 줄어드는 것이었다. 한 마디로 세례요한은 지는 태양이고, 예수님은 떠오르는 태양이었다. 이때 요한의 제자들이 시기 질투했다. "선생님의 제자들이 다 예수께로 몰려가나이다. 너무 하지 않습니까?" 그때 세례요한은 오히려 겸손하게 "그는 흥하여야 하겠고, 나는 쇠하여야 하리라(He will be greater, I will be less)"라고 말을 했다. 예수님도 그 사실을 알고 "여자가 낳은 사람 중에 이 사람보다도 큰 사람은 없을 것이다" 하며 칭찬을 아끼지 않았다. 세례요한은 시기 질투를 버리고 오히려 더 섬기는 마음으로 예수님을 존중했다. 예수님도 그런 세례요한을 높여주었다.

시기 질투는 백해무익이다. 부모가 항상 남과 비교를 잘하고 시기 질투하는 습관을 가지면 자녀들도 알게 모르게 잠재되어 시기심이 생긴다. 또 경쟁심에 너무 불붙으면 부모의 습관을 쫓아 자녀도 시기 질투의 대열에 서게 된다. 이런 행위들을 조심하지 않으면 부모의 습관이 자녀들에게 전수되는 것이다. 남과 비교하지 마라! 이기적 경쟁을 하지 마라! 다른 사람을 인정하라! 내가 먼저 섬기는 자가 되라! 그러면 더 큰 축복을 받을 것이다!

부모의 폭력적 습관(Violent habit)

　한국 가정에 폭력을 휘두르는 부모가 20%나 된다고 한다. 폭력을 쓰는 남편, 폭력을 쓰는 아내, 폭력을 쓰는 아버지, 폭력을 쓰는 엄마가 점점 늘어난다는 것이다. 원인은 주로 술이라고 한다. 술을 먹고 한 번 폭력을 쓴 것이 습관이 되어 나도 모르게 계속 폭력적인 사람이 되는것이다. 또 어떤 사람은 술을 먹지 않고 맨 정신으로도 습관적으로 폭력을 일삼는 사람이 있다고 한다. 이런 사람은 화가 나면 이성을 잃어버리고 화가 풀릴 때까지 폭력을 휘두르는 사람이다.

　대부분 부모들이 폭력을 쓰는 이유는 자녀를 마치 자기 소유물처럼 생각하기 때문이다. 잘못된 생각이다. 자녀는 하나님이 주신 선물이지, 자기 소유물이 아니다. 잘 키워서 하나님 나라에 귀하게 쓰임 받는 인물로 만드는 것이다. 자녀는 내 자녀가 아니다. 하나님의 자녀이다. 그러므로 내 것이 아니라 하나님의 것이다. 하나님의 뜻에 맞게 키우는 것이다.

　폭력을 행사하는 부모들은 폭력은 폭력을 낳는다는 것을 인식해야 한다. 그 아이들도 나중에 부모의 행위를 그대로 본받고 폭력적이 된다는 것을 명심해야 한다. 당신은 폭력이 대물림 되는 가정을 원하는가? 아무리 부모가 악하다고 해도 자기 자녀가 그렇게 되는 것은 원하지 않을 것이다. 그러면 폭력을 의지적으로 단호히 끊어야 한다. 그런데 안타까운 것은 내 힘으로 폭력을 끊지 못하는 경우가 많다. 술을 먹고 습관적으로 폭력을 행사하고 화가 나면 감성적으로 폭발하여 절제를 못하기 때문이다. 이런 경우는 전문가의 상담을 구해야 한다. 내 의지적으로 안 될 때는 다른 사람을 통해서라도 끊어야 한다. 그래야 가정이 행복할 수 있다. 더욱이 중요한 것은 크리스천은 성령의 강력한 능력으로 폭력을 끊을 수 있다. 성령께서 힘주시기 때문이다. 영적인 능력을 받아라! 주님을 강력히 의지하라! 그러면 성령께서 끊도록 도와주실 것이다.

부모의 대물림의 나쁜 습관(Traditional bad habit)

부모는 그 가문에 전통적으로 내려오는 습관을 쫓는 경우도 많다. 의사의 집안에는 의사 자녀들이 많고, 판사 집안에는 판사 자녀가 많으며, 목사의 집안에는 목사의 자녀가 많다. 이것은 가문에 내려오는 아름다운 전통을 살리려는 마음들이 자연스럽게 생겼기 때문이다. 이런 좋은 전통적 습관은 보기에도 아름답지만, 나쁜 전통적 습관은 끊어버려야 한다. 예를 들어 도박하는 부모 밑에 자란 자녀는 도박꾼이 되고, 알콜 중독 부모 밑에 자란 자녀는 알콜 중독자가 되고, 도둑질하는 부모 밑에 자란 자녀는 도둑질하는 자녀가 된다. 바람기가 넘치는 부모 밑에 자란 자녀는 음란성이 강한 자녀가 되고, 거짓말 잘하는 부모 밑에 자란 자녀는 거짓말을 밥 먹듯이 하게 된다. 이런 잘못된 굴레의 전통들은 단호히 끊어버리는 것이 상책이다.

그러므로 부모들은 나의 전통적인 나쁜 굴레가 무엇인가를 생각해야 한다. 화를 잘 내는 부모가 있다. 이것이 습관이 되어 늘 자녀에게 이유 없이 화를 낸다. 또 연약한 부모의 모습도 있다. 실직을 해서 엄마에게 늘 야단 맞는 아버지의 모습을 보고 자란 아들과 딸은 아버지의 그런 모습이 투영되어 잠재된 자아가 형성된다. 더욱이 나를 어릴 때 버린 부모도 있다. 나를 부끄러워하고, 학대하는 부모도 있다. 이런 사람은 십중팔구 문제아가 된다. 문제아는 대부분 부모의 전통적인 나쁜 대물림의 습관 때문에 형성되기 때문이다.

부모의 나쁜 습관을 끊는 법

그러면 나쁜 습관을 가진 부모들은 자신의 습관을 어떻게 끊을 수 있겠는가? 크리스천 부모로서 어떻게 접근해야 올바른 치유와 자녀양육이 이뤄질 수 있겠는가?

나를 용서해야 한다

첫째는 먼저 나쁜 습관을 가진 나를 용서해야 한다. 비록 나쁜 전통적 습관이 나에게 쌓여지기는 했지만, 나까지 미워해서는 안 된다. 나를 미워하면 자기 학대, 자기비하, 상실감, 좌절감, 낭패감으로 헤어 나오지 못한다. 이런 생각으로부터 빨리 벗어나야 한다. 툴툴 털고 한 번만 마음을 다잡으면 다시 일어날 수 있다. 그러므로 나를 용서해야 한다. 나를 용서해야 다시 일어날 수 있다.

기도해야 한다

둘째는 나에게 있는 나쁜 전통적 습관을 끊게 해달라고 기도해야 한다. 그리스도인은 기도보다 앞서는 것은 아무 것도 없다. 기도하는 개인, 기도하는 부모, 기도하는 자녀는 망하지 않는다. 그러므로 부모가 먼저 자신의 나쁜 습관을 끊게 해달라고 간절히 기도해야 한다. 그러면 하나님이 힘을 주실 것이다.

자녀와 화해해야 한다

셋째는 자녀와 화해를 해야 한다. 힘들겠지만 용기를 내어 그 자녀에게 먼저 용서를 구하고, 나쁜 습관을 끊었다는 믿음을 심어주어야 한다. 부모의 변화된 모습을 직접 보여주어야 한다. 왜냐하면 자녀는 부모의 모습을 그대로 닮기 때문이다. 그리고 모든 가족들은 가족 공동체의 의미를 깨달고 서로 이해하고 상호 협력하는 마음을 가져야 한다.

적극적인 신앙생활을 해야 한다

넷째는 무엇보다 이런 굴레들을 영적으로 극복해야 한다. 나쁜 습관은 사단의 견고한 진이다. 인간의 힘으로 안될 때가 많다. 그러므로 성령의 능력으로 견고한 진을 무너뜨려야 한다. 기도와 말씀으로 무장해야 한다. 더욱이 교회 봉사와 예배생활, 제자훈련 등 거룩한 신앙생활을 적극적으로 해나가며 나쁜 습관을 이겨나가야 한다.

전문가의 상담을 받아야 한다

마지막으로 만약에 연약한 의지 때문에 나쁜 습관을 도저히 끊을 수 없을 때는 전문가의 상담을 받는 것도 좋다. 나쁜 습관은 중독이다. 중독된 것은 쉽게 끊어지지 않는다. 이것은 시간이 필요하고, 전문적인 치료 과정과 기술이 필요하다. 그러므로 때로는 제 3자의 전문 상담을 통해 객관적 치료를 받을 수도 있다.

정리와 묵상하기	상 처 Healing

* 가정의 역할은 어떤 식으로 구성되는가?

첫째, "지배자"가 있다. 대부분 가장이 그 질서를 잡는다.

둘째, "피지배자"도 있다. 가족 중에 구박을 당하는 사람, 상처를 입는 사람이 꼭 있다.

셋째, 문제가 터지면 회유하고 내 편으로 끌어들이려고 하는 "회유자"도 있다.

넷째, "구출자"도 있다.

가정에는 보이지 않는 역할이 있다. 이들은 가정에 문제가 터지면 일을 교통정리하며 지혜롭고 적절하게 마무리한다. 그러나 이런 역할들이 서로 바뀌면서 반복되다 보면, 에너지가 고갈되고 지치고 피곤하여 가족들 간에 역기능적인 현상들도 많이 나타나는 것을 발견한다.

* 역기능 가정의 일반적인 이유는 무엇인가?

첫째, 성공적인 희생양이 있는 가정

둘째, 전이와 투사가 있는 가정

셋째, 가족 역할들의 혼선이 있는 가정

넷째, 이기적인 행동방식이 있는 가정

※ 역기능 가정의 주요한 원인은 무엇인가?

첫째, 부모의 편애(Favoritism)이다.

둘째, 부모의 부정적 습관(Negative habit)이다.

셋째, 부모의 비판적 습관(Critic habit)이다.

넷째, 부모의 시기 질투의 습관(Jealous habit)이다.

다섯째, 부모의 폭력적 습관(Violent habit)이다.

여섯째, 부모의 대물림의 습관 (Traditional habit)이다.

※ 부모들의 나쁜 습관은 어떻게 하면 끊을 수 있는가?

첫째, 먼저 나쁜 습관을 가진 나를 용서하라

둘째, 그것을 끊게 해달라고 기도하라

셋째, 용기를 내어 자녀와 화해하라

넷째, 적극적인 신앙생활로 극복하라

다섯째, 전문가의 상담을 받아라

02
역기능 자녀들의 상처치유

네 아버지와 어머니를 공경하라 이것은 약속이 있는 첫 계명이니 이로써 네가 잘되고 땅에서 장수하리라 또 아비들아 너희 자녀를 노엽게 하지 말고 오직 주의 교훈과 훈계로 양육하라 (에베소서 6:2-4)

역기능 가정의 원인은 대부분 부모의 책임이라는 것을 조망해보았다. 그러므로 부모가 먼저 치유 받아야 그 문제도 해결할 수 있다. 반대로 상처 받은 자녀의 입장에서도 비뚤어진 마음을 치유를 받아야 건강한 가정을 이룰 수 있다. 이것은 부단 어느 한쪽의 문제가 아니라 양쪽 모두가 개선해야 될 문제이다. 몇 가지 치유 방법을 제시한다.

나의 자존감을 회복하기

역기능 자녀가 치유받기 위해서는 먼저 자존감을 회복해야 한다. 내 모습을 있는 그대로 받아들여야 한다. 역기능 자녀들의 특징은 위선과 가식 등으로 왜곡된 자신을 과대포장하거나, 열등감, 좌절감 등으로 자신을 과소평가하는 경향도 있다. 둘 다 비뚤어진 자화상이다. 잘못된 생각이다. 그래서는 안된다. 나는 나이기 때문에 과대 포장할 필요도 없고, 과소평가할 필요도 없다. 그러므로 내가 건강한 자아상을 갖기 위해서는 먼저 나의 나 됨에 대한 자존감을 회복해야 그 다음 단계로 올라갈 수 있다. 나 자신을 사랑하지 않는 사람이 어떻게 남을 사랑할 수 있겠는가? 내가 행복하지 않는데 어떻게 남을 행복하게 만들 수 있겠는가? 그럴 수 없다. 그러므로 내가 먼저 행복한 자화상을 갖고 있어야 남도 행복하게 해 줄 수도 있고 용서도 하며 마음껏 사랑도 할 수 있는 면역성을 갖게 된다.

내 모습을 그대로 인정하라

나의 나 됨에 대한 자화상을 갖기 위해서는 첫째, 세월이 가고 시간이 가면서 오염된 내 왜곡된 이미지를 바꾸는 것이다. 생각의 전환이다. 그동안 살아가면서 학벌로, 지위로, 명예로, 자식 자랑으로, 돈으로 남과 비교하며 포장하고 외식했던 나의 모습을 벗어던져야 한다. 그리고 순수한 내 자신의 모습을 찾아야 한다. 소위 하나님의 형상이다. 하나님의 형상을 회복할 때 진정한 자존감을 회복할 수 있다. 그것은 그리스도의 사랑을 깨닫는 것이다. 세상은 돈의 차이로, 실력의 차이로, 능력의 차이로 차별하지만 주님은 그렇지 않다. 오히려 돈 없는 자를 들어서 돈 있는 자를 부끄럽게 하시고 약한 자를 들어서 강한 자를 부끄럽게 하시는 분이시다. 우리가 그러한 그리스도의 사랑을 깨달으면 새로운 피조물이 될 수 있고 변화된 자아상으로 세상을 아름답게 바라볼 수 있다.

교만한 자아는 회개하라

둘째, 내 왜곡된 인격을 주님께 회개하라. 세상을 살면서 잘못된 안경을 썼다. 그래서 상처도 많이 받았고 쓴 뿌리들이 마음에 수도 없이 수북이 쌓였다. 또한 성격장애자가 되어 남에게도 상처를 주는 이기적이고 교만한 사람이 되었다. 먼저 이런 것들을 깨달아야 한다. 묵상하며 내 자신을 돌아보아야 한다. 그리고 잘못된 내 자아상과 인격을 참회해야 한다. 반성해야 한다. 주님께 용서를 구해야 한다. 내 진정한 마음이 아니었다고.

주님의 용서를 확신하라

셋째, 주님이 나의 쓴 뿌리를 용서함을 확신하라. 사람은 누구나 다 문제아가 될 수 있다. 상처가 없는 사람은 없다. 잘못을 할 수 있다. 중요한 것은 내가 그것을 용서 받았는가 안 받았는가의 문제이다. 용서 받지 못한 사람은 가해자가 되고, 세상을 반항하며 더 큰 문제를 만들어간다. 그러나 용서 받은 사람은 오히려 나와 같은 사람을 덮어주고 용서해주고 사랑의 상담자가 된다. 그러므로 내가 건강한 사람이 되기 위해서는 왜곡된 내 인격을 회개하고 주님이 그것을 용서하셨다는 확신을 갖는 것이다. 주님이 용서해주셨다는 믿음과 신뢰를 가지면 그 다음부터는 다른 사람을 품을 수 있는 넓은 마음을 소유하게 된다.

새로운 자아상을 만들어라

넷째, 주님 안에서 새로운 피조물이 되어라. 이제 더 이상 과거의 사람이 아니다. 또 다시 내가 받은 상처를 남에게 돌려주는 가해자가 아니다. 나도 용서 받았다. 나도 새로운 피조물이 되었다. 생각도 마음도 언어도 새롭게 되었다. 따라서 이제는 주님 안에서 새로운 피조물답게 생활하는 것이다. 고양이는 고양이처럼 행동한다. 사자는 사자처럼 행동한다. 그들의 모습이 그것이기 때문이다. 우리도 마찬가지이다. 용서 받은 피조물로서 이제는 과거의 내 모습이 아니라 새로운 모습의 나로서 행동하고 생활하는 모습을 보여주어야 한다. 그래야 치유 받는 나의 모습으로 세상을 아름답고 행복하게 영위해 나갈 수 있다.

주변과 사랑의 관계를 만들기

첫째는 역기능 자녀가 치유 받기 위해서는 주변에 있는 친구, 교회, 성도 등과 같은 다른 사람과의 관계를 무리 없이 잘 헤쳐 나가는 과정을 경험하는 것이다. 나 혼자 있을 때는 얼마든지 행복하게 살 수 있을는지 모르지만 다른 사람과 관계를 했을 때는 쉽지 않다. 따라서 내 자신을 건강하게 만든 사람은 이제 다른 사람과의 관계에서도 갈등을 극복해나가며 건강하게 조율하는 것을 경험해야 한다.

만약 내가 자존감을 회복했다 할지라도 다른 사람과 부딪히면서 또 다시 갈등을 빚게 되고, 마음의 쓴 뿌리가 차곡차곡 쌓이게 되면 옛날의 상처도 다시 슬슬 올라오기 시작하며 또 다시 문제아가 될 수 밖에 없다. 그러므로 건강한 자아를 만들기 위해서는 다른 사람과의 관계에서도 성공적인 상호관계를 이루는 것을 경험해야 한다. 그래야 한 차원 더 높은 치유를 경험할 수 있다. 이것이 사회성 지수(Social Quotient)이다.

내면적 자긍심을 강화하라

사람은 사회성이 좋아야 건강한 사람이다. 이것을 기르기 위해선 몇 가지 원리를 알면 도움이 된다. 먼저 내면적 강화가 필요하다. 다른 사람과 관계를 맺을 때 중요한 것이 자신감이다. 자신감이 있는 사람은 무엇이든지 할 수 있다. 사업을 할 때도, 사람을 만날 때도 가장 중요한 것이 자신감이다. 따라서 사회성을 잘 기르기 위해서는 내면의 자존감을 먼저 갖고 있어야 한다. 항상 마음으로 "넌 괜찮은 놈이야, 넌 잘 할 수 있어, 너에게는 특별한 무언가가 있어!" 하고 생각하며 자긍심을 높여야 한다. 자기에 대한 자긍심이 있는 사람이 다른 사람과도 좋은 관계를 맺으며 사회에서도 성공한다.

사람들과 신뢰를 쌓아라

둘째는 교회, 친구 모임, 단체들 가운데서 신뢰와 믿음을 쌓는 훈련부터 해야 한다. 이것은 내가 먼저 희생하거나 섬기지 않으면 안되는 것이다. 이기적인 사람이 되면 절대로 다른 사람과 좋은 관계를 맺을 수 없다. 그러므로 생각해야 한다. "내가 어떻게 하면 그 단체에서 신뢰를 받을 수 있을까?" "그러기 위해서는 어떤 생각을 해야 하고, 어떤 행동을 해야 하겠는가?" 질문해 보아야 한다. 그리고 생각한 그것을 진실하게 행동에 옮길 줄 아는 사람이 되어야 한다. 예를 들어 시간약속, 정직, 일찍 출근, 밥 사기, 양보하기, 경청해주기 등 여러 가지를 내가 먼저 사랑하고 배려하면, 상대도 점점 마음을 열게 되고, 신뢰와 믿음을 갖게 될 것이다.

인내로 사람을 변화시켜라

셋째는 인내로 사람을 변화시키는 것이다. 아무리 신뢰와 믿음을 쌓는 노력을 한다 해도 인간관계가 깨어질 경우가 있다. 즉 상대와 코드가 맞지 않을 때다. 그때는 내가 할 수 있는 일이 별로 없다. 마음을 비우고 주님의 도우심을 구하는 길 밖에 없다. 모든 것이 하나님의 은혜여야 한다. 하나님이 도와주셔야 한다. 비록 상대가 몰라주는 일이 있어도 진실은 언젠가는 통한다. 기도해야 한다. 갈등하는 사람과 번민과 다툼이 생기지 않도록 나를 정화시켜야 한다. 도중에 포기하면 안된다. 끝까지 관계를 잘 맺어 성공적인 만남을 이뤄내야 한다.

신자가 장기적 관계를 잘 해 나가기 위해서는 기도와 인내가 절대로 필요하다. 상대와 어려운 갈등의 관계를 한 번만 잘 넘기게 되면, 오히려 더 수월한 관계가 될 수도 있다. 인생은 순간의 관계를 어떻게 하느냐에 따라 승패가 좌우되는 경우도 많이 있다. 물론 임기응변 식으로 관계가 한 번 호전된다고 해서 또 다시 갈등이 안 오는 것은 아니지만 그래도 기도하면서 관계를 계속 승화시켜 나가면 더 나은 관계로 나갈 수 있다. 그것이 반복되면서 정도 들고, 사랑도 생기고, 마음도 열게 되며 결국 내 사람이 되는 것이다. 이러기 위해서는 영적인 힘이 필요하다. 이웃을 사랑하는 것은 내 힘으로 되는 것이 아니라 주님이 힘주실 때 가능한 것이다. 결국 사람은 영적 능력으로 변화시키는 것이다.

상처를 준 가족을 용서하기

역기능 자녀가 치유받기 위해서는 셋째로 상처를 준 가족도 포용해야 한다. 아무리 다른 사람을 용서하고 사랑한다고 해도 상처를 주고받은 가족과 갈등을 풀지 못하면 쓴 뿌리는 그대로 남아있다. 밖에서는 좋은 사람이 될지 몰라도 가정에서는 계속되는 갈등과 미움으로 평안할 날이 없을 것이다. 그것은 다시 밖으로 에너지가 흘러 결국 다른 사람과의 관계도 실패하는 경우들이 늘어나게 될 것이다. 그러므로 가정에서 문제를 풀지 않으면 모든 것이 어그러지기 때문에 싫으나 좋으나 그 가정에서 구조적 갈등을 풀어나가야 근본적인 해결점을 찾을 수 있다. 그러기 위해서 이런 원리를 좇아가면 좋다.

마음에서 용서해주라

상처를 준 가족을 용서하려면 먼저 내가 마음을 열어야 한다. 내가 마음에서 용서하지 않으면 진정으로 용서할 수 없다. 가족 간에 용서 못할 부분이 무엇이 있겠는가? 주님의 용서를 기억하라. 주님이 나를 용서해준 것처럼 나도 용서해주어야 한다. 상대가 받아들이고 안 받아들이고는 나의 문제가 아니다. 내가 먼저 용서의 마음을 열면 된다. 그 다음은 주님이 하실 것이다.

상처를 준 가족에게 다가가라

부모님이든 형제지간이든 상처를 준 그 사람에게 먼저 다가가는 것이다. 내가 다가가면 상대도 다가온다. 내가 다가가지 않으면 상대도 다가오지 않는다. 상처를 준 가해자는 미안해서 말을 못할 것이다. 아니면 자신을 합리화하며 주춤하고 있을 것이다. 그때 내가 먼저 다가가는 것이다. 지는 자가 이기는 것이다. 고집을 내세우고 평행선을 그으면 결국 둘 다 망한다. 한쪽 편이 먼저 다가가야 한다. 상처 받은 내가 먼저 다가가면 그 사람은 이미 치료받은 사람이다.

상대는 미리 기다리고 받아줄 준비를 하고 있을 것이다.

기도로 인내하며 기다리라

만약에 상처를 준 사람이 화해하지 않으면 기도로 인내하며 기다려야 한다. 그것은 그 사람이 미성숙하기 때문에 그 사람도 치유를 받아야 한다. 이럴 때는 가정의 구조적인 문제가 심각하기 때문이다. 사실 갈등은 혼자 일어나는 것이 아니다. 쌍방의 문제이다. 상대가 화해를 하면 좋은 가정의 틀이 만들어지겠지만 그렇지 못할 경우는 갈등이 길어질 수 있다. 그러므로 이런 가정은 기도로 인내하며 믿음으로 참고 때를 기다려야 한다. 그러면 하나님께 반드시 기회를 주실 것이다.

사랑의 틀을 만들라

가정의 문제는 사람에게만 있지 않다. 가정의 구조적인 틀에 문제가 있기 때문에 갈등을 조장하게 된다. 즉 가족들의 역할에 혼선이 있다든지, 가족들 생각의 차이가 심하다든지, 습관의 차이가 있다든지 무슨 구조적 틀이 문제가 되기 때문에 갈등이 일어나는 것이다. 그러므로 그 가정의 문제는 문제야도 문제이지만 가정의 왜곡된 구조적 틀도 심각한 문제이다. 따라서 역기능 자녀가 치유받기 위해서는 그 가정의 구조적 틀을 바꾸어야 한다. 무엇이 문제인지 생각하고, 가족들의 인식의 차이, 습관의 차이, 음식의 차이, 기질의 차이, 남녀의 차이 등을 고려하여 구조적 틀을 다시 짜야 한다. 그렇지 않으면 갈등은 언제든지 유발할 수 있고, 문제는 계속해서 일어나게 되어있다.

더불어 세우는 책임의식을 가져라

가족들이 가정 속에서 사랑의 틀을 다시 만들기 위해서는 혼자 힘으로는 안

된다. 왜냐하면 그 가정의 구조적 문제는 혼자 만들어진 것이 아니라 모두가 알게 모르게 잠재적으로 형성되어진 것이기 때문에 공동책임이 있다. 따라서 함께 노력하며 더불어 세우는 책임의식이 없으면 그 가정의 행복도와 건강도는 보장받을 수 없다. 그러므로 아빠도 엄마도 자녀도 모두 행복한 가정을 만드는 역할과 책임이 공동으로 있는 것이다. 이들이 서로 자주 만나 대화를 하고, 가훈을 만들고, 가정의 규칙을 정하며 서로 노력하는 모습을 보여야 한다. 성숙한 가정은 이런 사랑의 틀을 함께 만드는 구조적 과정을 거치기 때문에 행복한 가정을 이루는 것이다.

성령의 권능을 받기

넷째, 성령의 권능을 받는 것이다. 역기능 자녀가 치유를 받는 방법은 다양하다. 세미나에 다녀올 수도 있고, 상담을 할 수도 있고, 기도를 받을 수도 있고, 심하면 정신과 의사를 찾기도 한다. 그러나 크리스천 신자들의 가정은 이런 것도 다 하되, 가장 중요한 것은 궁극적으로 성령의 능력으로 치유를 받는 것이다. 성령의 능력을 받지 않으면 그 치유는 진정한 치유라고 말할 수 없다. 왜냐하면 신자는 영적인 존재이기 때문에 영육이 강건하여야 하고, 영적으로 건강하면 정신도 육체도 맑고 밝게 살아갈 수 있기 때문이다. 그러므로 역기능 자녀들은 성령의 권능을 받아야 한다.

더욱이 가족들이 성숙하게 되는 것은 내 힘으로 되는 것이 아니다. 하나님의 은혜로 되는 것이다. 아무리 내 힘으로 변화시키려고 해도 안 되는 경우가 있다. 그것이 인간의 한계이다. 내 자식이라고 내 마음대로 되던가? 아니지 않는가? 다른 것은 마음먹은 대로 열심히 하면 다 되는데, 자식은 아무리 해도 내 마음대로 안 된다는 말이 있지 않은가? 그렇기 때문에 신앙인의 가정은 기도해야 하고, 성령의 능력을 의지해야 하는 것이다. 성령의 기름 부으심을 받으면 그 가정이 점차적으로 믿음의 가정이 되며, 성숙하고 행복한 가정으로 변화될 것이다. 그래서 신앙인의 가정은 더욱 기도하며, 성령 충만한 가정이 되도록 노력해야 하는 것이다.

가족 치유를 위한 성경적 대안

하나님은 세상을 창조하시고 가장 마지막으로 가정을 창조했다. 그리고 이들에게 생육하고 번성하여 땅에 충만하라고 말씀하셨다. 하나님은 이들이 행복한 가정을 만들며 세상에서도 복된 역사를 이루시기를 원하셨다. 그러므로 가정이 행복하게 되는 것은 하나님의 절대적인 뜻이다. 특별히 신자들의 가정은 더욱 그렇게 만들어가야 할 것이다. 크리스천 가정이 행복한 가정이 되기 위해서는 성경은 몇 가지 법칙을 제시한다.

신앙적인 공동체가 되어라

신자의 가정은 무엇보다 신앙의 가치가 우선되어야 한다. 믿음으로 하나가 되고, 신앙적인 공동체가 될 때 그 가정이 바로 서고 행복한 가정을 이룰 수 있다. 신자의 가정은 신앙이 무너지면 다 무너진다. 그러나 모든 것을 잃어버린다 해도 신앙이 무너지지 않으면 그 가정은 다시 일어나 빛을 발하며 승리할 수 있다. 이것이 신앙인 가정의 매력이다.

먼저 부모가 경건하라

신앙적인 가정이 되기 위해서는 먼저 부모들이 경건해야 한다. 부모들이 경건하지 않으면 어떻게 자식들이 믿음의 길을 걷겠는가? "개천에서 용 났다"는 말이 있는데 거짓말이다. 왜냐하면 자식이 용이 되는 데는 그만한 부모님의 영향력과 후원이 있었기 때문이다. 결국 부모님이 훌륭하게 잘 키웠기 때문이다.

그러므로 개천과 같은 부모님 밑에서 용이 나는 것이 아니라 바다와 같은 부모님 밑에서 용이 나는 것이다. "개천에서 용 났다"는 말은 부모님이 개천처럼 비천한 직업일지라도 이미 그 마음은 바다와 같은 넓은 마음을 가졌기 때문에 그 곳에서 용이 날 수 밖에 없는 조건이 이미 만들어졌다는 의미일 것이다.

신앙도 마찬가지이다. 경건한 부모 밑에 훌륭한 믿음의 자녀가 탄생되는 것이다. 부모가 무례하면 자녀들도 무례하다. 부모가 예의 범절을 따지면 자녀들도 예의 바르게 자란다. 자녀는 부모의 모습을 그대로 닮아가는 것이다. 마찬가지로 신앙적으로도 부모가 솔선수범하며 경건한 습관을 좇을 때 자녀들도 그대로 따라가며 하나님의 보호하심과 인도하심을 받게 되는 것이다. 믿음의 조상 아브라함, 이삭, 야곱, 요셉의 축복을 보라. 모두가 다 부모의 믿음을 잘 계승함으로 놀라운 축복을 받은 사람들이 아닌가? 성경도 믿음의 가문은 천 대까지 축복을 받는다고 말하고 있다. (출애굽기20:5-6)

자녀를 가르쳐 지키게 하라

자녀양육에 성공한 부모는 자녀를 잘 가르쳐 지키게 한다. 그들은 자녀를 무방비 상태로 방치하지 않는다. 제대로 가르쳐서 지키도록 습관을 좇게 한다. 교회의 제자훈련도 마찬가지이다. 가르쳐 지키게 해야 한다. 가르치기만 하면 안된다. 가르쳐서 지키게 해야 하는 것이다. 그럴 때 가정도, 교회도 건강하고 온전한 자아를 형성할 수 있다.

아브라함은 이삭을 잘 가르쳐 지키게 했다. 예배를 가르쳐 지키게 했고, 하나님 말씀을 가르쳐 지키게 했고, 순종을 가르쳐 지키게 했다. 누가 복을 받았나? 아들 이삭이 창대케 되는 축복을 받았다. 디모데의 어머니 유니게도 아들을 기도와 말씀으로 잘 가르치며 지키게 했다. 디모데는 어릴 때부터 하나님 말씀을 잘 배웠고, 배운 대로 순종하며 습관을 좇아 지켜나갔다. 어떻게 되었는가? 디모데는 훗날 사도 바울의 영적 후계자가 되어 에베소 교회를 훌륭하게 담임하는 큰 종이 되었다. 따라서 부모는 자녀들을 가르쳐 지키게 해야 한다. 그래야 자녀들이 영향력을 받고 새로운 꿈을 꾸며 하나님을 길을 멋지게 걸어가게 될 것이다.

예배(Worship)

신앙인의 부모들은 구체적으로 무엇을 가르쳐 지키게 해야 하겠는가? 몇 가지 빠져서는 안되는 중요한 가정교육의 원리가 있다. 첫째, "예배훈련"이다. 다른 것은 몰라도 자녀들이 예배드리는 훈련에 익숙하게 만들어야 한다. 가정은 예배가 무너지면 다 무너지는 것이다. 인생의 성공은 예배에 있다. 예배의 성공은 인생의 성공이고, 예배의 실패는 인생의 실패이다. 그러므로 신앙적인 가정교육의 첫 번째는 예배훈련이다. 이것을 잘 지킬 때 그 가정은 행복하고 온전한 가정이 될 수 있을 것이다.

십일조(Tithes)

둘째, "십일조 훈련"이다. 가정에서 십일조를 드리도록 가르쳐 지키게 해야 한다. 십일조는 구원받은 자의 가장 중요한 의무이며 혜택이고 축복이다. 말라기 3장 10절에서는 십일조를 축복의 창고로 시험해 보라고 했다. 그러므로 십일조는 신앙인의 가장 기본적인 믿음의 표현인 동시에 축복의 저수지이기도 하다. 특별히 부모들은 어릴 때부터 아이들이 십일조 생활을 하도록 가르쳐 지키게 해야 한다. 그래야 아이들이 십일조 생활, 구제 생활, 나누고 베푸는 습관을 쫓게 된다. 누가복음 6장 38절은 "주라 그리하면 누르고 흔들어 넘치도록 너희에게 안겨주리라" 말씀하신다. 자녀들에게 십일조 생활과 나눔과 베풂에 대한 훈련을 잘 시키면 나중에 그들이 차고 넘치는 복을 받을 것이다.

가풍훈련(Family Discipline)

셋째, "가풍 훈련"이다. 부모는 자녀들에게 가풍을 가르쳐 지키게 해야 한다. 오늘날처럼 버릇이 없고 막무가내 식으로 행하는 시대가 있었는가? 없었다. 아무리 개성과 인격이 존중된다고 해도 질서가 없고 교육이 없으면 그 공동체는 깨어지고 무너질 수 밖에 없다. 가정도 마찬가지이다. 그 가정에 가풍이 없으면 콩가루 가정이 되는 것이다. 그러므로 가정교육에서 순종훈련은 없어서는 안될 가장 중요한 덕목이다. 부모는 자녀들에게 가풍을 가르쳐 지키게 해야 한다. 그것이 복을 받는 비결이기도 하다. 성경에도 수많은 믿음의 사람들이 그것을 증명하고 있다.

화목한 가정이 되어라

21세기는 감성의 시대이다. 옳고 그름의 시대가 아니라 좋고 나쁨의 시대가 되었다. 물론 장단점이 있다. 단점은 진리가 상실되어진 측면이고, 장점은 감정적으로 신이 나면 긍정적인 일에 참으로 놀라운 응집력을 발산한다는 것이다. 그래서 21세기에 성공하는 사람은 서로의 감정을 잘 다스리며 지혜롭게 조율하는 사람이다. 한 마디로 말하면 화목을 이루는 미덕을 가진 사람이다. 이것을 다른 말로 사회성 지수(social quotient)가 높아야 된다고 말하는 사람도 있다.

가정도 마찬가지이다. 가족들 간에 사회성 지수가 높아야 한다. 깨어진 가정의 공통점은 화목하지 못하다는 것이다. 미움과 다툼, 시기와 질투, 비교의식과 패배의식 등 화목과 반대되는 요소들이 가정에 있었기 때문에 가족들 간에 틈이 생기고 갈등과 번민이 속출하며 금이 간 것이다. 이런 것들을 고쳐야 한다. 가정에서 화목 되지 못한 것들은 과감히 벗어던지고 좋은 습관을 좇아 화목한 분위기를 창출해야 할 것이다. 그것이 가정에 행복을 가져다주는 일이며 복을 받는 통로의 역할을 하는 것이다. 화목한 가정은 문제도 치유 받고, 축복도 동시에 받는다. 그러면 화목한 가정이 되기 위해서는 어떻게 해야 하겠는가? 몇 가지 원칙을 제시한다.

유머를 사용하라

화목한 가정은 유머가 있다. 잘 웃는다. 활짝 웃는다. 때론 박장대소하고 웃는다. 웃는 것이 자연스럽다. 무슨 이야기를 해도 웃을 수 있는 여유가 있다. 유머 사용하는 것을 주저하지 않는다. 그러나 불화한 가정은 잘 웃지 않는다. 늘 인상을 쓴다. 염려와 고민이 많다. 특별히 염려한다고 딱히 문제가 해결되는 것도 아닌데 그냥 염려한다. 말도 잘하지 않는다. 유머를 쓸 필요가 없다. 가정이 늘 썰렁해 있다. 화목한 가정은 언제나 유머가 살아있고 웃음이 활기차게 나타난다.

서로 칭찬하라

칭찬은 고래도 춤춘다고 한다. 칭찬은 서로에게 엔돌핀을 솟게 하고 기분을 상승시키며 하루를 생동감 있게 만든다. 가족들의 관계를 부드럽게 하고 가깝게 한다. 칭찬하면, 가족 간에 친밀감이 느껴지고, 정말 그런 사람이 되어야 겠다는 생각을 하게 한다. 칭찬은 또 다른 칭찬을 낳게 하고, 내가 칭찬하면 또다시 칭찬으로 돌아온다. 칭찬은 사람들로 하여금 자신감이 넘치게 하며 가족들의 얼굴을 밝게 만든다. 화목한 가정은 이런 칭찬이 오고가는 빈도수가 많아진다. 서로 칭찬하는 것을 즐거워한다.

그러나 화목하지 않는 가정은 칭찬에 인색하다. 서로 힘들기 때문에 부정적인 말을 자주 한다. 서로 비판하고 공격하고 반항하고 무시한다. 자기만 잘났다고 생각한다. 아니면 너무 삶에 찌들어서 남을 칭찬할 여유조차도 없다. 이런 가정은 복을 받을 수 없다. 복이 굴러와도 도망가기 바쁘다. 칭찬에 메마른 가족들은 밖에 나가서 칭찬을 듣기를 원한다. 하지만 그것도 만만치 않다. 가장 신뢰할만한 가정에서도 칭찬을 못 듣는데 어떻게 사회에서 들을 수 있겠는가? 그러다 보니 사회에서도 부정적이 되고 비판적이 되는 것이다. 칭찬하라. 그러면 칭찬이 나에게로 돌아오게 될 것이다.

함께 시간을 공유하라

화목한 가정은 공통된 취미생활이 있다. 예를 들어 자전거를 같이 탄다든지, 롤라 스케이트를 탄다든지, 조깅을 한다든지, 등산을 한다든지, 영화를 본다든지, 심지어는 가족들이 모여 윷놀이를 한다든지 가족들이 나누는 공통된 취미생활이 있다는 것이다. 또는 정기적으로 모여 가족 신문을 만든다든지, 가족회의를 한다든지, 건전한 드라마를 함께 본다든지 등 무슨 공통된 주제를 가지고 함께 모여 대화를 하는 시간도 필요하다. 함께 외식을 하는 것도 가족 화목에 도움이 될 것이다. 따라서 이런 것들은 모두가 다 가족들이 함께 하는 시간을 공유함으로써 서로에 대해 일체감을 느끼고, 가족의 감정을 풍요롭게 하는 작은 행위들이다. 이런 것들이 모여 가족 사랑을 체험하게 되고, 화목의 지수를 높이게 해주는 것이다.

신앙적으로 승화하라

화목한 가정의 가장 중요한 덕목은 가족들 모두가 신앙적으로 하나가 되는 것이다. 모든 가족이 한 교회를 정하고 신앙생활을 같이 하면, 거기에서 오는 영적 체험과 대화들이 일치할 수 있다. 교회생활과 봉사생활에서도 더불어 대화하는 폭이 넓어지고 신앙적 승화를 통해 남을 배려하는 사람으로 변하게 된다. 서로 아껴주고 사랑하는 마음을 갖게 해준다. 같은 신앙을 갖는 것과 경건한 신앙생활을 함께 하는 것은 가족이 화목하게 되는 가장 필수적인 요소일 것이다. 따라서 화목한 가정은 취미활동이 조금 없다 해도 유머가 조금 부족하다 해도 신앙적으로 승화된 가정이라면 그 속에서 기쁨과 즐거움을 갖고 아름답게 헤쳐 나가는 행복한 가정이 될 것이다. 신앙인의 화목한 가정의 가장 기본은 모든 가족들이 신앙으로 승화되는 것이다. 이것이 가정이 화목하게 하는 가장 높은 화목지수이다.

교회 봉사하는 가정이 되어라

역기능의 가정이 치유를 받는 데에는 신앙적인 힘이 절대적으로 필요하다. 근본적인 치유는 사람의 힘으로 되는 것이 아니라 하나님의 은혜와 권능으로 되는 것이다. 물론 사람의 힘이나, 프로그램의 방법을 통해 일시적인 회복을 이룰 수는 있으나 진정한 치유는 그리스도 안에서 이뤄지는 것이어야 할 것이다. 그래서 역기능의 가정이 치유 받기 위해서는 신앙적인 가정이 먼저 되어야 하고, 그 신앙의 바탕 위에 교회에 봉사하는 가족들이 되면 정말로 승화된 아름다운 모습으로 성장하게 될 것이다.

봉사는 엔돌핀을 만든다

심리상담학자들은 상처 입은 사람들에게 종종 개를 키워보라고 권면을 해 준다. 왜냐하면 사랑의 에너지를 개에게 쏟을 수 있고, 개와의 교감을 통해 사랑을 공감하고 회복할 수 있기 때문이다. 실제로 그렇게 해서 치유를 받는 사람들도 많이 있다. 그러나 이런 방법보다 훨씬 더 승화되어진 치유 방법이 있다. 그것은 교회 봉사이다. 내가 할 수 있는 일을 교회에서 열심히 봉사하는 것이다. 이렇게 가족들이 거룩한 주의 일을 열심히 담당할 때 느끼는 열정의 에너지는 개를 키우는 것보다 훨씬 더 크고 놀라운 영적인 기쁨과 정신적 안정감을 가져다준다. 단 이것은 강요받아서 하는 것이 아니라, 내가 좋아서 자원하는 마음으로 즐겁게 봉사할 때를 말한다. 각자 맡은 은사와 재능에 따라 가치 있는 일을 하고 그 속에서 성취감을 느끼는 봉사를 하면 정말로 기쁨이 넘치는 사람이 될 수 있다.

가정의 스트레스를 교회로 돌려라

어떤 권사님은 가정의 스트레스를 밖으로 돌려 교회 봉사에 즐겁게 참여함으로써 부정적인 에너지를 외부로 표출한다고 한다. 그러다 보니 가정에 들어오면 즐거운 마음이 연장되고, 밖에서 하는 자신의 소중한 가치가 안에서도 계속되는 마음으로 즐겁게 가정생활을 이루게 된다고 말한다. 그러므로 여러분도 교회 봉사를 즐겁게 하는 것이 좋다. 교회 봉사는 이 세상에서 가장 아름다운 봉사이며 가치 있고 영광스러운 것이다. 교회 봉사를 즐겁게 하면 가정도 치유 받을 수 있고 행복한 자아를 건설할 수 있다.

성경적 가정의 모델을 본받아라

성경을 보라. 베다니 촌의 나사로의 가정은 가장 행복한 가정이었다. 그들은 부모님이 없이 삼남매로 살았지만 예수님의 가장 사랑 받는 가정이었다. 예수님이 베다니 촌을 들를 때마다 마르다는 음식으로 정성껏 봉사했고, 마리아는 예수님의 감동스러운 설교를 초롱초롱한 눈으로 열심히 들었으며, 나사로도 예수님과 절친한 친구로서 늘 사랑의 대화로 섬겼다. 그들에게는 수심이 없었고, 늘 행복했으며 예수님을 대접하는 기쁨으로 평안이 넘쳤다. 신약 시대에 가장 행복한 가정이 교회 봉사를 통해 이뤄졌음을 우리는 명심해야 할 것이다.

루디아의 가정도 행복한 가정의 모델이다. 사도 바울을 통해 회심한 이후 그의 가정은 모두 예수를 믿었다. 뿐만 아니라 루디아의 집에서 최초로 빌립보 교회가 세워지고 온 가족들은 교회를 열심히 봉사했다. 모두가 즐겁게 봉사했다. 그러다 보니 가족들의 일도 잘되었고, 루디아의 사업은 번창했으며, 그것으로 더욱 더 교회를 든든히 세우며 초대교회들 중에서 가장 훌륭한 믿음의 사람으로 성장하게 되었다. 루디아의 가정은 주변의 모든 사람들이 부러워할 정도로 행복하고 축복받은 사람이 되었다.

내가 봉사할 수 있는 일을 "지금" 해보라

여러분도 지금부터 쉬운 것부터, 할 수 있는 것부터, 가능한 것부터, 작은 것부터, 평범한 것부터, 남들이 안 하는 것부터, 기쁘게 즐겁게 할 수 있는 것을 봉사해보라. 그리고 정기적으로 이름도 없이 빛도 없이 차근차근 해보라. 내 안에서 남모를 기쁨과 평안이 용솟음 칠 것이다. 봉사는 고귀하고 아름다운 것이다. 남들과 함께 하는 봉사도 기쁨이 넘치지만, 나 혼자 말없이 하는 봉사도 가치 있는 것이다. 그것을 즐겁게 할 수 있는 에너지가 있다면 여러분은 성숙한 사람이며, 하나님의 일을 하는 행복한 사람이다.

어떤 장로님은 화장실 청소를 정기적으로 맡아 남들이 보든 안 보든 해왔다고 한다. 그리고 그 화장실을 볼 때마다 보람을 느끼고, 교회의 청결을 책임지는 것이 너무나 기뻤다고 한다. 그렇게 오랜 시간 꾸준히 봉사했는데 사업은 날로 번창하고, 교회도 놀랍게 부흥하며, 가정도 행복한 가정으로 가족들도 언제나 섬김이 앞서고, 헌신적인 가정이 되더라는 것이다. 그래서 자신은 교회 화장실 청소 하나로 축복받은 사람이라고 간증했다. 비슷한 간증으로 10년간 강단 꽃꽂이를 해온 권사님이 기쁨으로 교회 봉사를 했더니 남편의 사업이 번창하고, 자녀들이 좋은 대학에 들어가며 내 존재 가치의 소중함으로 교회 생활이 너무 즐거웠다는 것이다. 여러분도 이런 주인공이 되기를 바란다.

| 정리와 묵상하기 | 상 처 Healing |

* 역기능 가정이 치유를 받는 방법이 무엇인가?

첫째, 나의 자존감을 회복하는 것이다.

둘째, 주변과 좋은 관계를 통해 치유를 경험하는 것이다.

셋째, 상처를 입은 가족을 용서하는 것이다.

넷째, 무엇보다도 신자는 성령의 권능을 받아야 가정의 문제도 해결될 수 있다.

* 가족치유를 위한 성경적인 대안은 무엇인가?

첫째, 경건한 신앙적 가정이 되어야 한다.

둘째, 가족 간에 화목한 가정이 되는 것이다.

셋째, 교회 봉사하는 가정이 되면 가족들도 하나 되고 복된 가정이 될 것이다.

* 경건한 신앙적 가정은 어떤 가정인가?

첫째, 먼저 부모가 경건한 신앙을 갖는 것이다.

둘째, 자녀들에게 말씀을 가르쳐 지키게 한다.

셋째, 예배와 십일조를 철저히 가르친다.

넷째, 가풍훈련을 시켜 믿음의 명문 가문이 되게 한다.

* 회복한 가정은 어떤 가정인가?
첫째, 유머를 사용하는 가정이다.
둘째, 서로 칭찬하는 가정이다.
셋째, 가족들이 함께 시간을 공유하는 가정이다.
넷째, 가족들이 신앙적으로 승화하는 가정이다.

* 교회 봉사하는 가정이 되려면 어떻게 해야 하는가?
첫째, 가정의 스트레스를 교회로 돌려라
둘째, 성경적 가정의 모델을 본받아라
셋째, 봉사할 수 있는 것을 지금 해보라

03
역기능 가정의 치유 프로젝트

> 그가 네 모든 죄악을 사하시며 네 모든 병을 고치시며 네 생명을 파멸에서 속량하시고 인자와 긍휼로 관을 씌우시며 좋은 것으로 네 소원을 만족하게 하사 네 청춘을 독수리 같이 새롭게 하시는도다 (시편 103:3-5)

    역기능의 가정은 어느 한 개인의 문제가 아니다. 대부분 사람들은 문제아로 취급하는 그 자녀나 또는 특정 개인 한 사람이 문제라고 생각하지만 사실은 그렇지 않다. 문제아의 원인은 그 가정의 구조적인 문제이며 가족 공동체 모두의 책임이라 할 수 있다. 이 시간은 가족치료에 대한 실제적 프로젝트를 통해 현대 가정의 문제 해결을 적용해보기로 한다.

대상관계를 추적하라

    가족 간의 관계성은 가정에서 성적 욕구보다 더 중요한 문제이다. 가족들이 어떤 관계를 맺느냐에 따라 성격이 형성된다. 다시 말해 그 가정에서 누구와 어떤 경험을 하느냐에 따라 인격이 달라진다고 할 수 있다. 대부분의 경우 현재의 성격은 유아기 때에 대면한 사람과의 관계를 통해 형성되었다고 해도 과언이 아니다. 이것은 주로 부모님과 어떤 관계였는가를 추적해보면 잘 알 수 있다. 어렸을때 부모님과의 과거 행적을 점검하고 분석하는 것은 가족 치료의 원인분석에 중요한 단서가 된다. 그래야 그 사람의 진정한 성격을 알 수 있고, 치유를 위한 처방도 내 놓을 수 있기 때문이다.

부모와의 친밀도 조사하기

가족의 대상관계를 알려면, 우선 부모의 자식에 대한 친밀도 조사부터 해야 된다. 과잉보호인지, 무사방임인지를 보면 자녀의 대상관계를 일반적으로 점검할 수 있다. 왜냐하면 그렇게 자라난 자녀가 결혼을 하면 내면화된 자기 부모와의 관계가 현재 가족의 관계에도 그대로 투영되어 나타나기 때문이다. 또는 반대로 내면화된 자기 부모와의 만족스럽지 못한 관계를 현재 가족들에게 보상받으려 하는 심리도 있기 때문이다. 그리고 자기 가족 구성원을 통해 보상을 받지 못할 때는 다시 문제를 발생하게 된다. 문제아는 대부분 자기 청사진대로 가족이 움직여 주기를 바라는 욕구가 있기 때문이다.

형제간의 친밀도 조사하기

가족의 대상관계는 형제간의 친밀도 조사도 중요하다. 어릴 때 형제간에 어떤 관계를 맺었는지, 깊은 상처와 허물이 있는지를 조사하면 그것도 내면화된 관계의 모습이 현재의 삶 속에 투영되어 나타나게 된다. 그러므로 가계도의 흐름을 조사할 때 형제간의 대상관계도 중요한 문제가 될 수 있다.

항상성 이론을 주시하라

가족은 일정한 수준의 분위기를 반복적으로 유지하려 한다. 그래야 서로 편하기 때문이다. 그래서 나름대로 가족 내에 알게 모르게 규칙과 역할, 세력, 구조, 의사소통의 유형을 갖는다. 그러다 보니 가정에서 가해자(persecutor), 희생자(victim), 치유자(healer)가 생기게 된다. 이것은 가정 안에서 항상성 유지를 위해 가족의 각자 역할이 자연스럽게 만들어지다 보니 이런 결과를 낳게 된 것이다. 그 결과로 가족 간에 병리적 현상이 자연스럽게 나타난다.

자동온도조절장치

가족 심리 상담학에는 "자동온도조절장치"란 용어도 있다. 가정이 평안하기 위해서 가족 전체에 흐르는 분위기를 자동적으로 조절하는 장치가 있다는 것이다. 누가 화를 내면 그것을 부드럽게 하기 위해 자동적으로 조절하는 사람이 있는가 하면, 누군가 침묵하면 그것을 화기애애하게 하기 위해 누군가가 나서서 분위기를 유지하려고 하는 사람이 있다는 것이다. 그래서 집안의 갈등이 있으면 가족들 간에 자동온도조절 장치를 통해 자연스럽게 시간이 지나면서 가정의 평화를 유지하는 체계가 만들어진다는 것이다. 이것은 항상성 이론과 비슷한 용어이다. 그러나 자동온도조절 장치도 부정적인 방향으로 흐르게 되면 그 가정에 병리적 현상이 나타나 역기능적인 가정을 만들어 갈 수도 있다. 그러므로 상담자는 이런 현상의 흐름을 예의주시하며 관찰하는 것이 치료를 위해 바람직한 방법이 될 것이다.

가족 시스템을 관찰하라

가정의 문제아(trouble-maker)는 단지 찍히는 희생양일 뿐이다. 그 아이를 없앤다고 문제가 해결 되느냐 그것은 아니다. 그 가정에는 또 다른 문제아가 발생한다. 예를 들어 다른 아이가 문제아가 된다든지, 아니면 부모가 희생양이 되어 문제를 만들 수도 있다. 문제아는 가정의 구조적 틀을 바꾸지 않으면 돌아가면서 생길 수도 있다.

또한 그 문제아가 다른 곳에 가서 치유를 받고 오면 가정에서 문제가 사라질 것 같지만 아니다. 그 아이는 다른 곳에서 치유를 받았을지 모르지만 가정으로 돌아오면 그 가정의 구조에 또 물들기 때문에 문제아로 그대로 남게 된다. 이것은 문제아가 문제가 아니라 그 가정의 구조 자체가 문제가 있다는 것이다. 그러므로 문제아를 치료하는 것은 다른 곳에서 치료받을 수도 있지만 결국 그 가정의 구조적 틀을 수술하고 바꿀 때 해결된다. 다시 말해 가정의 문제해결은 가족 시스템을 건강하고 성숙한 구조로 바꾸어야 치료를 받을 수 있다.

가족의 대화유형을 파악하라

가족의 문제를 발견하기 위해서 가족 간의 대화 유형을 파악하는 것도 도움이 된다. 만약 이것을 파악하게 되면 가족들 간의 문제점이 무엇인지 쉽게 발견할 수 있을 것이다. 대화 유형에도 몇 가지 기질이 있다.

흥정형

첫째는 "흥정형"이 있다. 이것은 가족 간에 갈등이 생기면 비위를 맞추며 회유하고 타협하는 유형이다. 이것이 성공적으로 이뤄지면 그 사람은 가정에서 매순간마다 흥정형으로 변할 가능성이 높다.

비난형

둘째는 "비난형"이 있다. 이것은 상대를 지배하고자 하는 욕구와 무시하는 태도이다. 어떤 의미에서는 자긍심이 떨어지는 방어기재 중에 하나라 할 수 있다. 이들도 비난형의 기질이 가정에서 습관화되어지면서 자신의 대화유형이 만들어졌다고 볼 수 있다.

이성형

셋째는 "이성형"이 있다. 이것은 상대와 계산적, 합리적, 논리적으로 상황을 헤쳐 나가려고 하는 시도이다. 매사를 이성적으로 문제를 풀어나가며 그것이 가장 바람직한 가족상이라고 생각하는 가족 구성원들 가운데 나타나는 형태이다.

산만형

넷째는 "산만형"이 있다. 될 대로 되라는 것이다. 나는 상관하지 않겠다는 것이다. 어떨 때는 무관심하고 본인의 관심사가 아니면 별로 신경을 쓰지 않는 현실도피주의자이다. 그렇게 시간이 지나면 자연히 해결도 되는 경우가 있기 때문에 이들은 행동이 산만하고 이기적이라 할 수 있다.

일관형

다섯째는 "일관형"이 있다. 이들은 일관된 감정으로 마땅히 해결해야 될 문제는 해야 한다고 생각한다. 다른 가족들 보다는 상대적으로 자존감이 강하고 또 문제를 보는 눈도 객관적이라 할 수 있다. 그러나 때로는 주관적인 생각으로 일관되게 밀어붙이면 그것도 갈등과 문제를 유발하게 될 것이다.

피드백

위의 다섯 가지의 대화유형을 파악해보면, 그 사람의 유형에 따라 문제점을 지적하고 객관적인 눈을 갖도록 도와줄 수 있을 것이다. 예를 들어 내담자가 홍정형이라고 생각되면 진정성을 불어 넣어주어야 하고, 비난형이라고 생각되면 칭찬형으로 바꾸어 주어야 하고, 이성형이라고 생각되면 감성적인 동참과 자발적인 의지를 발동하게 해주고, 산만형이라고 생각되면 희생정신을 심어주어야 하고, 일관형이라고 하면 수용력과 포용력을 갖도록 해주어야 할 것이다.

가족조각기법을 사용해 보라

또한 가족들 간에 느끼는 감정과 역할을 바꾸어서 재구성해 보는 것도 문제점을 발견하는 데에 많은 도움이 된다. 소위 '역할극'을 해보는 것이다. 가정 안에는 문제가 생길 때 보통 가해자와 희생양, 그리고 치유자가 들어있다. 이런 역할들이 서로 편하기 때문에 항상성을 유지하며 가족 관계를 이루어 왔다. 그러나 이제는 이러한 역할을 바꾸어서 재조각해 보며 새로운 관계를 경험케 해보는 것이다.

가령 예를 들어보자. 한 토픽을 주고 장남이 차남의 역할을 해본다든지, 막내의 역할을 해본다든지, 또는 자신의 입장을 홍정형, 비난형, 이성형, 산만형, 일관형 등의 역할로 바꾸어 해보는 것이다. 그리고 그 가운데서 느낀 감정을 이야기하며 상대의 입장을 이해하게 하는 것이다. 그리고 현재 내 위치를 어떻게 교통 정리해야 되는지를 말하게 하며 자신의 역할을 정리하는 것이다.

원가족 도표를 만들어보라

마지막으로 원가족 도표를 그려보는 것이다. 원가족 도표는 부모의 직계와 친척들을 그림으로 그려보는 것이다. 그리고 거기에다가 그 가족들의 성격과 배경, 그리고 현재 상황들을 적어보면 지금의 내가 어떻게 자라왔고 어떤 배경과 가치관을 가지고 있는지 일반적으로 알게 될 것이다. 가족의 뿌리는 계속해서 이어져 나에게 왔기 때문에 그것은 성격과 기질, 환경과 배경을 만들게 한 중요한 원인을 제공해준다. 게다가 원가족 도표를 통해 인간관계의 유형을 이해할 수 있고 현재 나의 관계 유형도 짐작할 수 있게 해준다.

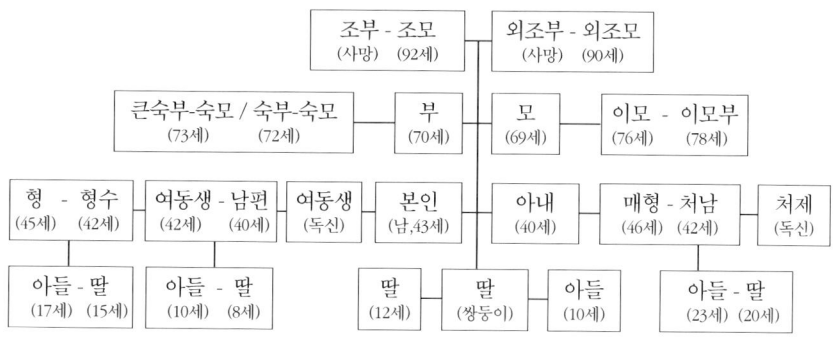

* 원가족 도표 (옆에 나이, 직업, 성격, 배경, 갈등관계, 친밀관계 등을 기록한다.)

정리해보면 이렇다. 가족 치료의 원인분석과 해결 방법은 다양하다. 그러나 그 중에서도 가장 중요한 원리는 가정과 부모와의 관계를 무시할 수 없다는 것이 공통된 생각이다. 왜냐하면 가정은 어릴 때부터 죽을 때까지 함께 하는 가장 중요한 공동체이며 부모님은 나의 성격 형성에 가장 중요한 위치를 차지하기 때문이다. 그러므로 역기능의 가정은 결국 어릴 때 가정과 부모, 그리고 형제들과 주변에 일어나는 뿌리 깊은 상처로 인한 문제라고 진단할 수 있다. 그리고 현재 그것이 어떻게 투영되어졌으며, 과거의 내면화된 자아가 현재 어떻게 표현되고 있는지를 분석하고 관찰하면 심도 깊은 대안을 찾게 될 것이다.

역기능 가정의 상담 방법

역기능 가정의 문제를 상담하기 위해서는 첫째, 가족들이 현재 싫어하고, 꺼려하는 부분이 무엇인지 유심히 관찰해보야 한다. 예를 들어 말하기 곤란한 가족사를 추적한다든지, 어린 시절의 상처와 아픈 추억이 무엇인지를 알아보면 왜 현재 그렇게 행동을 하는지 대충 짐작할 수 있을 것이다.

둘째, 현재 가족들이 느끼는 불안, 두려움, 복수심 등의 감정을 들춰내는 것이다. 왜 저들의 감정이 불안하고, 두려워하는지 또는 쓴 뿌리가 있어 복수심이 잠재되어 있는지를 그 원인을 말하게 하는 것이다. 분노와 적개심, 불안, 초조 등을 가슴에 묻어두면 안 된다. 말하는 것이 좋다. 그래야 현재의 갈등과 감정의 불균형을 해결할 수 있다.

셋째, 이로 인해 가족들이 경험하는 상호 역할의 모습을 분석하는 것이다. 가족들끼리 자신들의 갈등을 말하는 가운데 어떤 상호작용이 일어나는지 보면 그 속에 가해자가 누구이고, 희생양이 누구이고, 치료자가 누구인지 파악하게 될 것이다. 또한 그것이 가족의 구조적인 문제라는 것을 알게 하며 성숙한 가족 구조의 그림을 그리고 그 해법을 설명할 수 있어야 할 것이다.

넷째, 가족의 내적 불안과 가족의 역기능을 연결시켜 미래의 청사진을 그리게 한다. 현재의 갈등은 누구나 싫어한다. 그러므로 앞으로 잘 할 수 있는 미래의 청사진을 그리며 노력을 해야 한다. 그렇지 않으면 절대 좋은 가정을 이룰 수 없다. 따라서 지금까지의 갈등과 상처를 씻고 미래의 긍정적인 청사진을 향해 모두가 노력하는 의지를 보여야 할 것이다.

다섯째, 이런 과정이 만들어졌다고 하더라도 일주일에 한 번, 6개월-2년까지 상담의 과정을 거쳐야 한다. 한 번 치료받았다고 그 가정이, 또는 문제아가 다 치료되는 것은 아니다. 훈련을 통해 완성되는 것이다. 그러므로 정기적인 점검과 상담을 통해 성숙을 배워나가야 할 것이다.

여섯째, 무엇보다 가족치료를 성공적으로 경험하게 하는 것이다. 사람은 일반적으로 실패를 통해 배우는 것보다 성공을 통해 배우는 것이 훨씬 많다. 왜냐하면 성공하면 자신감을 갖게 되고 그 성공 노하우를 갖고 또 다른 성공을 향해 달려가기 때문이다. 그러므로 가능한 것부터, 작은 것부터, 쉬운 것부터, 할 수 있는 것부터 성공을 경험하도록 해야 한다. 그것이 내 자아를 발전시키는 비결이다.

이것은 역기능 가정이 치료받는 과정에서도 마찬가지이다. 가족들이 서로 사랑과 긍정적인 감정의 교류를 통해 치료를 성공적으로 경험하게 되면 가족의 응집력과 사랑지수가 올라가고 가족 공동체의 수준이 한 차원 더 성장하고 발전하게 된다. 따라서 가족 치료 과정을 성공적으로 이끌기 위해서는 첫째, 자신이 문제 삼는 대상을 직접 보고 느껴야 한다. 둘째, 상대와 존중을 통한 협상 능력을 가져야 한다. 셋째, 서로의 차이점을 인식하며 변화의 문을 열어놓아야 가능하다.

가족의 상호작용을 검토하라

결론적으로 말하면 문제아를 이해하기 위해서는 가족의 상호작용을 면밀히 검토해야 한다. 왜냐하면 그 문제아는 가족의 왜곡된 관계의 구조에서 나왔기 때문이다. 그러므로 가정의 문제를 해결하기 위해서는 문제아를 따로 떼어 놓지 말고 함께 가족들도 치료에 동참하여 성숙을 배워야 그 문제아가 제대로 치료받을 수 있다.

일단 문제아는 가정에서 개인의 내적 정신 혼란으로 인한 갈등을 야기할 것이다. 또한 나름대로 갈등 해소를 위한 방어기재로 불안증과 신경쇠약증세가 나타나기도 할 것이다. 물론 여기에는 가정 내의 구조적 문제가 혼잡해 있다. 예를 들어 직장을 잃은 아빠, 엄마의 무절제한 바가지, 자녀들 간에 심한 충돌 등이 생겼을 때 그것을 적응하기 위해 나름대로 가족들 간의 역할이 자연스럽게 형성되었을 것이다. 이것이 반복되며 가정 내에 비뚤어지고 왜곡된 관계를 조장하게 되었다. 결국 긍정적인 항상성은 무너지고 부정적인 항상성이 만들어지며 역기능적인 가정이 되는 것이다.

대부분 문제아 자녀의 치료는 그 부모도 "따로 또는 함께" 와서 상담을 해야 정확한 원인을 알 수 있다. 왜냐하면 그 문제의 자녀는 부모와 밀접한 관계속에서 형성되어진 성격과 배경이 있기 때문이다. 따라서 상담자는 부모와 내면화된 관계의 동기유발을 끄집어내어 이야기하게 해야 한다. 성인아이가 된 부모도 그 가정의 부모와의 문제를 풀지 않으면 해결하기가 어렵다.

다시 한 번 강조한다. 가정의 문제는 그 한 사람 문제아의 문제가 아니라 가족 전체의 구조적 문제라는 것에 유념해야 한다. 한 마디로 사람이 문제가 아니라 시스템이 문제라는 것이다. 따라서 건강한 가정이 되기 위해서는 가족 체계의 구조를 수술하고 개선해야 치료가 되는 것이지 사람에게만 매달린다고 되는 것은 아니다. 그러므로 가족 구성원 모두가 함께 성숙하게 치료에 동참하며 함께 변화를 경험해야 비로소 그 가정이 건강한 가정이 되는 것이다.

| 정리와 묵상하기 | 상 처 Healing |

* 역기능 가정의 치유 프로젝트는 어떤 것들이 있는가?

첫째, 부모와 자녀, 형제간에 어떤 관계가 있는지 "대상관계"를 추적하는 것이다.

둘째, 그 가정의 고착화된 부정적인 습관과 관계의 "항상성"을 주시하는 것이다.

셋째, 갈등을 유발할 수밖에 없는 가족 시스템을 관찰하는 것이다.

넷째, 가족 간의 대화 유형을 파악하는 것이다.

다섯째, 가족조각기법을 활용하여 역할극을 해보는 것이다.

여섯째, 원가족 도표를 통해 내가 어떻게 형성되었는가를 알아보는 것이다.

* 역기능 가정의 상담 방법은 무엇인가?

첫째, 가족들이 현재 싫어하고, 꺼려하는 부분이 무엇인지 유심히 관찰해보는 것이다. 둘째, 현재 가족들이 느끼는 불안, 두려움, 복수심 등의 감정을 들춰내는 것이다. 셋째, 이로 인해 가족들이 경험하는 상호 역할의 모습을 분석하는 것이다. 넷째, 가족의 내적 불안과 가족의 역기능을 연결시켜 미래의 청사진을 그리게 한다. 다섯째, 이런 과정이 만들어지더라도 일주일에 한 번, 6개월-2년까지 상담의 과정을 거치게 한다. 여섯째, 무엇보다도 가족들이 현재의 갈등을 성공적으로 해소하는 경험을 작은 것부터 자주 하게 하는 것이다.

Chapter 5

교회의 상처를 치유하라

> 그에게서 온 몸이 각 마디를 통하여 도움을 받음으로 연결되고 결합되어 각 지체의 분량대로 역사하여 그 몸을 자라게 하며 사랑 안에서 스스로 세우느니라 (에베소서 4:16)

이 장에서는 내가 교회에서 갈등을 느낄 때 어떻게 해야 될지에 대한 문제를 다룬다. 이런 말이 있다. "사람은 예수를 만날 때 인생의 방황이 끝나고 성도는 좋은 교회를 만날 때 신앙의 방황이 끝난다." 그만큼 좋은 교회를 만나면 성도들이 신앙생활을 평안하고 행복하게 할 수 있다는 의미이다. 교회생활에서 누구나 갈등을 일으킬 수 있지만 그러나 더 중요한 것은 그 갈등을 건강하게 극복하고 또다시 믿음생활을 즐겁게 하는 것이 성숙한 신앙생활일 것이다. 이 장은 그러한 방법을 가르쳐 줄 것이다.

01
건강한 교회를 만들어라

또 만물을 그의 발 아래에 복종하게 하시고 그를 만물 위에 교회의 머리로 삼으셨느
니라 교회는 그의 몸이니 만물 안에서 만물을 충만하게 하시는 이의 충만함이니라
(에베소서 1:22-23)

그리스도인에게 교회는 너무나도 소중한 곳이다. 물고기가 물을 떠나면 죽듯이 그리스도인이 교회를 떠나면 죽는다. 교회는 주님의 피 값으로 사신 주님의 몸 된 제단이다. 신자는 이곳에서 축복받고 은혜 받고 치유 받고 능력을 받는다. 교회는 신자가 천국까지 신앙적인 힘을 공급받는 저수지이기도 하다. 따라서 신자가 교회 생활을 할 때 행복하게 해야 하고, 기쁘고 즐겁게 해야 한다. 그렇지 않으면 각종 시험에 들어 교회가 인생에서 가장 부담이 되어 교회를 안 갈 수도 없고 갈 수도 없는 어중간한 상태로 전락하는 경우가 된다.

활력을 잃은 교회의 특징

교회는 살아있어야 한다. 교회는 조직체로서의 역할도 하지만, 유기적으로 살아 움직이는 역동성이 있어야 하나님의 역사가 그 곳에 넘치게 된다. 기적과 능력은 교회가 활력이 넘칠 때 나타나는 것이다. 어떤 교회는 30년, 50년이 넘었는데도 도저히 비전이 안 보이고, 부흥이 안 되는 경우도 많다. 정체되어 뜨

겁지도 차지도 않는 미지근한 상태로 그냥 흘러가는 교회이다. 이런 교회는 세 가지의 특징이 있다.

과거 목사와 상처가 있는 교회

첫 번째, 활력을 잃은 교회는 과거 내가 섬기던 목사와 좋지 않은 경험이나 깊은 상처를 받은 신자들이 많을 때 나타난다. 이것은 목사이든, 평신도이든 서로 상처를 받으면 교회의 활력이 떨어진다. 이것을 회복하려면 짧게는 3년, 길게는 5-7년이 걸린다고 한다. 그러니 상처가 많은 목회자나, 평신도가 있으면 교회 생활이 얼마나 힘이 들겠는가? 성도는 목회자와 계속적으로 좋은 관계를 맺어야 한다. 그것이 내가 살고 교회가 사는 비결이다. 물론 목회자도 성도와 은혜로운 관계를 유지해야 한다. 왜냐하면 목회자도 그렇게 할 때 복되고, 행복한 교회를 세우는 기반이 되기 때문이다. 이것은 어느 한 사람의 문제가 아니라 서로 양보하고 섬기는 성숙함을 만들어 갈 때 교회 속에서 치유와 회복을 경험하는 것이다.

교인들의 이동이 많은 교회

두 번째, 활력을 잃은 교회는 교인들의 이동이 많은 교회이다. 신자들이 한 곳에 정착을 하지 못하고 이 곳, 저 곳으로 옮겨 다니는 일이 많은 교회는 결코 부흥할 수 없다. 거기에는 매일 문제가 터지고, 시기와 질투가 만연하고, 비판과 논쟁이 끊이질 않는다. 당연히 활력을 잃을 수 밖에 없다. 또한 사역자들이 자주 바뀌는 것도 결코 바람직한 현상은 아니다. 교육 시스템이 조금 정착될 만하면 또 바뀌고, 자꾸 바뀌다 보면 평신도들이 싫증을 느끼며 교회 관심도도 떨어질 수 밖에 없다. 그러므로 사역자들이 먼저 성숙하여 평신도들을 잘 섬기고 아름다운 관계를 형성할 때 교회는 안전하고 평온하게 부흥할 수 있다.

변화를 싫어하는 교회

세 번째, 활력을 잃은 교회는 변화를 싫어하거나 거부하는 현상이 나타나는 교회이다. 어떤 교회는 목사가 주보 줄 한 번 바꾸다가 장로와 갈등이 있어 사임하게 되었다고 한다. 이런 교회는 절대로 부흥할 수 없다. 교회는 새롭게 도입된 좋은 프로그램에 대해 거부 반응이 없어야 한다. 교회 전통과 권위를 내세우고 자기들의 의식만 고집하면 그 교회가 유지는 될 수 있을지 모르지만 건강한 교회의 모습이 아닌 점점 퇴보하는 교회가 된다.

여기에는 교인들의 성향도 중요하다. 교인들이 주일 예배만 드리고 최소한의 관계만 유지하려고 하는 교인들이 많으면, 그 교회는 활력이 넘치기가 어렵다. 교회는 예배도 잘 모이고, 교제도, 봉사도 넘치는 역사가 있어야 한다. 자주 모이는 교회가 부흥한다. 성도들도 개방적이고 열린 마음으로 새신자들에게 말도 잘 붙이고 친절하며 서로 새로운 환경에 부담을 주지 않고 친절한 공동체를 만들어야 교회가 부흥 할 수 있다.

교회의 규정이 엄격한 교회도 변화의 물결을 타기가 어렵다. 무엇 하나를 새롭게 시작하려고 해도 회의를 해야 하고, 사람들의 동의를 구해야 하며 그 일을 시작하기가 어렵다. 그러므로 엄격한 규정을 풀고, 최소한의 일을 결정할 수 있는 시스템을 만들어 신중하고도 신속하게 결정할 수 있는 교회가 되어야 성도들도 개방적으로 수용하며 활력을 얻을 수 있다. 교회 규정이 엄격하면 일단 강요를 받는 느낌을 받기 때문에 자원하는 마음이 사라질 수 있다. 그래서 제도는 풀고, 영성은 충만한 프로그램을 많이 만들어야 교회가 부흥할 수 있고, 활력이 넘칠 수 있다.

또한 교회가 위기를 만날 때 교인들이 쉽게 비방하고 공격하는 현상이 나타나면, 그 교회는 문제가 많은 교회이다. 교회 어려움을 마치 남의 말 하듯이 하고, 자신의 들보는 보지 못하고, 자신이 혼자 거룩한 척하며 부정적인 시각으로 비판하고 함부로 입을 놀리는 사람은 결코 축복을 받지 못하기도 하지만, 교회도 활력을 잃어버려 침체의 기로에 들어서게 된다. 그러므로 교회의 성숙도는 그 교회가 위기나 고난을 만났을 때 어떻게 반응하고 대처하는가를 보면 잘 알 수 있다.

활력이 넘치는 교회의 특징

교회가 활력이 넘치면 자연히 부흥한다. 부흥하지 말라고 해도 부흥의 속도는 빨라진다. 왜냐하면 평신도들이 움직이기 때문이다. 따라서 건강한 교회는 활력이 넘치는 역동적인 교회로 만들 때 가능한 것이다. 교회에 활력을 불어넣어라!

자아가 존중되는 교회

첫째, 교회에 활력이 넘치려면 평신도들의 자존감이 높아야 한다. 내가 존중받고 내가 살아나는 교회가 되어야 한다. 내가 이 교회에 무엇을 하든지 즐겁게 하고픈 마음이 들어야 한다. 그리고 나의 작은 봉사가 교회의 소중한 역할을 감당한다는 생각이 들어야 한다. 더욱이 우리교회가 대한민국에서 최고의 교회라는 생각이 들 정도로 소속감이 강해야 한다. 우리 담임 목사님이 대한민국 최고의 목사님이라는 생각도 하며 내가 좋은 교회에 소속되어 있다는 생각이 들어야 활력이 넘치고 에너지가 솟구치며 무슨 일이든지 자원하는 마음으로 힘 있게 일할 수 있을 것이다.

교회는 누구나 느끼기에 한 사람도 소외되지 않는 교회로 만들어야 한다. 집단과 공동체의 차이가 무엇인가? 집단은 이익을 목적으로 이끌어가지만 공동체는 사랑과 애정으로 만들어지는 것이다. 교회는 집단이 아니라 공동체이다. 자아를 존중받고 행복하게 교회생활을 할 수 있도록 분위기만 만들어지면 누구든지 봉사하고 섬기는 자들이 될 것이다. 내가 할 일이 있는 교회, 내가 하고 싶은 것을 할 수 있는 교회가 되면 그 교회는 소속감과 역동성이 훨씬 넘치는 교회로 변화될 것이다.

설교도 마찬가지이다. 강요적이고 설득적인 설교 패턴에서 자아를 존중하는 설교로 변하면 더 살아있는 교회가 될 것이다. 교회는 재미가 있어야 한다. 사랑이 넘쳐야 한다. 행복한 신앙생활이 되어야 한다. 교회가 오고 싶고 머물고 싶고 전하고 싶은 교회가 되어야 한다. 그래야 다른 사람에게도 소개할 수도 있고 나도 계속해서 도전을 받고 전하는 사람이 될 수 있다. 내가 교회에서 존중받는다는 생각을 하면 그 사람은 더없이 열심히 봉사하고 충성할 것이다.

포용력이 있는 교회

둘째, 활력이 넘치는 교회는 포용력이 있는 교회이다. 교회는 누구나 다 올 수 있어야 한다. 누구는 안 되고 이것 때문에 안 되고 저것 때문에 안 되고 그러면 안 된다. 교회는 남녀노소, 빈부귀천을 막론하고 누구든지 올 수 있어야 하며 모든 사람이 환영받을 수 있어야 한다. 그러려면 교회가 수용력을 길러야 한다. 나와 학벌이 다르다고 갈라지고, 성격이 다르다고 헤어지고, 정치색깔이 다르다고, 고향, 출신성분이 다르다고, 직위가 다르다고 비판하고 내쫓고 하는 일이 있다면 그 교회는 정말로 주님이 없는 교회이며 침체하는 교회로 전락될 것이 뻔하다. 따라서 교회는 다양함 속에 연합을 이룰 수 있는 지혜와 사랑의 마음을 가져야 한다. 부흥하는 교회는 이런 포용하는 훈련들이 잘 되어 있다.

셀 모임에서도 다양한 사람들이 다양한 이야기들을 나눈다. 셀 원들이 가지고 온 여러 이야기들을 비판적으로 받아들이지 말고 순수한 마음으로 함께 고민하고 기뻐하고 슬퍼하면 그 셀은 점점 더 부흥하며 생동감이 넘치는 셀이 될 것이다. 그렇지 않고 나와 다르다는 이유로 그 사람을 틀리다고 말하며 정죄하면 그 셀은 깨어진 셀, 나누어진 셀이 될 것이다. 셀에서는 성경 이야기, 교우들 이야기, 교회이야기 등 다양한 이야기들을 수용할 수 있어야 한다. 부흥하는 교회는 신자들이 서로 다름을 인정하고 내 것만 강조하는 것이 아니라 상대편의 것도 좋다고 말해주는 것이다. 다양함 속에 연합을 추구하며, 조율과 조화를 아름답게 이루는 교회이다.

목회자와 좋은 관계를 맺는 교회

교회가 부흥하는 특징 중 하나가 목회자가 한 교회에서 오랫동안 목회를 한 교회가 큰 부흥을 이루었다. 이것은 전 세계 교회의 부흥 리서치 조사에서도 잘 나와 있는 것을 발견한다. 미국의 가장 큰 교회 중에 하나인 '새들백 교회'의 릭 워렌 목사 같은 경우는 아예 교회 등록 할 때 목회자에게 순종하겠는가에 대한 서약을 받는다고 한다. 만약 그렇지 않으면 조용히 나가는 것을 원칙으로 삼는다고 한다. 미국과 같은 다양한 문화와 자아가 존중받는 사회에서 이것이 안 통할 것 같았지만, 지금은 오히려 더 부흥하며 미국 사회에 영향력을 미치는 교회가 되고 있다. 왜 그런가? 목회자의 비전이 평신도들과 함께 교회 속에 잘 용해되어 영적인 푸른 계절이 오도록 만들었기 때문이다.

그러므로 활력이 넘치는 교회는 뭐니 뭐니 해도 목회자와 좋은 관계를 맺는 교회이다. 평신도들이 목회자와 갈등이 없이 좋은 관계를 맺고, 평신도들이 능동적으로 움직이는 교회는 반드시 부흥의 역사를 이루었다. 그러나 목회자가 자주 바뀌는 교회는 결코 부흥한 적이 없다. 그것은 이미 갈등의 골이 깊어졌고 목회 비전도 자주 바뀌고 평신도들도 능동적으로 움직이지 않기 때문이다. 그러므로 성숙한 교회, 건강한 교회는 목회자와 좋은 관계를 이루는 교회이다. 어떤 어려운 문제가 닥쳐도 그 위기를 심각하게 생각지 않고, 목회자를 중심으로 부드럽고 은혜롭게 헤쳐 나가며 성도들의 섬김과 순종과 열정이 어울러져 있는 교회는 자연스럽게 부흥하며 나라와 민족을 위해서도 크게 쓰임 받을 것이다.

| 정리와 묵상하기 | 상 처 Healing |

* 현대 교회가 침체되는 원인이 무엇인가?

첫째, 과거 목사와 상처가 있는 교회는 회복하기가 쉽지 않다. 보통 3-5년이 걸린다.

둘째, 교인들의 이동이 많은 교회는 자연히 침체의 기로에 들어설 수밖에 없다. 아무리 말씀이 좋고 프로그램이 좋아도 이동이 많은 교회는 문제가 있는 것이다.

셋째, 변화를 싫어하는 교회이다. 조금만 바뀌어도 반대하고 거부하는 움직임이 있다면 그 교회는 정체될 수밖에 없다.

* 지금도 여전히 부흥하는 교회의 특징은 무엇인가?

첫째, 성도들의 자아가 존중받는 교회이다. 성도 한 사람, 한 사람이 교회에서 너무나 소중한 존재라는 것을 인식하게 하는 것이다. 이런 교회는 부흥한다.

둘째, 포용력이 넘치는 교회이다. 비판하고 비교하고 정죄하는 문화에서 이해하고 배려하고 공감하는 문화를 가진 사랑이 넘치는 교회가 될 때 부흥의 속도가 빨라질 수 있다.

셋째, 목회자와 좋은 관계를 맺는 교회이다. 성도들의 마음이 목회자에 대해 항상 열려있고, 목회자도 평신도들을 존중하고 사랑하는 깊은 내면의 사랑이 짙은 교회가 부흥하는 교회가 된다.

02
목회자의 상처를 치유하라

이 모든 것 위에 사랑을 더하라 이는 온전하게 매는 띠니라 그리스도의 평강이 너희 마음을 주장하게 하라 너희는 평강을 위하여 한 몸으로 부르심을 받았나니 너희는 또한 감사하는 자가 되라 (골로새서 3:14-15)

교회도 사람들이 모이는 곳이다. 사람들이 모이는 곳은 언제나 문제가 있기 마련이다. 세상 사람들은 교회가 의인들만 모인 곳이라고 생각한다. 그래서 교회는 도덕적으로 윤리적으로 깨끗해야 하고 손가락질을 받아서는 안 된다고 생각한다. 심지어 교인들 가운데서도 이런 생각을 하며 입에 거품을 물고 교회 정화를 외치는 경우도 있다. 물론 틀린 말은 아니다. 그러나 한편으로는 착각이며 편파적인 생각이다.

교회 안에 상처가 더 많다

가만히 생각해보라. 오히려 교회는 세상보다 더 많은 죄인들이 모인 곳이다. 세상에서 상처받고 병들고 문제 있고 소외된 사람들이 도저히 해결할 수 없으니까 교회에 와서 치유 받고 소생하며 문제를 해결하려고 하는 것이다. 교회는 세상 사람들보다 더 많은 죄인들이 모인 곳이다. 물론 여기에서 치유도 받고 은혜도 받고 문제를 해결하기도 한다.

그러나 모든 교인들이 교회에 와서 다 치유 받고 회복되는 것은 아니다. 더욱이 교회 안에는 성숙한 사람, 미성숙한 사람, 과격한 사람, 부드러운 사람, 지위가 높은 사람, 낮은 사람 다양한 사람들이 모여 있다. 이들이 한 공동체를 이루며 천국까지 신앙생활을 하는데 왜 갈등이 없고 문제가 일어나지 않겠는가? 당연히 있을 수 있다. 문제는 그런 갈등을 치유하고 회복하는 내공을 키우는 것이 더 중요한 관점이 되어야 할 것이다. 교회도 사회의 축소판이다. 다만 교회가 세상과 다른 점이 있다면, 그것은 갈등과 문제를 법으로 해결하는 것이 아니라, 주님 안에서 믿음과 사랑으로 해결하는 것이다.

목회자의 상처들을 보듬어주라

교회에서 가장 상처를 많이 받는 사람이 목회자이다. 그들은 하나님의 소명을 받고 주의 일을 하는 사람들이다. 싫든 좋든 주의 길을 걸어가며 하늘을 가슴에 품고 사는 사람들이다. 만나는 사람들마다 기쁨을 주며 축복을 선포하는 통로의 역할을 하는 사람들이다. 그런 그들에게도 마음의 상처가 있겠는가? 하늘의 신령한 복을 받은 사람들인데 그들에게도 말 못할 쓴 뿌리가 있겠는가? 그들은 기도만 하면 되는데 왜 마음에 아픔을 안고 있겠는가? 아니다. 몰라서 하는 말이다. 오히려 그들에게 상처가 더 많을 수 있다. 목회자들이 하늘의 이슬만 먹고 산다고 생각하면 착각이다. 그들도 보통사람들과 똑같다. 똑같이 먹고, 자고, 화장실을 가고, 때론 싸우기도 한다. 예수님이 아니다. 예수님처럼 살아가려고 하고, 예수님처럼 행동하려고 할 뿐이지 예수님은 아니다. 그렇기에 목회자는 평신도들의 생각과 더 괴리감을 느껴 더 많은 상처와 쓴 뿌리를 가질 때가 있다.

목회자도 위기를 만난다

목회자는 무엇보다 영적으로 사는 사람이다. 세상을 바라보는 사람들이 아니기 때문에 영적으로 늘 상승되어 있어야 한다. 그렇지 않으면 넘어지고 쓰러지는 일들이 많아진다. 그런데 목회자는 예수님이 아니기 때문에 늘 영적으로 충만할 수 만은 없다. 그럴 때 위기와 상실감이 오는 것이다. 내면의 충만함이 다 사라질 때 홀로 남겨진 고독과 외로움 속에서 영적 번민과 탈진으로 어쩔 줄 몰라 한다.

영적인 위기

이런 위기는 소명감의 상실에서 온다. 특별히 일 중심의 목회를 하는 주의 종들에게 온다. 주님을 위해 열심히 사역을 하며 최선을 향해 달려왔는데 결과는 아무 것도 아닌 것이 되었다. 육체적으로는 탈진되고 영적으로는 고갈되어 의미를 알 수 없을 만큼 무력감에 빠지게 되었다. 그전의 소명감마저도 있었던가 싶을 정도로 영적으로 다운되며 깊은 수렁에 빠지게 되었다.

엘리야의 곤고함

엘리야도 그랬다. 바알과 아세라 선지자 850명을 물리치고, 승승장구하며 이제는 이스라엘에 하나님의 나라기 건설될 것이라 생각했는데 이세벨의 분노로 자기를 죽이겠다는 말에 혼비백산하여 호렙산으로 도망을 갔다. 그는 로뎀나무 밑에서 "왜 나만 홀로 남아 이렇게 투쟁을 해야 합니까?" 불평 섞인 말로 호소하며 하나님께 자신의 안타까움을 나타내었다. 도저히 고독과 외로움을 견딜 수 없어 소리친 것이다. 그렇게 기도하고 소리치며 부르짖다가 잠이 들었고, 하나님은 주의 천사를 보내 그의 얼굴을 어루만지며 위로하고 격려해주며 떡과 물도 제공해주었다. 엘리야는 다시금 그것을 먹고 육체적으로 영적으로 새 힘을 얻어 주의 사역을 감당하게 되었다.

목회자가 영적인 위기를 만나면 심한 우울증과 무력감에 빠지게 된다. 깊은 상실감으로 헤매이며 존재 자체의 의미를 잃어버리게 된다. 이때 내재적인 신앙을 강화하지 않으면 계속되는 열등감에서 헤어 나오지 못하고 더 큰 일탈과 심지어 소명을 버리는 사람이 될 수 있다. 인천에 가면 목회를 그만두고 택시 기사를 하는 사람이 200명이 넘는다고 한다. 아마도 이런 무력감에서 탈출하고 싶은 마음이었을 것이다.

바울의 영적위기

사도 바울은 이런 영적 무력감에 대한 해법을 우리에게 잘 보여준다. 금세기 최고의 전도자요, 사도였던 바울도 역시 영적 탈진과 곤고함을 느낄 때가 있었다. 주변에 수많은 사람들의 공격과 비방에 심한 열등감과 우울증을 겪기도 했다. "설교를 못한다. 자기 병도 고치지 못한다. 사도의 자격이 없다."라는 갖은 조롱과 비방을 들어왔다. 그럴 때마다 혹시 자기도 쓰임을 받고 버림 받지 않을까 염려가 되기도 했다. 그러나 바울은 그런 영적인 위기가 올 때마다 생각한 것이 있다. 그것은 자신이 예수님을 처음 만났던 다메섹으로 돌아갔던 것이다. "첫 소명, 첫 사랑, 첫 믿음"을 생각하며 마음을 다잡고 새롭게 소명의 회복을 다짐했다. 그리고 머리를 밀기도 하고 금식을 하기도 하며 더 많은 영적 강화를 통해 앞을 향해 달려갔다. 그렇게 그는 첫 소명의 회복과 끊임없는 영성 훈련을 통해 위기를 만날 때마다 극복하며 죽는 날까지 하늘을 우러러 한 점 부끄럼이 없는 주님의 삶을 살아갈 수 있었던 것이다.

영적 위기를 극복하라

오늘날 목회자들도 이런 영적 위기를 만날 때 두 가지 중요한 문제를 응시하며 극복해나가야 한다.

첫 소명의 회복

첫째, "첫 소명의 회복"이다. 주의 일을 하다가 결과는 없고 탈진되는 경우 소명감의 상실이 온다. 육체적으론 탈진하고 영적으론 고갈되어 의미를 상실하며 홀로 있는 것이 불안해진다. 이럴 때 엘리야처럼 사도 바울처럼 첫 사랑, 첫 소명으로 돌아가야 한다. 그럼에도 불구하고 나를 지명하여 불러주신 소명의식을 회복해야 한다. 그렇게 극복한 사람은 훌륭한 목회자가 될 수 있다.

내재적인 신앙의 강화

둘째, 목회자가 영적위기를 만날 때 "내재적인 신앙"을 강화해야 한다. 이 것은 일 중심의 목회가 아니라 목회 자체를 즐길 줄 아는 내면적인 신앙의 강화를 말한다. 사역의 결과에만 치중하면 피곤해진다. 지친다. 힘들다. 결과에 따라 천국과 지옥을 경험한다. 그러나 목회에는 성공과 실패가 없다. 그 자체가 주의 일이고 은혜이며 축복이다. 이것을 깨달아야 한다. 그러기 위해서 깊이 묵상하고 찬송하며 내면의 깊이를 더해야 한다.

태국의 한 선교사님은 19년을 선교했지만 한 명도 전도의 열매를 맺지 못했다. 실패했는가? 아니다. 마지막 생애에 그를 통해 실낱같은 믿음으로 회심한 한 사람이 태국을 복음화 시키는 중심의 인물이 되었다. 주의 사역은 결과 중심이 아니라, 사역 자체를 즐길 줄 아는 자존감의 문제이다. 예수님도 십자가를 즐겁게 참으셨다. 결국 그를 통해 세상이 변화되었다. 목회자들도 사역의 결과에 상관없이 사역 자체를 즐길 줄 아는 내면적 신앙을 강화하면 때가 되면 하나님께서 그 일을 이루어 나가실 것이다.

전문성의 위기

목회자가 만나는 또 다른 위기는 능력의 한계에서 오는 상실감이다. 오늘날은 무한경쟁의 시대에 살고 있다. 사회가 그렇게 흘러가다 보니 목회자들도 그런 문화에 편승되어 교회 크기에 따라, 헌금의 분량에 따라, 사례의 수준에 따라, 자동차의 수준에 따라 등등으로 목회자의 수준이 정해지는 듯한 느낌을 받는다. 이럴 때 목회자는 한계를 느끼게 된다. 이것은 목회자가 외부적인 환경에 의해 느껴지는 능력 차이의 괴리감과 열등감일 것이다.

또한 내면적인 한계도 있다. 목회자들이 대부분 느끼는 것이지만 평생을 설교하다 보면 설교의 한계를 느끼지 않을 수 없다. 더욱이 다른 목회자들과 설교의 비교가 될 때는 더한 것이다. 행여 그렇지 않나 해도 자기에게 성도들 앞에서 부족함을 느끼며 자기 스스로 몸부림치게 된다. 전문성의 위기이다. 더욱이 목회비전의 한계, 오랫동안 목회를 해도 교인이 변화되지 않는 한계, 교인 숫자의 한계 등등 최선을 다하지만 전문성이 부족해서 밀려오는 여러가지 한계의 벽에 부딪히게 된다.

전문성의 위기는 목회자가 노력해서 개발해야 될 부분이다. 사회생활도 만만치 않다. 무엇이든지 노력하지 않고 얻으려고 하는 것은 잘못된 생각이다. "No cross, no crown" 십자가 없이는 면류관도 없다. 면류관을 얻기 위해서는 고난도 마다하지 않아야 한다. 전문성의 위기는 내가 노력하지 않았기 때문에 오는 것이다. 끊임없이 자기를 쳐 복종시키며 개선해 나갈 때 전문성의 위기는 극복할 수 있다.

설교에 목숨을 걸어라

먼저 목회자는 "설교"를 잘해야 한다. 목회자는 뭐니 뭐니 해도 설교에 생명을 걸어야 한다. 목사의 생명은 설교이다. 설교를 못하면 아무 것도 되지 않는다. 다른 것은 잘 하는데 설교가 문제가 있다면 다른 시간을 줄여야 한다. 그리고 목회자는 설교에 충분한 시간을 투자하고 묵상과 준비로 설교의 수준을 올려야 한다. 성도들은 모를 것 같지만 금방 안다. 우리 목사님이 설교를 얼마나 준비하는지, 오늘은 설교를 죽 썼는지, 성령의 충만함으로 설교했는지, 기도는 얼마나 하는지, 요즈음 심방은 어디를 하는지 등등 성도들은 모를 것 같지만 다 안다. 한마디로 성도들은 목회자의 정탐군이라고 보면 된다. 물론 그것을 떠나서라도 목회자는 설교에 목숨을 걸어야 한다. 성도들의 꼴을 먹이는데 다른 시간보다도 가장 우선순위에 두어야 하고, 스킬이 부족하면 학원이라도 다녀야 한다. 아니면 산에 올라가 연습을 하며 설교의 기술도 향상시켜야 한다. 언어 전달력도 높여야 한다. 그렇지 않으면 성도들이 무슨 말을 하는지도 모르고 매일 졸기만 할 것이다.

설교에는 세 가지의 중요한 원리가 있다. 이 원리를 따르면 좋은 설교자가 될 수 있다. 첫째, 깊이 있는 설교를 해야 한다. 내용이 좋아야 감동이 온다. 단어, 어휘 선택, 성경의 영감, 다른 사람들이 생각지 못하는 영적 깊이가 느껴질 때 성도들은 '아하~' 하고 감동을 받는다. 둘째, 내용의 깊이가 없으면 유머라도 있어야 한다. 유머는 감성을 부드럽게 하고 삶의 윤활유요, 촉매의 역할을 한다. 따라서 유머를 사용하면 마음이 열리고, 그 사람과 하나 되는 것을 느끼며 공감한다. 셋째, 내용의 깊이도 없고, 유머도 없다면 무조건 짧아야 한다. 긴 설교는 교인들에게 감동 받을만하면 갉아먹는 해충과 같다. 그러므로 설교를 길게 하는 것보다 짧으면서도 심금을 울릴 수 있는 간결한 설교가 좋다.

리더십을 향상시켜라

목회는 종합예술이다. 어느 하나만 해서 되는 것이 아니다. 설교, 기도, 행정, 심방, 상담 등 모두가 감당해야 될 총체적인 사역이다. 그러므로 목회자는 전문적인 리더십을 가지고 있지 않으면 안 된다. 목회를 할 때 중구난방식으로 하는 사람은 절대 성공할 수 없다. 하나님도 준비된 사람을 쓰시지, 즉흥적이고 충동적인 사역을 하는 사람을 절대 쓰시지 않는다. 그러므로 리더십을 키워야 한다. 내 리더십이 어느 정도인지 점검해보아야 한다. 모자라는 부분은 채워서 뼈를 깎는 아픔으로 개선해나가야 한다. 그것이 하나님의 영광을 위해 내가 할 수 있는 최선의 방법이다.

비전

리더십을 개선하는 방법에는 크게 세 가지가 있다. 첫째, "비전"이 있는 사람이다. 리더십이 탁월한 사람의 공통점은 선명한 꿈과 비전을 가지고 있다. 목표가 분명하기 때문에 추진력이 있고, 열정이 있고, 모든 일에 동기유발을 일으키게 된다. 그러므로 비전이 없는 리더십은 죽은 리더십이다. 리더의 첫째 조건은 분명한 비전을 가지고 있는 것이다.

영향력

둘째, "영향력"이다. 내가 무슨 말을 하든지 그것을 따라오게 하는 영향력을 갖는 것이다. 소위 카리스마이다. 그것이 없으면 리더십을 발휘할 수 없다. 영향력을 갖추기 위해서는 솔선수범과 희생이 수반되어야 할 것이다. 또한 지식과 실력에도 준비된 모습을 갖고 있어야 할 것이다. 책임감이 없는 사람은 다른 사람에게 영향력을 절대 미칠 수 없을 것이다. 그래서 리더는 이런 영향력을 갖추는 사람이 되어야 비전을 이룰 수 있는 사람이 될 수 있다.

섬김

셋째, "섬김"이다. 21세기 리더십은 권위적인 리더십이 아니라 섬기는 리더십이다. 다른 사람의 은사를 세워주고 활용하고 함께 가는 리더십이다. 이런 리더십을 점검해보면 내가 어느 정도 리더십을 가지고 있는 가를 알 수 있다.

영혼사랑의 프로젝트를 개발하라

목회자가 크게 쓰임 받는 공통점은 무릎을 꿇는 사람들이다. 신앙인에게 모든 것은 기도보다 앞서서는 안된다. 목회자의 전문성은 "기도"이다. 전문성을 다른 것에서 찾으려고 하니까 문제가 된다. 목회자는 한 영혼을 사랑하는 기도가 있어야 한다. 기도하는 목회자는 한 영혼을 사랑하게 되고 한 영혼, 한 영혼을 사랑하는 목회자는 기도하지 않을 수 없다. 목회는 거기서부터 시작되고 뿌리 깊은 영성을 가지며 흔들리지 않는 견고한 부흥을 이루게 된다. 그러므로 목회자는 영혼을 사랑하는 기도 프로젝트를 갖고 그것을 힘 있게 끌고 가는 전문성이 있어야 한다.

또한 목회자의 중요한 전문성은 "전도"하는 것이다. 설교를 하든, 관계 전도를 하든, 교회 전체가 전도하든 교회 사역의 가장 중요한 것은 모두가 다 전도에 관한 것이다. 교회의 목적은 전도이다. 하나님의 나라가 확장될 때 하나님께 영광을 돌리는 것이다. 목회자가 한 영혼을 사랑하는 가장 중요한 표증도 전도에 있다. 한 영혼을 전도하는 것이 온 천하를 얻는 것보다 낫기 때문이다. 그러므로 목회자는 전도에 관한 전문적인 프로젝트를 가지고 있어야 한다. 그리고 전도에 대한 구체적인 훈련과 영향력을 미칠 수 있어야 한다. 더욱이 목회자는 전 성도와 교회가 전도에 대한 영향력과 기술을 알고 그것을 행할 수 있도록 도와주어야 한다.

관계성의 위기

목회자가 느끼는 또 다른 위기는 목회를 하면서 편협적인 관계와 깨진 관계에서 오는 불안감과 공허감이다. 목회를 하다 보면 열심히 하는 사람과 안하는 사람, 봉사를 많이 하는 사람과 적게 하는 사람, 예배를 잘 드리는 사람과 빠지는 사람 등 계층별로, 신앙수준 별로, 환경과 여건에 따라 달리 나타난다. 이럴 때 목회자가 자신의 주관적인 감정으로 편애를 한다거나 휘둘리는 현상이 나타날 때 평신도들은 혼동이 일어나며 목회자에 대한 신뢰와 믿음이 무너지게 된다.

반면 목회자 입장에서는 예배를 잘 드리고 헌금을 잘하며 봉사와 섬김을 잘하는 성도가 예뻐 보일 수도 있을 것이다. 목회를 하면서 열심히 일하는 사람들에게 관심이 쏠리는 것은 어쩌면 당연한 것이다. 그러나 문제는 그런 것들이 지나치게 편협적인 행동으로 나타날 때 문제를 유발하는 것이다. 더욱이 사역의 우선순위가 그들의 의견에 무게를 두고 눈치를 본다든지 우유부단한 행동을 보일 때 목회자 자신에게 오는 내부 갈등과 번민은 엄청난 무게로 다가오는 것이다. 이런 일들이 한 번으로 끝나는 것이 아니라 계속 반복되어지며 얽히고 설켜 실타래를 풀기도 힘든 관계가 이어질 때도 있다. 목회자들이 그것을 잘 이기지 못해 간암, 위암, 대장암 등으로 사망하는 일들도 많이 있다.

인성지수(Personality Quotient)를 높여라

목회자에게 다가오는 관계성의 위기는 크게 두 가지로 풀어야 한다. 첫째, 목회의 "일관성"을 가져야 한다. 분명히 교회 안에는 직분의 차이, 신앙수준의 차이, 헌신의 차이, 문화의 차이 등 다양성이 있다. 그러나 그것을 무분별하고 원칙 없이 다루면 분명히 문제를 일으킨다. 투명해야 한다. 직분 자격의 투명함, 사역의 투명함, 재정의 투명함을 시스템으로 만들어야 한다. 그리고 그것을 일관되게 적용해야 한다. 누구에게 특혜를 준다든지 아니면 특수한 상황이라고 예외를 두는 일이 일어나기 시작하면 계속해서 관계가 꼬이고 결국 깨어진 공동체가 될 수 밖에 없다. 물론 목회를 하다보면 예외가 있을 수 있다. 사람을 놓쳐서는 안 되는 경우도 있다. 그러나 그럴 때 조차도 주변 환경에 투명성과 공감을 얻도록 최대한 노력을 해야 한다. 그렇지 않으면 나중에 두고두고 문제를 일으킬 수 있을 것이다.

둘째, "화목의 관계"이다. 목회의 가장 중요한 덕목은 사랑이다. 사랑은 모든 허물을 덮어주고, 신뢰를 회복하며 사람과 사람을 이어주는 교량 역할을 한다. 목회자들이 대부분 인간관계가 깨어지는 경우는 화목지수가 낮기 때문이다. 자기 고집이 너무 세고, 권위적인 것을 내세우는 경우가 많다. 이런 목회자는 균형감각을 키워야 한다. 사람들과 공통분모를 만들 수 있는 화목지수를 높여야 한다. 함께 사는 (win-win)전략이 무엇인지 지혜를 모으고 더불어 살아가는 공동체를 만들어가야 한다. 하늘 아래 나 밖에 없다고 생각하며 유아독존의 생각을 버려야 한다. 그러면 우스운 소리로 그런 목회자에게는 계시도 임하지 않는다.

어떻게 화목지수를 알 수 있는가? 간단하게 알 수 있는 방법이 있다. 내가 다른 사람과 갈등을 할 때 그 기간이 '일주일'이 넘어가면 화목의 위험수위 초기라 할 수 있다. 갈등이 '한 달'을 넘으면 위험수위가 더 높아지는 것이다. 만약 '석 달'을 오랫동안 지속한다고 하면 그 목회자의 화목지수는 매우 문제가 있으며 화목지수는 상당히 낮은 편이라 할 수 있다. 성격에 문제가 있거나, 주변 구조적 문제를 안고 있거나, 가정에 문제가 있거나, 분명 문제가 있는 것만은 사실이다. 그러므로 목회자는 화목지수를 높여서 갈등이 일어날 때 지혜롭게 풀 수 있는 나름대로 전략과 인격을 갖추어야 부드러운 관계로 건강한 목회를 할 수 있다.

건강한 목회자가 되라

목회자가 살아야 교회도 산다. 목회자가 살아야 평신도들도 축복을 받는다. 목회자는 교회의 대표자이다. 주님이 교회의 대리자로 세우신 주의 종이다. 그러므로 목회자는 늘 영육 간에 건강한 자신을 잘 가꾸어 나가야 본인도 좋고 주변도 가족도 성도도 교회도 모두 평안할 수 있는 것이다. 건강한 목회자가 되는 데에는 몇 가지 특징이 있다.

솔직해져라

첫째, 자신을 솔직히 받아들이고, 솔직하게 표현하는 목회자가 되어야 한다. 가면을 너무 많이 쓰면 피곤하다. 스트레스를 많이 받는다. 장기 목회를 할 수 없다. 아닌 것은 아니라고 말하고, 할 수 있는 것은 즐겁게 하는 솔직한 자아를 보여주어야 한다. 그래야 평신도들도 목회자의 생각과 의지가 무엇인지 알게 될 것이다.

기대하지 마라

둘째, 자신과 타인에게 많은 것을 기대하지 않는 목회자가 되어야 한다. 자기 분수를 알고 행복한 목회를 해야 한다. 욕심을 부리기 시작하면 한도 끝도 없다. 타인에게 기대하기 보다는 내가 할 수 있는 일을 즐겁게 하면 오히려 더 일이 잘 풀려나갈 것이다. 남에게 너무 기대하지 마라. 그러면 실망만 크고 관계만 더 안 좋아질 뿐이다. 그러므로 욕심을 버리고 내가 할 수 있는 것부터, 가능한 것부터, 쉬운 것부터, 작은 것부터, 여기서부터 시작하라. 그것이 목회의 성공비결이다.

흑백논리로 따지지 마라

셋째, 흑백논리를 내세우지 않는 목회자가 되어야 한다. 세상은 다양하다. 사람도 다양하다. 내 생각만 옳다고 생각하면 안 된다. 진리의 문제가 아니면 자유롭고 다양성을 유지하는 목회자가 되어야 보다 더 신뢰받는 목회자가 될 것이다. 내가 열면 상대도 연다. 내가 닫으면 상대도 닫는다는 것을 알아야 한다. 열린 목회를 할 때 보다 앞서가며 새로운 패러다임이 만들어지고 다양한 사람을 포용하며 즐겁게 목회를 할 수 있을 것이다.

돌봄의 목회를 하라

넷째, 성도들에게 자긍심을 갖게 하고 남을 돌보아주는 목회자가 되어야 한다. 목회자는 여유를 가져야 한다. 나보다 남을 낫게 여기며 세우는 목회자가 될 때 그 목회가 풍요로울 수 있다. 물론 어렵겠지만 어려울수록 더욱 남을 돌보아주는 긍휼의 목회를 하면 더 많은 것들로 채워질 것이다. 이런 말이 있다. "목회자가 하나를 베풀면 평신도들은 감사하며 목회자에게 열 개를 되돌려준다." 그만큼 목회자가 베풀지 않는 경우들이 많다는 것이다. 또한 평신도들이 목회자에게 받을 때는 더없이 기쁘고 더 많은 감사와 기쁨으로 돌려주는 것을 발견한다.

건강한 영성을 유지하라

다섯째, 주님과 늘 건강한 영성을 유지하는 목회자이어야 한다. 목회는 편하게 하려고 하면 한없이 편하다. 반면 힘들게 하려고 하면 무한히 힘든 것도 목회이다. 왜냐하면 목회자 자신이 스케줄을 관리하기 때문이다. 그렇기 때문에 목회자는 항상 "코람데오(Koram Deo)" 즉 "늘 하나님 앞에 있다"고 생각하고 건강한 영성을 유지해야 한다. 그것이 영적으로 정신적으로 건강을 유지하는 비결이며, 에너지가 넘치는 목회를 할 수 있게 한다.

신체적 건강도 유지하라

여섯째, 정기적으로 휴식도 취할 줄 알고, 신체적 건강을 유지하는 목회자가 되어야 한다. 몸은 거짓말을 하지 않는다. 많은 목회자들이 너무 육체적으로 혹사하여 건강을 잃어버려 피다가 지는 못 다 핀 꽃 한 송이가 되는 경우들이 많다. 왜 그런가? 건강을 돌보지 않았기 때문이다. 그러므로 정기적인 휴식과 운동, 적당한 취미생활도 필요한 것이다. 평신도들도 목회자의 이런 문제를 인식하고 옆에서 도와주어야 할 것이다.

생명을 주는 사명자가 되라

마지막으로 일곱 번째, 목회자는 생명을 주는 "목회의 사명자"가 되어야 한다. 목회자는 유능한 리더십, 교인과 좋은 유대관계를 맺는 목회를 해야 될 뿐만 아니라 자신의 사명을 잃지 않고 끝까지 꾸준히 걸어가는 목회자가 되어야 한다. 그래야 하나님도 그 길을 복되게 열어주실 것이다. 자기 사명을 끝까지 완주할 때 그 목회자는 건강한 목회자라 할 수 있을 것이다.

| 정리와 묵상하기 | 상 처 Healing |

✱ 목회자는 교회생활에서 어떤 위기를 만나는가?

첫째, 목회자의 영적인 위기이다. 열심히 목회를 하지만 능률은 오르지 않고 영적으로는 고갈되어 탈진되는 경우이다.

둘째, 전문성의 위기이다. 이때에는 설교의 한계를 느끼기 시작하고, 목양의 전문적인 기술이 부족함을 느끼기 시작할 때이다. 또한 잘 나가고 있는 다른 목회자들과의 비교도 전문성의 위기를 느끼게 한다.

셋째, 관계성의 위기이다. 평신도와의 갈등 관계, 다른 목회자와의 갈등 관계, 가정에서의 갈등 관계 등이 위기를 만들기도 한다.

✱ 목회자는 어떻게 위기를 극복할 수 있는가?

첫째, 가면을 벗고 솔직히 표현하는 목회자가 되어야 한다.

둘째, 자신과 남에게 기대를 하지 마라.

셋째, 흑백논리와 논쟁을 버리는 것이다.

넷째, 성도들을 돌보고 세우는 목회자가 되는 것이다.

다섯째, 건강한 영성을 유지해야 한다.

여섯째, 신체적 건강도 신경 써야 한다.

일곱째, 생명을 주는 사명감을 갖춘 목회자가 되어야 한다.

03
평신도의 상처를 치유하라

너희를 박해하는 자를 축복하라 축복하고 저주하지 말라 즐거워하는 자들과 함께 즐거워하고 우는 자들과 함께 울라 (로마서 12:14-15)

성도들의 상처를 감싸주어라

교회는 성도들이 살아야 부흥한다. 만약 목회자만 살면, 희생만 강조하는 교회가 되고, 헌신만 강조하는 교회가 될 것이다. 그러면 교회는 부흥할는지 모르지만 강요적이고, 희생적인 부분만 부각되게 된다. 그래서 교회는 평신도들이 능동적으로 움직이는 교회가 되어야 한다. 그들이 즐겁고 행복하게 신앙생활을 할 수 있도록 유도해주어야 한다. 그런 교회가 건강한 교회인 것이다.

교회생활을 하면서 여러 문제가 공존하겠지만 특별히 성도들이 직접 마주치는 각종 시험들이 제일 많을 것이다. 왜냐하면 그들은 현장에서 그대로 얽히고 설키는 문제들을 직면하기 때문이다. 더욱이 성도들은 가정과 직장이 있기 때문에 교회와 더불어 더욱 더 힘든 신앙의 투쟁을 해야 할 것이다. 아픈 상처가 많은 것은 당연한 것이다.

물질적인 상처

성도들이 받는 가장 큰 상처는 먼저 물질의 문제이다. 왜냐하면 당장 현실에 부딪히는 문제이기 때문이다. 돈이 없으면 아무 것도 할 수 없는데 교회가 면 헌금 문제를 뛰어넘어야 하기 때문이다. 대부분 불신자들이 예수를 처음 믿을 때 다가오는 가장 큰 장애는 헌금 문제라고 한다. 특별히 십일조를 낸다는 것은 그동안 세상에서 해오지 않았기 때문에 지켜나가기가 더 힘들다고 한다. 사실 웬만한 믿음이 아니면 이것을 극복하기가 쉽지 않다. 더욱이 직장과 사업장과 자녀들이 위기를 당하고 있는 시점에는 더욱 더 헌금 문제로 상처를 받기 쉬울 것이다.

어느 남자 집사의 고백이다. 예배를 드린 후에 목사님에게 상담을 하며 이런 이야기를 했다고 한다. "목사님, 오늘 설교가 참 좋았는데요. 지금 내 현실과는 너무 안 맞는 것 같아요. 지금은 저와 제 가족이 너무 힘들거든요" 이 말은 결국 신앙과 물질이 좀처럼 일치되기가 어렵다는 것을 의미한다. 사실 경제적으로 어려운데 신앙생활을 잘 하기가 편하지는 않다. 왜냐하면 신앙적인 무게보다 어려운 물질적인 무게가 더 크기 때문이다. 충분히 이해가 가는 대목이다.

이런 경제적인 위기를 만나며 물질적인 부담감을 갖고 있는 평신도에게 조금이라도 헌금에 대한 강요나 불편함을 주게 되면 쉽게 상처를 받고 이내 교회에 대한 부정적인 생각과 그것을 비판하는 그룹에 속하게 된다. 그래서 목회자는 평신도들이 어떤 경제적 상태에 있는지, 또 그들의 영적 수준이 어떤지 파악하는 것이 매우 중요한 목회 활동이라 할 수 있다. 모든 것이 가하지만 모든 것이 유익하지는 않기 때문이다.

인간관계의 상처

성도들이 받는 교회 생활의 두 번째 위기는 깨어진 인간관계이다. 교회에서 인간관계의 위기를 만나는 경우는 대부분 목회자와의 관계 때문이다. 그만큼 교회 생활에서 목회자는 성도들의 신앙생활에 중요한 위치를 차지한다고 할 수 있다. 따라서 목회자는 성도들을 대하는 태도와 언어, 행동들을 지혜롭고 은혜롭게 해야만 한다. 때론 힘든 일이 있거나 평신도와 불편한 관계가 있더라도 목회자는 늘 온유한 모습으로 얼굴에 평화를 주는 관계를 설정하도록 노력해야 할 것이다.

또한 성도들 간에도 인간관계의 상처를 받는 경우도 많다. 서로 비교하다보니 시기 질투가 생기고 나도 모르게 인간관계의 갈등을 겪는 때도 있다. 그때는 꼴도 보기 싫을 정도로 사람이 싫고 가까이 가고 싶지도 않을 정도이다. 더욱이 의견차이가 있을 때는 더하다. 별로 하는 일도 없는 사람이 설친다든지, 말도 안되는 일로 자기 고집을 피운다든지 하면 공동체의 조화를 이루기가 참 힘들다. 그럴 때 서로가 지혜롭게 대처하지 못하면 상호 관계가 깨어지며 갈등과 다툼을 일으키고 다시는 보고 싶지 않은 사람이 되기도 한다. 어떤 사람은 개인주의가 팽배하여 자기밖에 모르기 때문에 교회 내에서 인간관계에 적응하지 못하여 떨어져 나가는 사람도 있다. 또 어떤 사람은 매너리즘(mannerism)에 빠져 틀에 박힌 관계로 인해 그 공동체에 염증을 느끼고 같은 성도들에게 별로 매력을 느끼지 못해 인간관계를 형식적으로 하는 사람들도 있다. 이런 모든 형태들이 교회 생활을 하면서 인간관계의 상처가 되며 교회의 덕을 끼치지 못하는 부정적인 에너지가 만들어지는 계기가 된다.

패배의식의 상처

성도들은 사회에서 무한경쟁의 시대에 살고 있다. 나보다 뛰는 놈, 나는 놈이 얼마든지 있다. 이들을 따라잡기도 너무 힘들다. 스트레스 받기도 일쑤다. 게다가 가정생활의 위기까지 만나게 되면 더욱 패배의식에 사로잡히게 된다. 마치 나는 아무 것도 할 수 없는 사람인 것처럼 인식하게 된다. 기도를 해도 소용이 없다. 기도를 하면 물질이 채워지거나, 경쟁에서 나아지는 무언가가 있어야 하는 데 아무런 현상도 나타나지 않는다. 믿음도 없는 상태이니 사회적 경쟁 구조는 더욱 긴장과 압박으로 부담을 느끼게 한다. 그러다 보면, "우린 역시 안돼, 믿을 수 있는 건 아무도 없어"하며 패배의식과 불신풍조가 만연하게 된다. 이 쯤 되면 하나님 조차도 돕지 않는다고 아예 거부하거나 외면하는 현상이 나타난다. 이런 마음을 가진 성도들이 교회생활을 하면 교회를 바라보는 시각도, 목회자를 대하는 태도도, 성도들을 대하는 태도도 부정적이 되며 불신과 거부의 현상이 나타난다.

또한 스트레스만 놓고 보아도 직장과 가정에서 받는 각종 스트레스는 예전과는 사뭇 다른 강도로 다가온다. 요즈음에는 아빠부터 아이까지 모두 크고 작은 스트레스 때문에 각종 심각한 질병의 원인이 된다고 한다. 아빠는 직장에서 혹시 실직되지 않을까 조마하며 받는 스트레스로, 엄마는 살림을 쪼개며 줄여야 하는 경제적 스트레스로, 자녀는 부모의 눈치와 입시 불안감으로 다가오는 정신적 스트레스로 각자가 받는 충격과 갈등이 이전보다 훨씬 더 커졌다고 한다. 지금은 옛날 보다 더 잘사는 가정이 되었는데도 불구하고 스트레스의 강도는 더 강해졌다고 한다. 이런 스트레스 현상들이 가정과 사회에 더욱 패배의식을 조장하게 되고, 불평과 원망과 비교를 통해 부정적인 불신풍조를 만들어가고 있다. 교회생활에도 그대로 나타나고 있다.

심리적 공황

성도들이 당하는 또 하나의 아픔은 인간성의 파괴이다. 사회와 교회에서 계속적인 소외와 무관심을 받다보면 심리적 공황 상태에 이를 때도 있다. 이럴 때는 "나는 쓸모없는 인간이야!" 생각하며 다른 사람의 동정과 관심도 수치라 생각하게 된다. 매사가 부정적이고, 반항적이며 공격적이 된다. 설상 조금 관심을 받는다 해도 오히려 역으로 작용하여 더 비판적이고 부정적으로 변하는 경우도 많다. 이런 사람은 오랫 동안 가정과 교회 안에서 신뢰와 사랑의 관계를 쌓지 않으면, 무감각, 상실감, 공허감, 배신감 등이 자리 잡을 수 있다. 이런 사람은 전문적인 정신적 치료가 필요한 사람들이다.

성도의 상처를 어떻게 도울 것인가

성도들은 영육 간에 도움을 필요로 하는 존재들이다. 그들은 삶의 현장에서 치열하게 싸우다가 교회에 온다. 그 곳에서 뭔가 영적인 평안과 쉼을 얻으려고 한다. 그런데 오히려 교회에서 상처만 받고 더 힘든 생활을 하는 경우도 많이 있다. 그러므로 교회는 이유 여하를 불문하고 무조건적으로 성도들의 아픔을 감싸주어야 한다. 그래야 그들이 힘을 얻고 새롭게 되어 세상의 빛이 되고 소금이 되며 아름다운 세상을 만드는 주역이 될 수 있다. 건강한 교회는 돌봄과 양육이 있는 교회이다. 그러면 어떻게 그들을 도울 수 있겠는가?

신속히 다가가 위로해준다

첫째, 상황을 인식하고 신속하게 위로해 주는 것이다. 상처를 입은 사람에게는 위로가 필요하다. 작은 말 한 마디로도 큰 힘을 얻을 수 있다. 그러므로 주변에 상처 입은 성도들을 볼 때에는 그분의 상황을 신속히 인식하고 더 부드럽고 은혜로운 표정과 말로 위로해 줄 수 있어야 할 것이다. 특별히 목회자가 이런 상황들을 인식하지 못하고 일상처럼 대하거나 작은 말의 실수라도 하나 하게 되면 그 성도는 잊지 못할 치명적인 상처와 심각한 성격장애로 이어질 수도 있다. 따라서 목회자는 항상 성도들이 영육 간에 어떤 상태와 환경을 가지고 있는지 늘 주시하며 기도하는 자세를 가져야 할 것이다.

기도와 말씀으로 위로해준다

둘째, 전통적인 신앙의 방법이다. 상처 입은 성도들에게는 위로와 용기가 필요하다. 그것은 뭐니 뭐니 해도 말씀과 기도를 통해 풀 수 있다. 위로부터 오는 신령한 힘을 얻을 때 고난과 역경도 아픔도 상처도 치유될 수 있다. 그래서 고난을 당한 성도들을 만날 때는 말씀을 인용하며 위로해주고 기도를 통해 능력과 치유를 경험토록 해주어야 한다. 전통적인 기독교적 방법이지만 가장 능력 있고 효과적인 방법이다.

심방과 상담을 통해 위로해준다

셋째, 임상적인 해결도 있다. 이것은 심방과 상담을 통해 그 상처를 풀어주고 싸매어주어 스스로 일어나 새사람이 되도록 돕는 것을 말한다. 때로는 말씀과 기도로도 풀리지 않는 부분이 있을 때가 있다. 아마도 영적 수준이 낮기 때문에 상처 입는 사람이 그것을 수용하지 못할 수도 있을 것이다. 그래서 임상적인 해결이 필요하다. 이것은 스스로 마음을 열고 상호간에 대안을 제시할 수 있는 좋은 장점이 있다. 여기에는 경청과 대화가 필수적이다. 상처 입는 사람이 어떤 문제와 쓴 뿌리를 갖고 있는지 듣고, 말하고, 상담하고 대화하는 가운데 문제가 해결되고 비전과 목표를 갖게 된다.

실질적인 도움으로 위로해준다

마지막으로 실제적인 해결방법이다. 상처를 입은 사람의 가장 중요한 것이 현재 내 문제를 누가 어떻게 풀어주느냐는 것이다. 그러므로 그들의 문제가 무엇인가를 정확히 알면 그 해답을 얻을 수 있다. 예를 들어 돈 문제로 상처를 받았다면 돈 문제를 해결해주면 된다. 여자 문제이면 여자 문제에 관한 구체적인 대안을 제시해주면 된다. 사업장의 문제이면 사업에 도움이 될 만한 사람과 재력을 후원해주면 된다. 이렇듯 고난을 당하는 사람이 있으면 그 사람의 필요를 구체적으로 채워주는 해결방안을 제시하면 보다 더 실질적으로 빠르게 치유와 회복을 경험하게 될 것이다. 그러나 그들의 필요를 무턱대고 다 도와줄 수는 없다. 내가 도깨비 방망이처럼 하늘에서 돈이 '뚝' 하고 떨어지게 하는 것도 아니고, 만능으로 무엇인지 해결하는 초능력을 가진 사람도 아니다. 그러므로 고난을 당한 사람을 도와줄 때는 "나부터, 지금부터, 여기서부터, 작은 것부터, 쉬운 것부터, 가능한 것부터" 등의 원칙을 가지고 도와주는 것이 좋다.

목회자의 돌봄

목회자는 성도들의 아픔을 내 아픔처럼 생각해야 한다. 그것이 사명이다. 목회를 하는 목적이 무엇인가? 성도들을 섬기고 교회를 온전히 세우고자 함이다. 그러므로 목회자는 성도들의 상처와 아픔을 절대적으로 감싸 안아 주고 그들이 치유 받을 때까지 사력을 다하여 도와주어야 한다.

성도와 동반자 관계를 유지하라

첫째, 성도와 "파트너십"을 유지해야 한다. 목회자와 성도는 하나이다. 이들은 서로 더불어 교회를 만들어가는 주체들이다. 어느 누구 하나 중요하지 않는 사람이 없다. 모두가 다 중요하다. 사람들은 교회 안에서 각자 받은 은사와 재능들이 다르기 때문에 경중을 따지려고 하지만 그러면 안된다. 왜냐하면 성경적으로 교회 생활에서 어느 누구 하나 중요하지 않은 사람은 없기 때문이다. 그러므로 목회자는 성도들이 상처를 받았을 때 성도와 먼저 파트너십을 가져야 한다. 왜냐하면 더불어 사는 공동체이기 때문이다. 그들을 소중히 여기며 온전한 인격체로 세워야 하기 때문이다.

성도의 아픔을 경청하라

둘째, 목회자가 성도들의 아픔을 먼저 "경청"하는 것이다. 평신도들은 말하기를 좋아한다. 그들의 기쁨과 슬픔, 즐거움과 외로움 등 말하기를 좋아한다. 그저 목회자에게 와서 말하면서 즐거움을 얻는다. 그것 뿐이다. 때론 해답을 주지 않아도 된다. 다만 말만 해도 치유와 회복이 일어난다. 그러나 목회자 입장에서는 아니다. 그들이 말하는 것이 한심할 때도 있다. 별 것도 아닌 것 가지고 사람을 괴롭히고 아무 것도 아닌데 시간만 빼앗긴다고 생각한다. 또 듣는 순간 기도와 말씀으로 제시하면 된다고 급하게 생각한다. 그래서 이것은 이렇게 하고, 저것은 저렇게 하라고 한참 잔소리를 한다. 이것은 평신도들의 체감온도를 몰라도 한참 모르는 태도이다. 그들은 다만 들어주기를 바라는 것이다. 듣다 보면 해법도 나오고 스트레스도 없어지고 목회자에 대한 깊은 배려의 마음도 느낀다. 그래서 상처 입은 성도를 만날 때 목회자는 말하려고 하지 말고 들어주는 자세를 가져야 한다. 이것이 상담의 기본이다.

충성을 강요하지 마라

셋째, 상처 입은 성도들에게는 충성, 헌신을 강요해서는 안된다. 일에도 순서가 있는 법, 위기를 만날 때 그런 것을 이야기하면 얼굴을 찌푸리고 싫어할 수 밖에 없다. 특히 경제문제를 건드린다든지, 헌금 문제를 이야기한다든지, 원칙을 말하며 마치 강요하는 듯한 인상을 주면 그들은 이내 마음을 닫고 자신의 상처를 드러내지 않을 것이다. 그래서 목회자는 상처 입은 자들에게 특별한 "배려와 관심과 사랑"을 보여주어야 한다. 모든 것이 가하지만 모든 것이 유익한 것이 아니기 때문이다. 가르치는 것도 중요하지만 때로는 덮어주고 감싸줄 때 가르침보다도 더 큰 깨달음과 변화가 일어나기도 한다.

성도들의 주변 관계를 살펴보라

넷째, 목회자는 평신도들이 위기시에 신앙적으로 어떻게 대처하는지 그 "변화"를 주시해야 한다. 그것은 신앙의 수준과 직결되어 있기 때문이다.

목회자와의 관계를 살펴라

먼저 상처 입은 성도들이 "목회자"를 어떻게 대하는지 그 반응을 보면 알 수 있다. 목회자를 바라보는 시선이 부정적이면 분명히 문제가 있는 것이다. 그것은 반드시 풀어주어야 한다. 그러나 목회자를 바라보는 시선이 평범하면 속으로 삭이며 적응해나가는 것이다. 그때는 가만히 내버려두는 것이 좋다. 괜히 불러 이야기하면 오히려 더 상처를 키우고 화를 자초할 수 있다. 무엇이든지 타이밍이 중요하다. 그런 사람은 안 불러도 혼자서 성숙한 과정의 아픔을 겪어나가고 있다.

교회에 대한 반응을 살펴보라

둘째, 위기를 만난 성도들이 "교회"에 대한 반응도 어떤지 지켜 볼 필요가 있다. 교회를 사랑하는 마음이 아직도 남아있는 사람은 참아내며 적응하려고 한다. 그러나 교회에 대해 매사가 부정적이며 무언가 불만에 가득 찬 사람처럼 행동한다면 그 사람은 분명히 시험에 든 사람이다. 이런 성도들은 교회의 구조적 문제를 해결하지 않으면 떠날 확률이 높다. 그러므로 교회의 체질 개선이나 사랑과 배려를 통해 납득할 수 있도록 설명을 해주어야 할 것이다.

예배와 교회 출석빈도를 살펴보라

셋째, 위기를 만날 때 성도들의 "예배나 교회 출입 빈도수"를 보면 그들이 어떤 신앙상태인지 잘 알 수 있다. 신앙은 예배와 출석빈도수와 밀접한 관계가 있다. 그러므로 그들이 자주 빠지면 무언가 문제가 있다고 생각해도 무관하다. 평소에 잘 나오던 사람이 뜸하면서 예배에 빠지는 것은 분명 문제를 노출하고 있다는 증거이다. 예를 들어 예배 시간에 낚시를 간다든지, 아니면 운동에 빠진다든지, 이것도 저것도 아니면 방에 꼭꼭 숨어 있다든지 하는 것들을 예의주시하며 지켜보면 목회자가 어떻게 반응해야 할지 자연스럽게 알게 된다.

성도들과 관계도 살펴보라

넷째, 시험 든 성도들이 그 "주변의 성도"들과 어떤 관계를 맺고 있는지를 보면 또 다른 대안을 얻을 수 있다. 누구랑 친하고 누구랑 친해지려고 하고 있고 아니면 아예 만나기도 싫은 사람이 누구인지를 알게 되면 보다 더 용이하게 문제를 풀 수 있다. 이렇게 고난을 당하는 성도들이 어떻게 사람과 환경을 대하는지를 보면 그 사람 신앙수준과 상태를 잘 알게 되며 어떻게 대처할 지도 알게 해준다.

문제를 신속히 처리하라

다섯째, 목회자는 평신도의 문제를 가능한 신속히 해결하는 것이 좋다. 그렇지 않으면 성도들은 극단적인 선택을 하기도 하고, 갈팡질팡하며 이리저리 흔들리는 경우도 많이 있다. 대체로 2-3주 이내에 해결해주는 것이 좋다. 그 이상 가면 곪아터지면서 더 큰 상처를 안겨주며 일찍 해결할 것을 타이밍을 놓쳐 더 큰 문제로 만들어질 가능성도 높다. 그러므로 문제를 만났을 때 목회자는 될 수 있는 한 최선을 다해 신속히 성도들의 문제를 해결하려는 의지가 있어야 한다.

평신도가 원하는 목회자 상

21세기 목회는 권위적 목회에서 섬기는 목회자 상으로 바뀌고 있다. 성도들은 목사님이 권위는 가지고 계셔야 하지만 권위주의에 빠지는 것을 싫어한다. 또한 목사님이 신비적인 분이시기를 좋아하지만 신비주의에 빠지는 것은 싫어한다. 게다가 목사님이 자기 말만 하는 것을 싫어하며 말하기보다는 듣는 목사님이 되기를 좋아한다.

이화여대에서 평신도들이 목회자에게 원하는 상이 무엇인지를 설문을 조사하여 이렇게 요약했다. 젊은 지성인들의 반응이라 참고할만한 목록들이 많아 여기에 적어 본다.

첫째, 설교는 재미있고, 짧게 해주세요! 20분 안팎이 좋아요!

둘째, 지적인 설교가 아닌 은혜로운 설교를 해주세요!

셋째, 기도는 짧고 간결하게 해주세요!

넷째, 즐겁게 예배를 인도해 주세요!

다섯째, 현실 문제를 등한시 말아 주세요!

여섯째, 교인들을 믿고 기다려 주세요!

일곱째, 융통성, 포용력을 가져 주세요!

여덟째, 한 사람 한 사람을 소중히 여기며 기억해 주세요!

아홉째, 사회적으로 존경 받는 목사님이 되어 주세요!

열번째, 목사님 자신이 행복한 분이 되어 주세요!

성도들의 행복한 자아 만들기

성도들이 교회 생활에서 가장 행복한 때는 내가 하고 싶은 것을 즐겁게 할 때이다. 이것은 누구에게나 마찬가지일 것이다. 첫 번째 행복한 사람은 진정 자기가 하고 싶은 것을 하는 것이다. 교회 생활도 행복한 성도는 자신의 은사와 재능에 맞게 하고 싶은 일을 즐겁게 하며 하나님의 영광을 돌리는 사람일 것이다.

두 번째 행복한 사람은 하고 싶지는 않지만 꼭 해야 될 일이라면 즐겁게 하는 사람이다. 이런 사람은 성숙한 사람이다. 세상에 내가 하고 싶은 일만 하는 사람은 한 사람도 없을 것이다. 하고 싶지 않지만 내가 해야 할 일이 있다고 하면 그 일을 즐겁게 일하는 사람은 참으로 멋진 사람이며 인생의 의미를 알고 생의 감사를 만끽하는 사람이다. 교회 생활도 하고 싶지 않아도 꼭 해야 될 일이 있다. 주신 직분을 감당하려면 이왕 해야 될일 즐겁게 하는 것이다. 예수님도 즐겁게 십자가를 참으셨다. 그러므로 두 번 째 행복한 사람은 하고 싶지 않지만 꼭 해야 될 일이라면 즐겁게 하는 사람이다.

세 번째 행복한 사람은 해야 될 일을 끝까지 하는 사람이다. 해야 될 일을 매일 매순간 즐겁게 할 수는 없다. 때론 힘들 때도 있고 즐겁지 않을 때도 있고 매널리즘에 빠져 따분할 때도 있다. 그러나 그렇다고 그것을 포기하는 것이 아니라 내가 해야 될 일이라면, 끝까지 완주하며 성취하는 것이다. 그런 사람이 멋진 사람이며 행복한 사람이다. 지금은 조금 고통이 따라온다 할지라도 나중에는 반드시 더 큰 하나님의 축복을 받을 것이다. 그러므로 세 번째 행복한 사람은 내가 해야 될 일이라면 조금 덜 즐겁더라도 될 때까지, 끝까지 그 일을 완수하는 사람이다.

| 정리와 묵상하기 | 상 처 Healing |

※ 평신도는 교회생활에서 어떤 상처를 받는가?
첫째, 물질적인 상처가 제일 크다. 평신도들 대다수는 헌금에 대한 부분이 제일 민감하다고 할 수 있다. 특별히 어려울 때는 더욱 그렇다.
둘째, 인관관계의 상처이다. 교회 내에서 성도간의 불화, 목회자와의 갈등 등 구조적인 갈등이 상처를 만들게 한다.
셋째, 패배의식의 상처이다. 해도 해도 안되는 일이 연속적으로 이뤄질 때 나타나는 상처들이다. 낙심과 좌절, 고독과 외로움, 불안과 두려움, 대인기피증 등으로 이어진다.
넷째, 심리적 공황으로 오는 상처이다. 정신적인 피폐로 열등감, 상실감, 우울증 등 인간성 파괴로 이어지는 상처들을 말한다.

※ 평신도들의 상처를 어떻게 도울 수 있는가?
첫째, 평신도들의 상처는 신속히 처리하는 것이 좋다. 보통 2-3주 내에 해야 한다. 그렇지 않으면 갈등이 터져 더 큰 문제를 일으키기 쉽다.
둘째, 기도와 말씀으로 위로하고 격려해주는 것이다. 신앙인에게 기도와 말씀은 영적인 힘을 공급받는 저수지이다.
셋째, 주기적인 상담을 통해 개인적인 돌봄을 이루는 것이다. 경청하고 공감하고 대안을 제시해주는 것이다. 진심어린 상담은 상대의 마음을 움직이게 한다.

넷째, 상처받은 사람이 실제적으로 필요한 것이 무엇인지를 알아 도와주고 채워주는 방법이다. 쉬운 것부터, 가능한 것부터 도와주면 점점 마음을 열고 건강한 자아를 되찾게 될 것이다.

Chapter 6

남녀의 상처를 치유하라

모든 겸손과 온유로 하고 오래 참음으로 사랑 가운데서 서로 용납하고 평안의 매는 줄로 성령이 하나 되게 하신 것을 힘써 지키라 (에베소서 4:2-3)

남자와 여자는 다르다. 많이 다르다. 생각도 기질도 성격도 다르다. 그런데 남녀의 성향이 다르다고 해서 서로 틀렸다고 말하면 안된다. 오히려 다르기 때문에 인정하고 이해하고 맞추는 훈련이 필요하다. 그러면 더 큰 행복의 시너지를 맛보게 될 것이다. 그러므로 이 장에서는 서로 다른 남녀들이 받는 상처들을 통해 어떻게 하면 치유될 수 있는 지를 분석하며 대안을 찾고자 한다.

01
여성들의 상처를 치유하라

누추함과 어리석은 말이나 희롱의 말이 마땅치 아니하니 오히려 감사하는 말을 하라
(에베소서 5:4)

여성들의 상처

여성들은 태어나면서부터 전통적으로 남성들과 다른 차별을 받아왔다. 왜냐하면 인류의 역사는 남성중심의 사회였기 때문에 상대적으로 여자들은 "낮은 자존감"을 가지고 살아왔다. 무슨 문제가 생기면 사람들은 남자들보다도 여자들에게 책임이 있다고 말했다. 그래서 여자들은 늘 순종적이어야 하고 치마를 입고 다녀야 하며 사람들 앞에서 다리를 꼬아서는 안되었다. 여자는 여자다워야 했다. 그래서 그들은 아이를 잘 낳고 살림을 부지런히 해야 현숙한 여인이 된다고 배워왔다. 또한 그들은 남성들에 비해서 덜 독립적이고 덜 공격적이고 덜 탐구적이며 덜 경쟁적이라고 생각했다.

사람들은 이런 여성들의 입장을 병리적으로만 생각했다. 여자는 유약한 존재이며, 보살펴 주어야 되는 존재라고 생각했다. 그리고 조금만 잘못하면 "제발 좀 여성다워라!"고 말하며 윽박지르고 강요하기도 했다. 그러다 여성이 규칙을 잘 지키지 않으면 처벌해버리기도 한다. 이런 것들이 반복되면서 여성들은 여성만이 지키며 살아야 되는 규범이 생기게 되었다. 뿐만 아니라 이제는

여성들조차도 다른 여성에게 "여자가 그러면 되겠어?"하며 추궁하기까지 하게 된다. 이런 모든 것들이 여성들에게 상처가 되었다.

여성의 콤플렉스

여성들은 살아가면서 콤플렉스가 많다. 사회가 만들어준 콤플렉스이다. 먼저 "착한 여자 콤플렉스"이다. 여자는 항상 착해야 하고 조용해야 하며 현모양처가 되어야 한다는 부담감이다.

둘째, "신데렐라 콤플렉스"이다. 여자는 어느 곳을 가든 꽃의 역할을 해야 되고, 서비스를 잘해야 된다는 생각이다. 혹시 남자처럼 대들거나 거친 행동을 하면 여성스럽지 못하다고 핀잔을 듣고 왕따를 당하기도 한다.

셋째, "성 콤플렉스"이다. 남자는 성관계를 아무렇게 해도 괜찮지만 여자는 잘못하면 절대 용서받지 못하는 사회적 압박에 시달려왔다. 그래서 여자는 절대적으로 순결을 지켜야 하고 성관계도 수동적이고 조신해야 한다는 보수성을 갖게 되었다.

넷째, "외모 콤플렉스"이다. 여자에게 "못생긴 건 죄!"이다. "돈 없고, 머리 나쁜것은 봐줘도 못생긴 것은 못봐준다." "여자는 뭐니 뭐니 해도 얼굴만 예쁘면 돼!" 하는 말들은 모두가 다 여자의 외모를 빗댄 말이다. 그러므로 여자들에게 못생긴 외모는 평생 따라다니는 선천적 열등감이다.

다섯째, "맏딸 콤플렉스"이다. 여자는 항상 모범적이어야 하고, 집안일도 여자가 다 해야 된다는 통념이다. 자녀들이 혹시 잘못하면 몽땅 다 여자의 책임이다. 시집에도 잘못하면 여자가 잘못 들어와서 그렇다고 추궁한다. 집안 청소 하루만 안 해도 난리가 난다. 여자는 결혼하는 순간 집안일을 척척 해나가는 억척이가 되어야 한다.

여섯째, "슈퍼우먼 콤플렉스"이다. 여자는 무엇이든지 잘해야 된다는 생각이다. 남자와 똑같은 맞벌이 부부라도 남자는 직장이 끝나면 아무 것도 안 해도 되지만, 여자는 직장 후에도 집안 일을 다해야 한다. 아이들도 다 돌보아주어야 한다. 재테크도 잘해야 한다. 안 팎으로 피곤할 수 밖에 없다. 그러나 어디다 하소연할 데도 없다. 당연히 그래야 된다고 생각하기 때문이다.

여성의 나이별 구분

여성들이 환경 속에 적응해가면서 점점 여성다운 이미지를 스스로 만들어 가게 된다. 그들은 나이가 들면서 관심사가 달라지고, 취미와 생활패턴이 달라지는 것을 발견하게 된다. 그들은 점점 더 여성은 여성다워야 된다는 생각에 사로잡히는 경우가 많이 있다.

17-22세 (외모와 이성의 관심)

10대에서 20대 초반에 일어나는 현상이다. 여자들의 대부분의 관심사가 외모와 이성에 대한 것들이다. 조사에 의하면 현대 20대 여성의 90%가 성형에 대한 관심을 갖고 있다고 한다. 그만큼 외모에 대한 관심을 많이 가지고 있다는 증거이다. 또한 이 나이때에는 부모로부터 독립하고 싶은 욕구도 있기 때문에 자칫 잘못하면 일탈할 수 있는 가능성도 많이 있다. 순간의 실수가 영원한 불행을 자초하기도 한다.

23-30세 (배우자와 결혼의 관심)

여자들이 20대 중후반이 되면 이성에 대한 관심이 한층 더 높아진다. 이 시기가 이성교제에 대한 관심이 극대화되는 시기라 할 수 있다. 이들은 자신이 앞으로 함께 살 배우자가 누가 될 것인지에 대해 심각하게 생각하며 신데렐라 증후군과 평강공주 증후군에 걸리기도 한다. 그리고 결혼을 위해 차근차근 준비도 하며 살림 연습도 조금씩 배우기 시작한다. 여자들은 어떤 남자를 만나느냐에 따라 인생의 승패가 좌우되기 때문에 신중하게 선택하려 한다.

30-30대 중반 (자녀교육에 대한 관심)

여성들은 대부분 결혼하고 나서 결혼 전에 꿈꾸었던 환상이 깨진다고 한다. 이상과 현실은 다르기 때문이다. 여성들 70%가 결혼 후에 남편에 대해 배신감을 느낀다고 한다. 그만큼 남자들은 결혼 전과 후가 달랐다는 것을 암시해주기도 한다. 이때 여성들은 자신에 대한 열등감으로 가치관의 혼란이 빈번히 찾아온다. 때론 그것 때문에 일탈할 때도 있다. 하지만 대부분의 여성들은 크고 작은 갈등 속에서 '미워도 다시 한 번'을 생각하며 현실에 적응해나간다. 왜냐하면 다시 개척하는 것보다는 적응하는 것이 낫다고 생각했기 때문이다. 그렇다고 더 나은 남자를 만날 것이란 보장도 없기 때문이다. 그러나 이때부터 여성들은 남편에 대한 관심보다는 아이에 대한 관심이 더 커진다. 그래서 아이들의 교육에 열정을 쏟으므로 대리만족을 느끼게 된다. 그리고 그들의 성공이 나의 성공이 되는 것이다.

40대 (자기 관리의 시기)

여자의 40대는 인생의 전환기를 맞는 시기이다. 아이는 성장해서 손이 닿지 않아도 될 정도가 되고, 남편에 대한 기대는 이미 포기했다. 개인적으로는 시간이 남아돌아가는 시기이다. 40대가 길다는 느낌이 든다. 이 시기를 어떻게 메울까 하는 생각들도 하게 된다. 그러다 보니 그동안 모이지 못했던 동창생, 반상회, 목장, 써클 등을 찾아다니게 된다. 일탈 행위가 나타날 때도 있다. 지난날을 후회하며 자아 정체감의 혼란으로 이혼을 선택할 수도 있다. 그러나 반대로 자기 관리를 잘하며 자아실현을 위해 의미와 보람을 느끼고 가치 있는 인생을 살아가는 시기도 이때라 할 수 있다. 여성은 40대가 인생의 전환점 (turning point)이라 할 수 있다.

50대 (돌아오는 시기)

여성의 50대는 다시 가정으로 돌아오는 시기이다. 현실을 수용하고 자녀들을 돌보는 시기이기도 하다. 이때쯤 되면 자녀들이 결혼을 하는 시기이기 때문에 가정의 새로운 관계를 경험하며 또 다른 기쁨을 맛보는 시기이기도 하다. 남편도 퇴직을 준비하며 가정으로 돌아오는 때가 이때쯤 되기에 50대는 가정의 새로운 패러다임을 만드는 시기라 할 수 있다.

60대 (인생의 성숙을 깨닫는 시기)

여성의 60대는 인생의 의미를 한 번 더 생각하는 시기이다. 여성의 호르몬이 저하되고, 여성으로서 상실감과 비애감을 자주 느끼는 시기라 할 수 있다. 따라서 이때에는 자기도 모르게 우울증과 상실감에 빠지기도 한다. 갱년기가 왔다고 생각하며 삶의 의미를 부정적으로 생각하는 여성들도 많이 있다. 그러나 반면에 이런 시기를 변화와 성숙으로 발전시키며 긍정적인 인생으로 다시 만들어가는 여성들도 많이 있다. 이들은 40대에 느꼈던 정체성에 대한 생각이 60대에 다시 한 번 정리하며 인생의 의미를 새롭게 만들어가는 제 2의 인생을 걸어가는 시기로 활용하기도 한다.

70대 (인생을 관조하는 시기)

70대의 여성은 인생을 관조하는 시기이다. 70대는 죽음을 준비하는 시기이기 때문에 지금까지 인생을 정리하며 합력하여 선을 이루려고 노력하는 시기라 할 수 있다. 이때는 여성들이 가정과 자녀들을 다시 돌아보며 가정의 평화를 위해 노력한다. 사후에 자녀들의 삶에 대해서도 생각하고, 형제간의 관계 개선을 위해서도 노력한다. 그리고 가족들과 평안히 삶을 마무리하고 싶은 마음을 가진다.

여성들의 상처를 감싸주는 대안

여성들은 선천적으로 안 팎의 상처를 갖고 살아간다. 단지 여성이라는 이유만으로도 피해를 당하는 경우가 많이 있다. 이러한 상처를 싸매어주고 치유해주지 않으면 여성들은 가정과 사회에서 문제아가 되고 공동체를 깨뜨리는 주범이 될 수 있다. 여자는 약해보일지 모르지만, 한편으로는 마음만 먹으면 누구도 건드릴 수 없는 무서운 존재로 변할 수도 있다. 여자의 이중성이라 할 수 있다. 그러므로 여자의 상처를 싸매어주라. 그러면 가정과 사회가 행복한 공동체가 될 것이다.

자기 목소리를 내게 하라

여자는 말하는 것을 좋아한다. 각종 스트레스도 말을 통해서 푼다. 남자는 결과를 중시하지만 여자는 과정을 중시한다. 남자는 행동을 통해 성취감을 느끼지만 여자는 말을 통해 행복을 느낀다. 그동안 여자들은 집에서도, 교회에서도, 사회에서도 잠잠하라고 강요받아 왔다. 그들에게 의견표현은 참으로 어려운 과제였다. 남편들은 아내의 말을 들으려 하지 않는다. "또 그 소리야?" "요점만 말해!" 하며 윽박지른다. 교회에서도 여자들이 말을 하면 잠잠하라고 꾸짖는다. 여자들에게는 말할 장소와 상대가 필요한데 가정과 사회는 그것을 제공해주지 않았다. 여기에서 문제가 발생하는 것이다.

여자들은 말만 많이 해도 스트레스가 풀린다

여성에게는 본능적으로 말하고 싶은 욕망이 있다. 여성들은 말만 마음껏 해도 스트레스가 풀린다. 여성들은 대화를 통해 자존감을 느끼기 때문이다. 만약 그들이 말할 상대가 없어지면 스스로 심한 상실감과 우울증에 빠지게 된다. 그러므로 여성의 상처를 싸매어 주는 가장 좋은 방법은 먼저 어디서든지 편하게 말을 하도록 해주는 것이다. 자기 목소리를 내게 해주는 것이다. 가정에서 여자들이 말만 많이 해도 가정평화는 자연스럽게 이뤄진다. 교회에서도 여자들이 말을 할 수 있도록 환경을 열어주면 행복한 교회가 될 수 있을 것이다. 여자는 말을 하며 스트레스를 풀기 때문이다.

자기 목소리를 못내는 이유

그러면 그동안 여성들이 왜 말을 못했는가? 첫째는 능력부재 때문이었다. 여성은 능력이 부족하다고 생각했기 때문에 말할 기회를 상대적으로 잃어버린 측면이 있다. 둘째는 언어부재 때문이었다. 적절한 언어 선택을 잘 하지 못해 실수를 많이 하기 때문이다. 셋째는 청취자 부재 때문이었다. 여자가 말하면 들으려 하는 사람이 상대적으로 적다 보니 말이 적어지게 된 것이다. 이것은 편견에 불과하다. 말은 얼마든지 훈련에 의해 잘 할 수 있고, 오히려 여성들이 언어구사 능력이 훨씬 더 뛰어나다고 말하는 심리학자들도 있다. 그러므로 여성들의 상처를 싸매어주는 가장 좋은 방법은 그들에게 얼마든지 말할 수 있는 기회를 주는 것이다.

자기 목소리를 내게 하는 방법

여성들은 말만 많이 해도 스트레스가 풀린다. 그러므로 이런 여성들에게 자기 목소리를 내도록 다양하게 도와주어야 할 것이다. 크게 세 가지 방법이 있다.

경청해주기

먼저 여성들의 목소리를 경청해주어야 한다. 그들이 왜 그렇게 말하는지 결론만 말하라고 다그칠 것이 아니라 그 과정을 들어주며 이해하는 것이 중요하다. 들어주는 것만 해도 여성의 마음을 얻는데 성공할 수 있다.

칭찬해주기

둘째는 여성의 목소리를 칭찬해 주는 것이다. 칭찬은 고래도 춤추게 한다고 하지 않는가? 칭찬은 보약과도 같다. 자기가 말한 것을 조금만 칭찬해줘도 얼굴빛이 달라지고 내면의 자존감이 향상된다. 신뢰받는다는 생각에 사력을 다해 충성한다.

지지그룹을 만들어주기

셋째는 여성의 목소리를 지지하는 그룹을 만들어주는 것이다. 자기와 한목소리를 내는 사람들과 만나면 더욱 힘을 얻을 것이다. 취향이 맞는 사람들끼리 모여 서로 스트레스를 풀며 격려하고 정보를 공유하면 여성들은 엔돌핀이 솟고, 삶의 윤활유를 얻는 기회로 삼을 것이다.

자존감을 높여주라

여성들은 주로 12-13세까지는 남성보다 훨씬 긍정적이다. 밝고 명랑하며 적극적인 부분이 있다. 그러나 중학교에 올라가면서 사춘기를 겪게 되고, 서서히 여자로서의 한계를 느끼기 시작한다. 또한 여성에 대한 허상적 정체성을 갖게 되며 목소리도 점점 줄어들게 된다. "여자는 이렇게 해야 돼!" 여자처럼 울고, 여자처럼 웃고, 여자처럼 인사해야 된다는 강박관념에 사로잡히게 된다. 이때부터 여자들은 인생을 살아가는 데는 필요할지 모르나 여자로서의 자아감은 상실하게 된다. 여자들은 조금씩 착한 여자 콤플렉스에 걸리게 된다. 점점 수동적이 되고, 순종적이 되며 매사에 자신감을 잃어버리고 행동한다. 따라서 이런 여성들에게 허상적 정체성을 벗어버리고 여자로서의 자존감을 회복하도록 만들어주어야 인생의 의미를 새롭게 느끼며 행복한 삶을 영위할 수 있다.

자기 일을 찾게 하라

여성은 자존감이 낮기 때문에 소극적이다. 무슨 일을 하려고 해도 우유부단해질 수 밖에 없다. 이러한 수동적인 태도를 바꾸기 위해서는 자기 일을 찾는 것이 중요하다. 무언가 자기가 할 수 있는 일을 보람 있게 하면 자존감도 회복되고, 생에 자신감도 생기게 된다. 그러나 자기 일을 찾을 때에 무턱대고 닥치는 대로 하면 안된다. 내 몸에 옷이 맞아야 한다. 하고 싶은 일이어야 하고 내 은사와 재능도 그 일과 맞아야 한다. 그래야 즐겁게 일을 할 수 있다. 만약 아무렇게나 일을 찾아 마구잡이로 한다고 하면 나중에 더 지쳐 탈진하게 되는 경우가 많이 있다. 더 자존감이 깨어지고 비뚤어지는 경우도 많다. 그러므로 여성들은 자기에게 맞는 일을 해야 한다. 여성들일수록 더욱 그래야 한다. 가정에서도 자기에게 맞는 가사 일을 만들어야 한다. 규칙적으로 그 일을 즐겁게 하는 것이 중요하다. 교회에서도 자기에게 맞는 은사를 찾아 즐겁게 사역을 하는 것이 소중한 자신을 발견하는 데에 많은 도움이 된다.

즐겁게 일을 하라

두 번째 여성들이 자존감을 회복할 수 있는 방법은 즐겁게 일을 하는 것이다. 통계적으로 여성들이 자존감이 높은 경우를 보면 자기가 하는 일을 즐겁게 하는 사람들이라는 것을 발견한다. 거기에는 자기만의 노하우가 있다. 즐겁게 웃는 태도, 매사에 취하는 긍정적인 발상, 즐거움을 유지하려는 적극적인 의지, 미묘한 인간관계에도 흔들리지 않는 배짱, 조율과 조화를 잘 이루어나가는 지혜 등 여러 방법이 있을 것이다.

여성들이 자존감을 회복하는 방법은 즐겁게 일을 하는 것이다. 가정의 일이 즐거우면 그 여성은 행복한 주부이다. 교회에서 하는 봉사가 즐겁고 기쁘면 그 성도는 건강하고 행복한 성도이다. 그러므로 여성들이 자존감을 회복하는 좋은 방법은 하고 싶은 일을 하는 것이며 그 일을 즐겁게 하는 것이다. 만약 하고 싶지 않은 것을 한다 할지라도 그 일을 즐겁게 하도록 주변이 유도해야 하며 본인도 그 일을 즐겁게 하려고 노력하면 행복한 삶을 만들어가게 될 것이다.

일의 성취감을 맛보게 하라

여성들은 수많은 편견을 안고 살아간다. 여성이라는 이유만으로도 불이익을 당하는 경우가 많이 있다. 같은 의사라도 여자 의사하면 알게 모르게 편견이 있다. 웬지 남자 의사보다 실력이 못할 것 같은 인상을 갖는다. 작가도 여류작가라고 이름을 붙인다. 목사도 여자목사라고 꼬리표를 달고 이름을 부른다. 대학도 여자 대학과는 차별을 둔다. 이런 것들이 사회에서 여성을 바라보는 잘못된 편견일 것이다. 여성들은 이런 잘못된 배경 위에 생활할 수 밖에 없다. 그러므로 이런 시각을 탓하기 보다는 이것이 잘못된 시각임을 자각하게 해주는 충격을 주면 된다. 주변에 여자이기 때문에 안 된다는 불신을 일시에 제거하며 여자이기 때문에 너 잘한다는 생각을 심어주어야 한다. 그러기 위해서 여성들이 노력하지 않으면 안 되는 것이다.

자신감을 회복하라

여성들이 자존감을 회복하기 위해서는 긍정적인 자화상을 제일 먼저 만들어야 한다. 그러기 위해서는 세상이 여자를 바라보는 왜곡된 시각에서 나 스스로가 먼저 벗어나야 하며, 나의 정체성에 대한 강한 자신감을 갖고 있어야 한다. 자존감이 낮은 여성일수록 환경에 지배를 받아 수동적이 되고, 부정적인 자화상을 갖게 된다. 그러나 성경은 그리스도 안에 있으면 남녀노소 빈부귀천을 막론하고 누구나 다 새로운 피조물이 될 수 있다고 말한다. 이것은 여성도 마찬가지이다. 여성이 참된 믿음으로 하나님의 형상을 닮은 인격의 자존감을 회복하면, 긍정적인 자화상을 만들어 갈 것이다.

말보다 실력을 키워라

여성들이 자신감만 회복한다고 다 되는 것은 아니다. 세상이 만만치 않다. 내 마음대로 되는 것은 하나도 없다. 노력하지 않으면 안 된다. 여자이기 때문에 동정을 받고, 또 그 약점을 노려 사람을 설득하려고 하면 그 여성은 낮은 자존감으로 영원히 살아갈 사람이다. 그러므로 여성들도 실력을 키워야 한다. 인물이 모자라면 화장을 열심히 하라. 다이어트도 부지런히 하라. 그래도 안 되면 성형이라도 하라. 요즈음에는 인물도 실력이라고 한다. 그러나 인물로 사람의 매력을 끌려고 하면 그 여성은 낮은 자존감을 가진 사람이다. 오히려 똑같은 환경에서도 뒤처지지 않는 실력을 키워야 한다. 같은 의사라도 여자 의사가 더 실력이 있다는 것을 보여주어야 한다. 같은 변호사라도 여자 변호사가 낫다는 것을 실력으로 보여주어야 한다. 자식을 키우는 것도 실력으로 보여주어야 주변의 불신을 극복할 수 있다. 교회의 봉사도 실력으로 보여주어야 여자는 말만 많다는 편견을 깨뜨릴 수 있다. 여성들이 진정으로 자존감을 회복하기 위해서는 말보다는 실력을 보여줄 때 비로소 가능한 것이 된다.

실패할 확률을 줄여라

여성은 실패할 확률이 남자보다 높을 수 있다. 주변의 환경이 열악하기 때문이다. 그러나 좋은 장점은 여자들이 꾸준하며 독한 기질이 잠재되어 있다는 것이다. 그들이 한 번 강하게 마음만 먹으면 끝까지 헤쳐 나가는 면역성이 남자들보다 강하다. 여성들은 일을 해나가는 과정을 중요하게 생각하기 때문에 구체적이고 세밀하게 일을 마칠 수 있다. 만약 여성들이 실패의 확률을 줄이며 그것만 잘 극복해나간다고 하면 웬만한 남자들보다 훨씬 더 큰 성공을 이룰 수도 있다. 반면에 여성들은 실패를 할 수도 있다는 생각을 전제하고 작은 것부터 차근차근해 나간다는 마음으로 한 단계 한 단계를 밟아가며 실패를 극복해 나가야 할 것이다.

작은 일부터 성공을 경험하게 하라

여성들이 자신감을 회복하는 것은 무엇보다도 성취감을 맛보는 것이다. 그때에 더 큰 자신감이 회복되며 또 다른 도전을 할 수 있는 힘이 생기는 것이다. 자녀양육도 성취될 수 있는 것부터 하고 그것을 점점 발전시켜 나가야 한다. 교회에서도 봉사하는 것을 너무 많이 벌러놓아 감당 못할 정도가 되면 안 된다. 성취감을 느끼는 것이 중요하다. 여자들은 작은 것에도 만족할 줄 아는 사람이기 때문에 작은 것도 괜찮다. 내가 하고 있는 작은 일에도 성취감을 맛보면 더 큰 자신감으로 그것보다 큰 일도 감당할 수 있을 것이다. 그러므로 여성들은 내가 하는 일이 성공할 수 있도록 가능한 일부터, 쉬운 일부터, 조그만 일부터, 작은 일부터 성취해나가는 지혜를 발휘해야 할 것이다.

| 정리와 묵상하기 | 상 처 Healing |

※ 여성의 콤플렉스는 어떤 것이 있는가?
첫째, 착한 여자 콤플렉스이다.
둘째, 신데렐라 콤플렉스이다.
셋째, 성 콤플렉스이다.
넷째, 외모 콤플렉스이다.
다섯째, 만딸 콤플렉스이다.
여섯째, 슈퍼우먼 콤플렉스이다.

※ 여성들의 상처를 싸매어주는 대안이 무엇인가?
첫째, 여성들에게 자기 목소리를 내도록 도와주는 것이다.
둘째, 자존감을 긍정적으로 높여주는 것이다.
셋째, 일의 성취감을 맛보도록 돕는 것이다.

※ 여성의 자기 목소리를 내게 하는 방법은 무엇인가?
첫째, 여성들의 말을 경청해주기이다.
둘째, 여성들의 말을 칭찬해주기이다.
셋째, 여성들의 말을 지지하는 그룹을 만들어주는 것이다.

✱ 여성이 자존감을 높이는 방법은 무엇인가?
첫째, 여성들이 자기 일을 찾는 것이다.
둘째, 그 일을 즐겁게 하는 것이다.

✱ 여성이 일을 성취하기 위해 어떻게 해야 하는가?
첫째, 자신감을 회복하기이다.
둘째, 말보다 실력을 키우기이다.
셋째, 실패할 확률을 줄이기이다.
넷째, 작은 일부터 성공을 경험하기이다.

02
중년기의 상처를 치유하라

> 내 사랑하는 자는 내게 속하였고 나는 그에게 속하였도다 그가 백합화 가운데에서 양 떼를 먹이는구나 내 사랑하는 자야 날이 저물고 그림자가 사라지기 전에 돌아와서 베데르 산의 노루와 어린 사슴 같을지라 (아가 2:16-17)

인생의 황금기

여성에게 중년기(middle life)는 인생의 황금기이다. 가장 크게 의미와 보람을 느끼며 삶의 가치를 창조할 수 있는 나이이다. 반면에 가장 낮은 상실감과 고독감에 젖어 인생의 비애를 느낄 수도 있는 나이이기도 하다. 보통 사회학자들은 여성의 중년기를 35-65세로 잡고 있다. 그러나 사회 통념으로는 나이에 상관없이 아이 둘을 낳으면 중년이 되었다고 말할 수 있다.

중년기 위기의 일반적 원인

중년기의 위기는 일반적으로 세 가지로 압축할 수 있다. 첫째는 생리적 변화로 인한 몸의 위기이고, 둘째는 상실감, 허무감에 빠지게 하는 일의 위기이며, 셋째는 고독과 사랑의 결핍으로 인한 가족의 위기로 정리할 수 있다. 그러나 여성들이 중년기라고 해서 모두가 위기를 만나는 것은 아니다. 오히려 중년기의 삶을 더욱 행복하고 아름답게 살아가는 여성들도 많이 있다. 그렇기 때문에 중년기는 위기인 동시에 기회이기도 한 것이다.

중년기 위기의 구체적 원인

중년기에 위기를 만나는 여성들을 보면 공통점이 있다. 거기에는 위기에 합당한 환경과 여건, 배경과 이유가 있기 때문이다. 크게 다섯 가지로 정리하여 분류할 수 있다.

어린 시절에 불행을 경험한 여성(Bitterness of Childhood)

중년기에 위기를 만난 여성들은 대부분 어린 시절 불행을 경험한 사람들이다. 그들이 어린 시절을 치유 받지 못하고 그대로 자라 성인이 되어 결혼 후에도 여전히 미성숙된 인격이 남아있기 때문이다. 이런 여성들의 내적 상처를 치유 받지 못하면 심리적 미성숙과 불안한 환경이 겹쳐 일탈과 방황을 계속 하게 되는 것이다. 예를 들어 내적 상처가 있는 상태로 불안정한 직업, 스트레스를 많이 받는 직업에 종사하면 그 상처들이 밖으로 표출될 수 있다. 가정에서도 잦은 부부싸움, 긴장과 불안, 경제적 위기 등이 겹치면 내적 쓴 뿌리가 있는 여성들은 견디지 못하고 일탈행위로 나타나는 것이다. 발달주기적인 나이로 볼 때는 39세, 49세, 59세, 또는 은퇴 전의 여성들이 이런 중년기의 위기를 겪는 경우들이 많이 있다.

빈 둥지 증후군(empty nest)

여성들이 중년기가 되면 아이들은 웬만큼 크고 남편은 밖으로 돈다. 그동안에는 아이를 키운다고 보내었지만 이제는 아이들도 다 커서 용돈 달라고 할 때만 찾는다. 나만 홀로 남아있다. 주변에 사람들이 다 떠났다고 생각한다. 그래서 중년기에 찾아오는 가장 큰 위기는 고독감이다. 나도 몰래 밀려오는 쓸쓸함과 외로움을 가눌 길이 없다. 모두다 나가버리고 빈 둥지에 나만 홀로 남겨있다. 아무도 관심을 갖지 않는다. 그러다 보니 정체감의 상실마저 든다. "나는 과연 뭔가?" 엄마로서, 아내로서 그동안 열심히 살아온 것이 마치 헛된 것처럼 느껴진다. 뭔가 해보고 싶어도 할 만한 기력을 잃었다. 나는 홀로 집안에 갇힌 한 마리의 새에 불과하다. 이것이 빈 둥지 증후군이다.

낮은 자존감(low identification)

여성의 중년기는 여자가 갖고 있는 본능적 콤플렉스 말고도 실제 생활에서도 낮은 자존감을 경험할 수밖에 없다. 왜냐하면 중년기 여성들은 그동안 늘 똑같은 가정과 일상생활을 반복했기 때문에 정보나 지식, 유행에 뒤쳐진 열등감을 갖고 있다. 게다가 새롭게 도전할 만한 힘도 떨어져 있다. 나이로 볼 때도 이미 외모나 능력이 다시 시작하기에는 너무 늦어버렸다고 생각하기 때문이다.

결혼 생활의 권태(weariness of married life)

여성이 중년기가 되면 결혼에 대한 환상은 이미 다 깨어져버린 상태이다. 남편은 하숙생이다. 집에 와서 잠만 잔다. 찔러도 대답이 없다. 나도 재미가 없다. 부부간의 호기심과 낭만이 사라졌다. 아이들은 다 커버렸다. 스스로 독립하려고 하고, 조금만 잔소리를 해도 귀찮다고 반항하며 대든다. 대화가 일방통행식이다. 의사소통이 잘 안 된다. 그러다 보니 내가 처음 결혼할 때 생각했던 가정의 낭만적인 계획은 완전히 다 무너져버렸다. 이때가 바로 중년기이다. 남편도 아이도 다 보내고 집안에 혼자 있으면 내가 왜 여기 있나 하는 생각이 든다. 그렇다고 뭔가 대체하고 의지할만한 것도 없는 것이 문제이다.

정서적 불만족(Emotional dissatisfaction)

중년기 여성은 정서적으로도 불만족스럽다. 감정이 제대로 채워지지 않는다. 대체공간을 찾기도 쉽지 않다. 끝없는 가사노동은 더욱 지치게 한다. 똑같은 일이지만 그렇다고 줄어드는 것도 아니다. 자녀를 돌보고 청소하고 장보고 음식하고 설거지하고 남편 기다리고 준비하고 재우고 기타 등등 할 일이 너무 많다. 계속되는 가사 노동에 비해 만족도는 현격히 떨어진다. 정서적 불만족은 중년기의 두드러진 특징이다.

중년기 위기의 극복 방법

여성들이 중년기의 위기를 극복할 수 없는 것은 아니다. 조금씩 다가오는 권태의 늪에서 한 번만 더 신중하게 깊이 생각하며 자신을 돌아보면 얼마든지 행복하게 이겨나갈 수도 있는 것이다.

자기 정체성을 재확인하라

중년기의 여성은 산전수전을 다 겪은 사람들이다. 가정에서 일어나는 발달 주기적인 싸이클을 다 경험했기 때문에 훨씬 더 노련하며 성숙할 수 있는 나이이다. 중년기는 더 이상 풋내기가 아니다. 매일 부부간의 갈등으로 싸우고, 아이들 키우느라 힘든 새댁과는 분명 차이가 있다. 그동안 오랜 결혼 생활 동안에 축적된 노하우만 보더라도 책 한 권은 족히 쓰고도 남을 것이다. 분명 중년기는 가치 있는 일을 했으며 가족을 지탱한 것만으로도 신뢰와 인정을 받아야 할 나이이다. 누가 알아줘서 인정을 받는 것도 좋겠지만 스스로 생각해도 분명 대단한 일을 했으며 인생의 성공자라고 해도 과언이 아닐 것이다.

그러나 중년기가 되면 여성들은 자신을 돌아보며 아쉬움과 후회를 많이 한다. 만감이 교차되기 때문이다. 아이도 제대로 안 컸고, 남편도 크게 세워지지 않았고 자신도 별 볼일이 없다고 스스로 생각하기 때문이다. 그것이 잘못된 자아상이다. 거기서 빨리 나와야 한다. 사단은 허황된 자아상을 심어 상실감과 허무감을 느끼게 한다. 그러나 역으로 생각하면 그대가 있었기 때문에 가정이 그만큼 세워진 것이고 누구도 그 일을 할 수 없었다. 그대는 그 순간에 최선을 다한 것만으로도 굉장한 일을 한 것이다. 그리고 그대는 지금 그런 풍성한 노하우를 가지고 있으며 가정의 든든한 버팀목이 되지 않았는가? 이제 다시 긍정적인 자아상을 확립하며 내가 쓸모 있는 사람이라는 의식을 가져야 한다. 그리고 앞으로 더 큰 일도 할 수 있다는 자신감을 갖는 것이다. 이것이 중년기 위기를 극복하는 첫 번째 단계이다.

주변 환경을 살짝 바꿔보아라

중년기 여성의 위기를 극복하는 두 번째 방법은 기존 환경에서 주변 환경을 살짝 바꿔보는 것이다. 그동안 반복되는 환경이나 관계에서 한 발짝 비껴나 주변 환경을 살짝만 바꿔보는 것도 좋은 대안이다. 중년기는 인생의 후반전이다. 전반전이 끝나고 후반전을 임하며 새롭게 시작할 수 있는 좋은 기회이다. 그러므로 후반전을 어떻게 시작하느냐는 그 인생에 뛰어든 당사자의 선택이며 문제이다. 중년기 여성이 새로운 관계를 모색하는 방법은 대체로 이런 범주에서 선택하는 경우가 많다.

좋은 사람

먼저 "좋은 친구나 이웃, 교우들"을 새롭게 만드는 것이다. 관계는 만남을 통해 이뤄진다. 좋은 관계는 좋은 사람을 만날 때 나타난다. 그러므로 중년기에는 주변 환경들과 새로운 관계를 만드는 것도 새 지평을 여는 하나의 방법이다. 그렇다고 기존의 있는 관계를 무너뜨리고 확 바꾸는 것은 오히려 더 큰 부작용을 일으킨다. 그렇기 때문에 있는 관계도 정상적으로 할 뿐만 아니라 새로운 만남과 관계의 지평을 넓히는 것도 중년기 위기를 극복하는 좋은 방법이다.

건전한 모임

둘째는 "건전한 모임"에 소속하여 자부심을 가지는 것이다. 사람에게는 좋은 모임에 소속해 있으면 반사적으로 자신의 가치도 덩달아 높아진다는 심리가 있다. 그래서 사람들이 유명한 교회를 찾는다든지. 웅장한 오케스트라를 관람한다든지 하는 것은 반사 영광 효과를 누리기 때문이다. 중년기 때에도 마찬가지이다. 건전하고 좋은 모임에 소속해 있으면 나름대로 그 가치와 소명에 따라 살아가기 때문에 새로운 관계를 가질 수 있다. 나에게도 또 다른 발전을 줄 수 있는 기회가 되기도 하기 때문이다.

친정 어머니와 좋은 관계

셋째는 "친정 어머니"와 좋은 관계를 모색하는 것이다. 어머니는 딸의 인생을 먼저 걸어간 선배이다. 그동안에는 살림 산다고 바빠서 많이 못 찾았지만, 이제는 중년이 되면서 어머니의 마음을 알 수 있게 되었다. 어머니는 더 없이 좋은 친구이다. 어머니 입장에서도 딸이 필요한 시기이다. 그러므로 중년기의 건강한 삶은 친정 어머니와 좋은 관계를 맺는 것이다. 어머니를 좋은 상담자로 생각하고 전화도 자주 하고 대화하며 인생의 노하우를 더 배우는 것이다.

신구의 조화

넷째는 "신구의 조화"를 이루며 "균형 있는 관계"를 하는 것이다. 중년기가 되면서 너무 새로운 관계만 지향하다가 더 복잡하고 관계가 어그러지는 경우도 종종 있다. 절제미를 기르지 못했기 때문이다. 무조건 바꾼다고 좋은 것은 아니다. 뿌리 깊은 나무는 바람에 흔들리지 않는다. 오래된 관계도 소중한 것이다. 가족, 성도, 친구, 교회 모두 다 소중한 것들이다. 함부로 바꾸면 안된다. 그러므로 강온양면, 신구조화를 잘 이루어나가는 균형미를 가져야 중년기의 삶이 윤택하게 될 것이다.

새로운 일을 시도해보라.

세 번째, 중년기 위기 극복방법은 새로운 일을 모색하는 것이다. 중년기는 새로운 희망을 구축하는 시기이다. 건강한 중년 여성은 후반전을 멋지게 시작한다. 그러므로 이때는 새로운 일을 시도해보는 것도 좋은 방법이다.

취미생활

먼저 "건전한 취미활동"을 해보는 것이다. 나에게 맞는 취미활동을 통해 행복한 자아상을 만드는 것이다. 그러나 잘못된 취미활동을 하면 패가망신하는 경우도 있다.

직장이나 아르바이트

둘째는 "직장이나 아르바이트"를 구하는 것도 한 가지 방법이 될 수 있을 것이다. 만약 즐겁게 일할 수 있는 장소라고 한다면 직장이나 아르바이트도 힘들지 않고 좋은 공간이 될 수 있을 것이다.

사회봉사

셋째는 "사회봉사, 자선단체, 시민단체"에 속하여 보람 있는 일을 하는 것이다. 물질적인 여유가 있다면 이것도 좋은 대안 중에 하나이다.

교회봉사

넷째는 가장 좋은 대안은 신앙적인 대체이다. 각종 스트레스와 무료함을 교회로 돌리는 것이다. 중년기의 시간을 교회에서 거룩한 일에 봉사함으로 가장 영광스럽고 의미 있는 일을 하는 것이 개인에게도 가정에도 주님께도 놀라운 선택이라 할 수 있다. 교회에는 중년기의 여성이 필요하다. 그런데 현대 교회는 중년기 여성들이 다 빠져나가는 것이 안타깝다.

가족과 새로운 친밀감을 형성하라

중년기 위기를 극복하는 네 번째 방법은 가족들과 새로운 친밀감을 형성하는 것이다. 그동안의 가족의 패턴을 심기일전하여 새로운 관계와 활동을 만들어가는 것이다. 가령 함께 등산을 한다든지, 영화를 관람한다든지, 운동을 한다든지, 취미활동을 공유하며 가족들 간의 친밀감을 새롭게 모색하는 것이다. 권태기에서 빠져나오라! 즐겁게 사랑하라! 기쁘게 일하라! 다시 노력하라! 중년기는 오히려 더 좋은 기회를 만들 수 있는 시간이다. 조금만 노력하면 모든 가족들이 더 성숙하며 행복하게 생활할 수 있다.

신앙적으로 승화되라

마지막으로 중년기 위기를 극복하는 가장 좋은 방법은 신앙의 성숙을 통해 인생의 의미를 새롭게하는 것이다. 그동안에 해왔던 교회활동은 의도적이고, 구속적이었다고 하면, 이제 봉사하는 교회 생활은 그것과는 전혀 다른 의미에서 소명적이며, 은사적이며, 보람과 가치를 느끼는 사역이다. 이것은 자원하는 마음이며, 즐거운 마음으로 인생을 재 점화해 나가는 것이다. 전에는 그런 믿음을 갖지 못했지만 중년기가 되면 진정한 신앙심이 확보되며 새로운 신앙의 패러다임을 가질 수가 있다. 중년기야 말로 신앙의 성숙을 느낄 수 있는 절호의 기회이다.

그러므로 신앙과 사역의 전환점은 중년기에 달려있다. 이때를 어떻게 신앙적으로 접근하느냐에 따라 신앙적인 승화가 이뤄지는 수도 있지만 잘못 접근함으로써 오히려 세상에 더 빠지는 경우도 있다. 실제로 교회를 들여다보면 중년기 여성 중에는 더욱 성숙한 신앙을 갖는 여성이 있는가 하면 오히려 적당주의적인 여성들도 많이 있는 것을 발견한다. 이것은 직장을 갖고 안 갖고의 문제가 아니라 하나님의 절대 존재 앞에 어떻게 가치 있고 의미 있게 신앙생활을 해나가느냐를 보면 그분의 영성을 잘 알 수 있다.

> 정리와 묵상하기

상 처 Healing

✽ 중년기 위기의 일반적 원인은 무엇인가?

첫째, 생리적 변화로 인한 몸의 위기이다.

둘째, 상실감과 허무감으로 인한 일의 위기이다.

셋째, 고독과 사랑의 결핍으로 인한 가족의 위기이다.

✽ 특히 중년기 위기의 구체적인 원인은 무엇인가?

첫째, 어린 시절에 불행을 경험한 여성이다(Bitterness of Childhood).

둘째, 빈 둥지 증후군이 있는 여성이다(empty nest).

셋째, 낮은 자존감 때문이다(low identification).

넷째, 결혼 생활의 권태기 때문이다(weariness of married life).

다섯째, 정서적 불만족이 있는 여성이다(Emotional dissatisfaction).

✽ 여성들의 중년기 위기를 극복하는 방법은 무엇인가?

첫째, 자기 정체성을 재확인해야 한다.

둘째, 기존 환경을 살짝 바꿔보는 것도 도움이 된다.

셋째, 새로운 일을 시도해보면 활력을 얻게 된다.

넷째, 가족과 새롭게 친밀한 관계를 모색하는 것이다.

다섯째, 신앙의 성숙으로 인생의 의미를 가치 있게 바꾸는 것이다.

03
남성들의 상처를 치유하라

깨어 믿음에 굳게 서서 남자답게 강건하라 너희 모든 일을 사랑으로 행하라 (고린도 전서 16:13-14)

남성들의 숨겨진 상처

남성들은 전통적으로 강한 남자가 되어야 한다는 인식에 사로잡히게 된다. 울면 안되고, 배짱이 있어야 되고, 강한 척해야 되는 강박관념이 있다. 또한 보스기질도 잠재되어 있다. 몇 년 전 영화 '친구'에서 "내가 니 시다발이가?"하는 말이 유행이 된 것도 남성의 강한 이미지를 대표하는 말이다. 남자는 계집애처럼 굴어서는 안된다. 화끈해야 하고, 쩨쩨하게 살아서는 안된다. "못 먹어도 고우(go)다!" 불도저처럼 밀어 붙여야 하고, 강한 남성상을 사회가 원하고 있다. 또 다른 한편으로 어디에서든지 넓은 마음으로 품는 성인군자의 모습도 가지고 있어야 한다. 이런 편견들이 남성들에게는 잠재의식 속에 알게 모르게 상처로 남게 된다.

남성들의 콤플렉스

남성들에게도 콤플렉스가 있다. 물론 이것은 선입견과 편견의 결과이기도 하다. 첫째는 "대장부 콤플렉스"이다. 모든 남성들이 다 강하고 담대한 것은 아니다. 그러나 사회는 남자라고 하면 모두가 사나이 대장부의 기질을 가져야 된다고 생각한다. 그렇지 않으면 열등감을 갖는 것이다.

둘째는 "온달 콤플렉스"이다. 조강지처를 잘 만나 출세하려는 이기적인 본능도 잠재되어 있다. 예를 들어 직장에 나가 돈을 잘 버는 아내, 재테크를 잘해 집을 장만한 아내, 자녀들을 잘 키워 좋은 대학 보내는 아내 등을 은근히 자랑하며 마누라 덕을 봤다고 뻐기는 일이 있다. 그렇지 않으면 불평하고 화를 내며 은근히 비교하는 남자들도 많다. 온달 콤플렉스이다.

셋째는 "성 콤플렉스"도 있다. 변강쇠가 되어야 하는 마음이다. 무조건 잘해야 된다는 생각이다. 성은 힘이 좋다고 되는 것이 아니다. 성은 사랑이며 교감이다. 그런데 남자들은 감정보다는 무조건 힘으로만 충족해주려는 생각을 한다. 그러다 안 되면 열등감을 느낀다. 기죽은 남자가 되는 것이다.

넷째는 "지적 콤플렉스"도 있다. 남들보다 배우지 못하면 열등감이 여자보다 강하다. 그래서 학위병, 영웅병에 걸리기도 한다. 남자들에게 지적 콤플렉스는 평생 따라다니는 짐이다. 현대 남성사회는 학벌사회이기 때문이다. 지금은 그것이 어느 정도 희석이 되어졌다 해도 그 근원은 무너지지 않고 있다.

다섯째는 "외모 콤플렉스"도 있다. 옛날에는 람보형의 근육질을 좋아했다. 그러나 시간이 가면서 공작새처럼 생긴 꽃미남을 좋아한다고 한다. 그러다가 또 다시 멋진 복근을 가진 연예인을 선호하는 것을 보면 유행이 돌고 도는 것 같다. 하지만 외모를 따지는 것은 옛날이나 지금이나 변함이 없다. 남자들에게도 못생긴 것은 여자만큼은 아니지만 비참한 것이다.

여섯째는 "장남 콤플렉스"도 있다. 희생과 의무를 다해야 하는 부담감과 더불어 권위적이고, 여자 위에 군림하려는 마음이 잠재되어 있다. 남자들은 옛날부터 보수성향이 강하기 때문에 연예 때는 다르게 행동하지만, 결혼만 하면 권위주의로 변하는 것을 본다. 대부분 신혼 초에 이혼하는 경우가 이런 갈등 때문이다.

일곱째는 "만능 콤플렉스"도 있다. 슈퍼맨이 되어야 한다는 것이다. 가정, 직장, 사회에서 인정받는 만능인이 되어야 한다는 생각을 갖고 있다. 이런 모든 것들이 충족되지 않을 때는 남성들에게 상처가 된다. 주변도 그렇게 생각하고 있기 때문에 여간 피곤하지 않을 수 없다.

남성의 나이별 구분

남성들도 나이가 들면서 이해하고 생각하는 것, 꿈을 꾸고 계획하는 것, 일과 취미 등이 달라지는 것을 발견한다. 세월이 가고 시간이 가면서 남성들은 여성 호르몬이 발달하기 때문에 좀 더 부드러워지고 여성스러워진다. 반면에 여성들은 남성 호르몬이 발달하기 때문에 거칠고 남성스러워진다. 이것은 남녀 모두가 세월이 지나면서 본인들의 기질을 조금만 벗어던지면 더 행복한 삶을 살 수 있다는 것을 의미한다.

17-22세 (독립의 시기)

남성들은 독립에 대한 의지를 갖고 자신의 개성을 찾으려는 시기가 있다. 그때가 바로 10대 후반에서 20대 초반이다. 이때에는 부모님에게 반항할 때도 있고 친구와의 의리를 중시하기도 하고 새로운 경험에 대해 눈을 뜨는 시기이다. 많은 경험을 하고 싶어 하기 때문에 일탈행위를 하기도 하며 미래와 장래에 대해 호기심과 걱정이 반반으로 섞여있는 시기이기도 하다. 남성은 이때에 누구를 만나느냐, 어떤 경험을 하느냐는 인생의 중요한 모토가 될 것이다.

23-30세 (후원자를 찾는 시기)

20대 중반에서 30세까지는 후원자를 찾는 시기이다. 개인적으로는 좋은 배우자를 만나 가정적으로 경제적으로 안정을 찾으려는 희구가 있다. 또한 사회적으로는 자기를 밀어줄 후견인을 찾는 시기이기도 하다. 친구, 선배, 스승 등 자신의 멘토로 삼을만한 대상을 찾아 인맥을 형성하고 싶은 마음을 갖는다.

30-30대 중반 (개발의 시기)

남성이 막상 결혼하면 75% 이상이 결혼 후에 회의를 느낀다고 한다. 이유는 이미 아내가 내 사람이 되었기 때문에 더 이상 호기심이 없다거나 또는 결혼생활을 하면서 잦은 부부싸움과 갈등을 일으키다 보니 삶이 너무 피곤하고 지치기 때문이다. 그러나 대부분 남성들은 이혼보다는 가정의 평화를 선택한다. 그리고 그 이후 남성들은 남편의 의무를 수행하며 이제는 아내를 사랑이 아니라 안정을 위한 동반자로 생각한다. 그리고 힘의 방향이 자기개발과 다른 곳으로 조금씩 전환되기 시작한다.

40대 (한계와 조절의 시기)

남성의 40대는 자신의 한계를 인정하는 시기이다. 권태와 우울증을 느낄 수 있는 시기이기도 하다. 무언가 열심히 도전을 해보지만 생각보다 벽에 부딪혀 한계를 느낄 때가 많기 때문이다. 또한 정년퇴직을 앞서 생각하는 시기이기 때문에 가정과 직장에서 '고개 숙인 남자'가 된다. 자녀들도 부부싸움을 하면 아빠가 더 문제가 있다고 생각힌디. 자연히 아빠는 가정에서도 기가 죽게 된다. 그렇지 않으면 소리치는 아빠로 변하기도 한다. 그러나 다른 한편으로는 자신의 존재가치를 인정받으면 물불 안 가리고 몸을 던지는 시기도 40대이다. 40대 남성이 한계를 돌파하기 위해서는 새로운 관계에 뛰어들어 새로운 일을 도모해보는 것도 좋은 대안이 되리라 생각한다.

50대 (인생의 전성기)

남성의 50대는 인생의 전성기이다. 40대와는 또 다른 관계와 시각을 갖게 된다. 남성들은 50대가 되면 2/3 정도가 오히려 더 용감해진다고 한다. '그래도 용감하게 살아야 해!' 생각하면서 에너지를 재충전하는 시기이다. 자기 개발과 변화를 위해 부지런히 노력하기도 한다. 성공한 50대는 인생의 전성기이며 꽃의 시기라 할 수 있다.

60대 (인재를 양성하는 시기)

남성이 60대가 되면 즐기는 문화에서 이제는 보람 있고, 가치 있는 일을 하고 싶은 생각을 하게 된다. 가정의 안정을 구축하는 시기도 이때이다. 자녀들도 거의 성장해서 기반을 잡기 시작하기 때문에 가정도 안정을 찾아가는 시기이다. 그래서 60대가 되면 자신의 업적을 이을 후계자를 찾는 시기가 된다. 가정과 일터에서 과연 다음에는 누가 내 가업을 이을 것인가를 생각하며 준비하는 시기라 할 수 있다.

70대 (인생을 관조하는 시기)

남성의 70대는 인생을 초월적 관점에서 관조하는 시기라 할 수 있다. 지나온 생의 슬픔과 기쁨, 괴로움과 즐거움 등 모든 것들을 경험한 나이이기 때문에 인생을 새롭게 조명하며 성찰하는 시기가 된다. 다른 한편으로는 노년에 후회와 아쉬움이 남는 시기이기도 하다. 또한 남겨진 가족들과 자녀들을 생각하며 죽음 이후에 펼쳐질 문제에 대해서도 생각하기 시작한다.

남성들의 직접적인 위기

남성들은 겉으로는 강하게 보이지만 생각보다 약하다. 한 번 무너지기 시작하면 와르르 무너질 수 있는 사람들이다. 그들은 외부에서보다 내부에서 무너지는 경우가 많다. 항상 자신과 싸움에서 갈등하기 때문이다.

고독과 외로움

남성들은 고독하고 외로움을 많이 느낀다. 그들에게는 주변에 사람들이 많아 보이기는 하지만 정작 마음을 줄만한 사람은 별로 없다. 그들은 쓸데없는 것으로 포장을 많이 하기 때문에 위선의 가면을 쓰고 있다. 그러면서 속으로는 고독과 외로움 속에 살아간다. 가정에서도 엄한 척하지만 사실은 굉장히 외로운 사람이다. 직장에서도 무게를 잡지만 일종의 폼일 뿐이다. 사실 그에게는 친구가 필요하다. 이렇듯 남성들이 위기를 만나는 것은 가정과 사회에서 주변인의 상태에 있을 때이다. 고독과 외로움의 극치를 이루는 시기라 할 수 있다. 일탈도 이때 이뤄진다.

무한경쟁과 비교의식

남성들의 또 다른 부담감은 경쟁 사회에서 살고 있다는 것이다. 경쟁하지 않으면 생존할 수 없는 세상이기 때문에 매순간마다 비교당하며 살 수 밖에 없다. 더욱이 21세기는 무한경쟁의 시대이기 때문에 조금만 뒤처지면 살아남을 수 없을 정도로 '헉헉' 대며 달려가야 한다. 이런 사회적 구조 속에 남성들은 경쟁해야 하고, 비교당해야 하고, 남들보다 앞서가야 한다. 그것이 성공적으로 이뤄지면 큰 집, 큰 차, 높은 지위와 좋은 배경이 만들어지지만, 실패하면 처절할 정도로 손가락질을 당하며 살아야 할 때도 있다. 이것이 남성들로 하여금 허무와 허탈, 일탈과 탈진을 이루게 한다. 남성들의 위기이다.

감정의 은폐와 분리

남성들은 여성들과는 상대적으로 말이 없고 과묵한 편이다. 자신의 감정을 잘 드러내지 않고 숨기며 살기도 한다. 그래서 원치 않는 수많은 가면을 쓰고 살아갈 때가 많다. 남성들은 집에서 울지 않고 운전하면서 운다고 한다. 그만큼 강한 척하지만 외로운 사람들이다. 남성들이 위기를 만날 때는 이런 감정들이 너무 은폐되고 표현되지 않았을 때이다. 그 결과 각종 스트레스와 정신장애, 우울증, 강박증, 히스테리 등이 나타나게 된다. 때론 남성들도 자신의 정체성을 드러내며 표현할 필요가 있다.

남성들의 상처를 치유하라

남성들이 건강해야 사회가 건강하고, 가정이 행복하다. 가정과 사회의 주체는 남성이기 때문이다. 남성들은 안으로 상처가 많은 사람들이다. 그 상처가 곪으면 터져서 가정과 사회에 고스란히 나타나게 된다. 그렇게 되면 가정도 사회도 병들게 되고 공동체가 깨어지게 된다. 그래서 가정도 사회도 남성들의 상처를 치유해주어야 그 공동체가 건강하고 행복하게 될 수 있는 것이다.

아버지와 화해하기

남성들의 가장 큰 상처는 아버지와의 관계이다. 아버지의 안 좋은 점은 닮고 싶지 않지만 어느 듯 성장하여 내 모습을 보면 그 곳에 아버지의 모습이 담겨져 있다. 즉 내가 싫어했고 두려워했고 염려했던 아버지의 모습이 내 안에 있는 것이다. 초등학생들에게 아버지의 이미지를 설문조사했더니 1위가 술 마시는 아버지, 2위가 고함치는 아버지, 3위가 신문, TV 보는 아버지, 4위가 잠자는 아버지였다고 한다. 가정에서 자녀들에게 비친 아버지의 모습이 고작 그 정도 밖에 되지 않았다는 것이다.

남성들은 아버지와 화해할 때 비로소 성숙을 배운다. 왜냐하면 오랫동안 묵은 갈등과 쓴 뿌리가 해소되는 순간이기 때문이다. 그러나 그런 시간이 그냥 만들어지는 것은 아니다. 무언가 중요한 사건이 있어야 한다. 부자간에 화해는 계기가 필요하다. 그것은 상호감정의 교류가 있을 때이다. 이때에는 상호배려가 나타나고, 이심전심으로 화해가 이루어진다. 성인이 되어서 부자가 화해를 하면 가정도 성숙하고 행복하게 된다. 그 밑의 자녀들까지도 그러한 모습을 보게 되며 훌륭한 전통을 이루는 명문 가문이 되는 것이다.

배우자와 인격적으로 만나기

남성들이 결혼한 후에 아내를 바라보는 대한 시각이 자기 아버지의 행동과 비슷해진다. 또한 어머니의 모습을 아내에게서 찾으려고 한다. 그러다 보니 매 순간마다 좌충우돌을 겪게 되는 것이다. 왜냐하면 아내는 그 가정의 아버지와 어머니의 모습 속에서 남편을 찾으려고 하기 때문이다. 결국 서로 맞춰가는 시기가 필요할 수 밖에 없다.

남성들이 가정에서 치유를 받으려면 더 이상 아내를 하녀로 대해서는 안된다. 다시 말해 아내를 집에서 밥하는 식순이 정도로 생각하면 안된다. 반면 더이상 아내를 어머니로 생각해서도 안된다. 아내는 힘들면 무조건 의존했던 어머니가 아니다. 아내는 아내인 것이다. 아내는 더 이상 누나도 아니다. 누나에게 매번 어리광을 피우며 이것 해 달라, 저것 해 달라 하며 애들 같이 굴면 안된다. 아내는 친구요, 연인이다. 상호 존중해주고 예의를 갖추며 서로를 세워주는 배우자이다. 그렇게 성숙한 마음을 갖게 되면 남성들의 부부관이 건강해지며 행복한 관계를 이룰 수 있을 것이다.

성의 행복을 발견하기

남성들은 성이 힘의 상징이라고 생각한다. 어떤 남성들은 늘 아내의 필요를 채워주어야 된다고 생각한다. 그래서 남성들은 의무감으로 한다. 이것은 아내 입장에서도 마찬가지일 것이다. 반대로 보수적인 남성들은 아내의 입장은 생각지도 않고 자신의 필요만 채우면 된다고 생각하는 경우도 있다. 둘 다 잘못된 생각이다.

부부간의 성은 힘이 아니고 나눔과 관계이다. 성은 친밀감과 사랑의 아름다운 통로이다. 이것은 거룩한 주님의 축복이며, 부부간의 신비로운 연합이다. 남성들이 위기를 극복하는 방법 중에 하나는 성에 대한 자연스러운 관계를 회복하는 것이며, 스킨십 하나에도 아내는 사랑을 느끼며 남편과 소중한 관계를 맺을 수 있다. 그러므로 남성들은 성을 나눔과 관계로 생각하며 즐길 줄 알아야 한다. 그리고 자녀에게도 부부간의 성을 자연스럽게 설명할 수 있어야 할 것이다. 부부금슬이 좋은 가정의 자녀들이 행복하며 그들도 좋은 가정을 이루는 것을 통계를 통해 발견할 수 있다.

자녀들과 적극적으로 교류하기

남성들은 집에 오면 주변인이다. 때론 폭군으로 변한다. 자기가 가정의 호주라고 마음대로 소리치지만 사실 뜻대로 되는 것은 별로 없다. 그러면 그럴수록 자녀들과의 격차는 더욱 벌어진다. 아버지는 이럴 때 마음의 상처를 받고 위기감을 느끼게 된다. 그러므로 성숙한 아버지는 자녀들과 친밀한 교제를 위해 눈높이를 낮추며 적극적으로 노력한다.

그러면 자녀들과 친밀한 교제를 위해 무엇을 할 수 있겠는가? 우선 취미와 놀이와 운동, 여행 등 공감이 가는 공간을 함께 만드는 것이다. 이것은 내 위주의 취미를 찾는 것이 아니라 자녀들이 좋아하는 것을 함께 나누는 것이다. 그리고 자녀들과 진심으로 마음을 터놓고 친구가 되는 것이다. 그들의 입장에 서서 생각도 말도 행동도 함께 하는 습관을 좇아가 보는 것이다. 뿐만 아니라 자녀들과 함께 공동목표도 세워보며 일체감을 느끼는 것도 좋은 방법이 된다. 예를 들어 함께 가훈을 정한다든지, 장래희망을 말해본다든지, 나름대로 가족회의를 통해 지향하는 공동목표를 정하는 것도 가족이 친밀한 교제를 나눌 수 있게 한다.

좋은 남성을 친구로 사귀기

남성들의 상처는 말할 친구가 없다는 것이다. 이것은 나이가 들면 들수록 더하다. 점점 더 믿을 사람이 없고, 말할 대상이 줄어드는 것을 발견한다. 그러므로 남성들이 위기를 극복하고 상처를 치유 받는 좋은 대안은 참된 남성 친구를 사귀는 것이다. 좋은 만남은 외로움을 극복하는 공간 확보이기도 하지만 친구와의 필요한 정보를 서로 주고받을 수 있는 도움의 관계로도 발전하게 된다. 성숙한 남성은 친구와 취미 및 문화 공간을 함께 즐기며 우정을 쌓아간다. 그리고 상호존중과 도움의 관계로 발전해간다. 이러한 관계가 말년까지 가면 정말 아름다운 우정이라 아니 할 수 없다.

자기 일에 애정 갖기

남성들의 상처는 일이 즐겁지 않다는 데에 있다. 자신의 하는 일이나 직업이 밥벌이때문에 하는 것이지, 정말 좋아서 하는 일이 아닐 수 있다. 그러다 보니 일을 의무감으로 하고, 스트레스와 강박증에 걸려 피곤하기 십상이다. 더욱이 가장인 남성들은 직장에서 퇴출되면 집안의 재정이 무너지기 때문에 회사 상사에게 더 납작 엎드리며 자존심을 죽여야 했다. 그 결과 일이 강요적이고 의무적이 될 수 밖에 없다. 동시에 그들의 속은 점점 더 썩어져 들어간다.

그러나 남성들이 점점 성숙하게 되면 자신들이 하는 일에 애정을 갖고 즐겁게 일하기 시작한다. 이때부터 남성들은 자신이 하는 일에 의미를 부여하고 목적과 가치를 찾는다. 일의 보람과 삶의 행복을 느낀다. 내가 하는 일이 정말 좋다고 생각하며 행복의 미학을 느낀다. 그때에 일의 능률도 오르고 인생의 성숙을 향해 달려가는 것이다. 그러므로 남성들이 일의 무료감과 의무감을 극복하기 위해서는 자신의 하는 일에 애정을 갖고 즐겁게 일할 수 있을 분위기와 환경, 문화를 만들어가야 한다.

야성적인 마스크를 벗기

남성들은 살아가면서 여러 가면을 많이 쓰고 다닌다. 더욱이 남자이기 때문에 강한 척하며 가면을 쓰는 경우도 있다. 남자들은 아빠이기 때문에 가정에서 눈물을 보이지 않는다. 큰 소리는 치지만 실제로는 외로운 사람이며 한없이 약한 사람들이다.

남성들이 성숙하기 위해서는 강한 척하는 것이 아니라 진정 강함으로 거듭나야 한다. 그것은 외유내강(外柔內剛)하는 것이다. 좀 더 부드러운 기질을 개발하는 것이다. 남자에게도 여성 호르몬이 있다. 젊을 때는 남성 호르몬이 강하게 나타나지만 나이가 들면서 점점 여성 호르몬이 드러난다. 그럴 때에 남성들은 부드러운 기질로 바꾸어가며 온화한 인격으로 다듬어가야 한다. 친 자연적인 습관을 갖는 것도 좋다. 등산을 한다든지, 개를 길러본다든지, 화단을 가꾸어본다든지, 주말 농장을 이용한다든지 부드러운 취미를 가져보는 것도 도움이 될 것이다. 또한 공원 걷기, 아침 조깅하기, 규칙적으로 운동하기 등 다양한 취미 활동을 통해 자신의 스트레스를 해소하는 공간을 만드는 것도 야성적인 마스크를 벗어던지게 하는 좋은 지침서가 될 것이다.

> 정리와 묵상하기

상 처 Healing

* 남성들의 직접적인 위기는 대체로 어디에서 오는가?

첫째, 고독과 외로움에서 온다. 바쁜 척, 강한 척하지만 실제로 외로운 사람이다. 남성들의 위기는 자신이 아무에게도 속할 수 없는 주변인이라는 것을 느낄 때이다.

둘째, 무한경쟁과 비교의식에서 온다. 남성들은 매순간마다 비교되어 한계와 부족을 느끼며 산다. 그때 허무와 허탈을 느끼며 일탈하기도 하고 탈진되기도 한다.

셋째, 감정의 은폐와 분리 가운데 위기가 온다. 남성들은 자기감정을 드러내지 않고 숨기며 살 때가 많다. 이런 감정들이 은폐되고 가면을 쓰면 스트레스, 강박증, 우울증. 히스테리 등 많은 부정적 에너지가 생긴다. 그때 위기감이 고조된다.

* 남성들의 상처를 치유하는 방법은 어떤 것이 있는가?

첫째, 불편했던 아버지와 감정의 교류를 같이 하며 화해하는 것이다.

둘째, 배우자를 친구와 연인으로 새롭게 대하는 것이다.

셋째, 성의 행복을 다시 발견하는 것이다.

넷째, 자녀들과 눈높이를 맞추며 적극적으로 교류하는 것이다.

다섯째, 좋은 남성 친구를 사귀는 것이다.

여섯째, 자신의 하는 일에 애정을 갖고 즐기는 것이다.

일곱째, 자신의 야성적인 마스크를 벗고 진솔하고 순수한 자신을 찾는 것이다.

Chapter 7

노년기의 상처를 치유하라

일의 결국을 다 들었으니 하나님을 경외하고 그의 명령들을 지킬지어다 이것이 모든 사람의 본분이니라 하나님은 모든 행위와 모든 은밀한 일을 선악 간에 심판하시리라 (전도서 12:13-14)

21세기는 복지의 시대라 한다. 사람의 수명이 점점 길어지면서 더욱 더 노인의 윤택한 삶에 대해서 생각하지 않을 수 없게 되었다. 사람은 인생의 말년을 보면 그 사람의 인격을 알아볼 수 있다. 왜냐하면 누구나 인생의 마지막은 정직하게 나타나기 때문이다. 신앙도 그렇다. 마지막 죽을 때는 진짜인지 가짜인지 판별할 수 있다. 그 얼굴을 봐도 알 수 있고 말을 들어도 알 수 있다. 그러므로 노년기에 접어들면서 말년의 상처를 치유하고 성숙한 마무리를 하는 것은 인생의 더없는 큰 축복이라 할 수 있다.

01
노년기에 대한 올바른 시각

> 그러므로 나는 사람이 자기 일에 즐거워하는 것보다 더 나은 것이 없음을 보았나니 이는 그것이 그의 몫이기 때문이라 아, 그의 뒤에 일어날 일이 무엇인지를 보게 하려고 그를 도로 데리고 올 자가 누구이랴 (전도서 3:22)

노년기의 아쉬움

인생을 살아갈 때 사람들은 종종 길다고 생각한다. 아마도 그 당시에는 그 사건을 헤쳐 나가기가 힘들기도 하고, 또는 너무 지루하다고 생각하기 때문일 것이다. 그러나 지나고 나면 너무 쏜살같이 흘러가버린 인생을 후회하기도 하고 아쉬워하기도 한다. 특히 노인들은 세 가지를 아쉬워한다고 한다. "좀 더 건강하게 살 걸, 좀 더 재미나게 살 걸, 좀 더 베풀면서 살 걸…." 그동안 돈 때문에, 자식 때문에, 사람 때문에, 환경 때문에 아웅다웅하며 정신없이 살아온 것이 후회가 되기도 한다는 것이다.

전반기 인생

인생은 3단계로 나눌 수 있다. 첫째는 전반기 인생, 둘째는 후반기 인생, 셋째는 노년기 인생이다. 각각 단계마다 특징이 있으며 그러한 정서적 단계를 인식하면 인생의 문제를 보다 용이하게 극복해나갈 수 있을 것이다.

20대 - 도전하는 세대

20대의 인생은 무엇이든지 시도하는 세대이다. 가장 꿈이 많고 도전정신이 강한 나이이기도 하다. 무엇이든지 도전해보고 싶어 하고 실패해도 다시 일어날 수 있는 나이이다. 다양한 가능성이 열려있어 아직은 다른 사람의 눈총을 의식하지 않아도 되는 세대이다. 사랑도 스치기만 해도 짜릿한 세대가 이때이다. 순수하고 때 묻지 않은 시기이다.

30대 - 쟁취하는 세대

30대의 인생은 여인, 명성, 소유를 붙잡는 세대이다. 결혼도 하고, 직장도 얻고, 내 가정과 내 소유를 만들어가는 과정이다. 한 마디로 점점 독립적인 어른이 되어가는 나이이다. 그러나 이때에 어떤 인생을 걷느냐에 따라 앞으로의 미래가 달라질 수 있다. 그래서 30대는 끊임없이 쟁취하고 야심을 갖는 나이라고 할 수 있다. 미국의 30대는 평균 직업을 다섯 번 이직한다고 한다. 그만큼 미래에 대한 안정적인 직장을 얻기 위해 노력한다는 의미이다.

후반기 인생

후반기 인생은 40대, 50대, 60대를 말한다. 인생의 가장 황금기의 시대라 할 수 있다. 그동안 인생을 살아온 것의 결실을 맺는 세대가 바로 후반기 인생이다.

40대 - 번성하는 세대

인생의 40대는 한참 일할 세대이다. 물 불 안 가리며 열심히 일하는 세대이다. 조금만 마음에 와 닿아도 정신없이 뛰어들어 피곤함도 모르고 열심히 일하는 나이이다. 더욱이 가정의 호주로 책임감을 느끼며 무엇이든지 돈만 되면 달려가는 나이이기도 하다. 그래서 30대보다는 좀 더 정착되고 안정적이며 번성하는 세대가 된다. 그러면서도 인생의 한계를 느끼며 열정의 전환점이 되는 시기도 바로 이때이다.

50대 - 꽃피우는 세대

인생의 50대는 가장 황금기의 세대이다. 인생의 절정을 이루는 세대이다. 가정은 더욱 안정적이고, 지위도 배경도 자리를 잡아 모든 것이 정착된 가운데 행복한 생활을 할 수 있게 된 세대가 된다. 인생의 꽃이 활짝 펴지는 나이이며 가장 영화로운 시기이다. 그러나 이때에도 절정의 함정은 숨어있다. 남성들의 갱년기, 질병과 죽음의 위협 등이 도사리고 있기 때문이다. 그러므로 인생의 50대는 절정과 위기가 공유하는 세대라고도 할 수 있다.

60대 - 성숙한 세대

인생의 60대는 다시 한 번 거듭나는 세대이다. 지금까지의 패턴을 접고 일과 사랑에 대해 진정한 의미를 찾고 다시 모험을 해보는 시기가 된다. 성적으로도 다시 태어나는 기분으로 열정을 쏟는 나이이다. 아내와 친구들에게도 성숙한 사랑과 우정을 만들어가는 시기이다. 또한 내 뒤를 이을 인재를 양성하는 시기이기도 하다. 다음 세대를 생각하며 그것을 위해 투자하는 것을 보람으로 느낀다. 취미 등 다른 영역에도 브레인을 개발하는 나이이기도 하다. 60대는 인생의 성숙이 물씬 풍기며 아름다움과 멋스러움이 어우러진 균형과 조화의 나이라고 할 수 있다.

노년기 인생

인생의 노년기는 70대, 80대, 90대, 100대의 시기이다. 노년기는 인생의 황혼기로 인생을 마무리하는 세대이다. 그러나 인생의 끝이 아니라 다시 시작하는 세대이기도 하다. 인생을 관조하지만 그렇다고 낙담하며 포기하는 세대는 아니라고 할 수 있다.

70대 - 지혜로운 세대

인생의 70대는 60대와는 또 다른 관점에서 살아가는 세대이다. 70대가 되면 이제는 인생을 초월할 준비를 한다. 죽음을 대비하며 인생을 관조하는 마음을 갖게 된다. 그러면서도 자신의 풍부한 경험을 자녀들이나 후배들에게 넉넉히 조언해줄 수 있는 나이이기도 하다. 70대는 그동안 지식과 경험을 바탕으로 한 놀라운 지혜를 가지고 있는 세대이다. 그러므로 이런 지혜를 잘 받아들이면 엄청난 힘과 능력을 발휘할 수 있다.

80대 - 거리 낄 것이 없는 세대

인생의 80대는 거리 낄 것이 없는 세대이다. 나이로 볼 때도 살 만큼 살았다고 생각할 수 있다. 인생에 더 이상 미련이 없는 세대이다. 그러면서도 삶이 행복한 세대이다. 무엇을 해도 행복을 추구하는 나이이다. 감사와 받은 은혜를 생각하는 나이이다.

90대 - 고상한 세대

인생의 90대는 덤으로 주신 축복을 누리는 시대이다. 인생의 여유를 가지며 어느 것에도 흔들리지 않는 세대가 된다. 이미 산전수전, 공중전을 다 겪었기 때문에 웬만해서는 상처를 받지 않으며 마음이 요동치 아니한다. 가장 고상하고 성숙한 모습을 보여주는 나이이다. 언제든지 하나님이 부르시면 간다는 마음을 가지고 있고, 덤으로 주신 삶을 아름답고 여유롭게 보내려고 한다.

100대-축제의 세대

인생에서 100세가 되면, 그것은 정말로 축복을 받은 나이이다. 하나님께서 함께 하셔서 장수의 축복을 주신 것이다. 이것은 특별한 은총이다. 본인도 늘 감사하며 살아간다. 또한 주변의 축복을 받으며 살아가기도 한다. 존경과 사랑을 한 몸에 받는다. 더불어 100세가 넘으면 자연과 함께 사는 세대가 된다. 흙으로 왔기 때문에 흙으로 돌아가는 연습을 한다. 더욱이 자연과 함께 함으로써 더 건강한 삶을 살 수 있게 한다.

노년에 대한 잘못된 고정관념

사회는 노년에 대한 올바른 시각을 가지고 있어야 한다. 노인들이라고 해서 자신의 편견과 잣대로 재면 안 된다. 노인들은 인생의 수많은 여정을 걸어오셨다. 당연히 존경받아야 하고, 사랑받아야 한다. 그런 사회가 건강한 사회이며 행복한 사회이다. 그러므로 사회는 노년에 대한 잘못된 편견을 버리고 올바른 시각을 가질 필요가 있다. 그래야 그들의 상처를 보듬고, 건강한 공동체를 만들어갈 수 있는 것이다.

모든 노인이 비슷하다는 생각

사람이 저마다 각기 다른 것처럼 노인들의 생각과 성향과 기질도 다 다르다. 만약 노인들이 나이가 들었다고 다 똑같이 취급하면, 그것은 노인을 우롱하는 것이다. 건강 상태도 다르고, 성격도 다르고 살아온 경험도 다 다른데 어떻게 다 똑같을 수 있겠는가? 만약 사회가 노인이라는 이유로 무시하고 소외시키면, 그것은 지극히 잘못된 편견이다.

노인들은 소외되고 외로울 것이란 생각

노인 중에는 젊을 때보다도 더 행복한 분들도 많이 있다. 노년을 즐기며 이제야 자신을 찾았다고 하며 행복한 삶을 누리는 노인들도 상당수 된다. 이들은 오히려 젊을 때보다 훨씬 더 여가를 선용하고 인생을 즐긴다. 참 멋지고 보기 좋다.

노인 남자가 여자보다 더 힘들 것이란 생각

노년이 되면 남자든 여자든 힘든 것은 마찬가지이다. 단지 남자가 힘들어 보일 뿐이다. 그러나 여자도 힘들다. 힘든 것은 여자도 혼자이면 마찬가지로 힘들다. 그러므로 노인을 바라볼 때 남자와 여자를 동등하며 생각하며 대우해야 할 것이다.

노인은 배울 수 없다는 생각

노인들은 이미 나이가 들었기 때문에 그 나이에 무엇을 배우겠느냐 하지만 아니다. 노년일수록 더 배워야 한다. 자기 개발을 하지 않으면 더 늙는다. 인생은 끊임없이 배우는 것이다. 배워야 살고, 배워야 늙지도 않는다. 노인도 마찬가지이다. 노인이라고 인생의 끝이라고 생각하면 안 된다. 하나님이 부르시는 날까지 끝까지 배우는 정신으로 살아야 한다. 그래야 건강하고 행복한 삶을 살 수 있다.

노인은 성에 흥미가 없다는 생각

노인이라고 성에 관심이 없다고 생각하는 자식은 불효자이다. 노인들도 성의 감정은 젊은 때나 똑같다. 그렇기 때문에 성에 대한 배려를 해주어야 한다. 노년에 재혼을 하는 것도 고려해 볼만하다. 배우자가 있는 노인이 오래 산다. 왜냐하면 함께 함으로 서로의 짐을 져주고 즐거움을 함께 하기 때문이다.

노인이 은퇴하면 쇠약해진다는 생각

노인은 은퇴하면 물론 쇠약해지고, 조기 사망의 위험에 빠질 수도 있다. 그러나 이것도 어떻게 관리하느냐에 따라 달라진다. 은퇴해도 더 건강하고 행복한 삶을 사는 노인들도 많이 있다. 문제는 은퇴 후에 어떤 계획을 갖고 실천하느냐에 따라 행복과 불행, 건강과 질병이 나타난다. 은퇴 후에 관리만 잘하면 오히려 이전보다 더 윤택한 삶을 살 수 있다.

노인들이 자녀와 함께 살고 싶어 한다는 생각

노인들이 무조건 자식들과 같이 사는 것을 좋아한다고 생각하면 오산이다. 요즈음에는 노인들이 오히려 자식들과 함께 사는 것을 더 좋지 않게 생각한다. 왜냐하면 자녀들과 같이 살면 불편한 부분이 한 두 가지가 아니기 때문이다. 오히려 자녀들을 챙겨주어야 하기 때문에 더 불편할 수도 있어서 꺼려하는 경우도 많다. 그렇기 때문에 부모를 모시기를 원하는 자녀들은 그런 것을 먼저 생각하고 배려하는 마음을 가져야 하며 혹시라도 노인 부모님에게 의존하려는 생각은 절대 버려야 한다.

노인들은 자기 생활 방식이 바뀌지 않을 것이란 생각

노인들이 더 변화될 수 있다. 그들은 인생을 살만큼 살았다. 무엇이 옳고 그른지 잘 안다. 어떻게 하면 슬기롭게 문제를 헤쳐 나갈지 더 잘 안다. 그러므로 노인들은 마음을 열고 수용만 하면 더 잘 변화될 수 있다. 오히려 자녀들이 속으로 '꿍' 하며 말을 안 해서 그렇지 조금만 이해시키면 얼마든지 변화가 가능하신 분들이다. 그들은 마음만 먹으면 노력하게 되고 얼마든지 변화될 수 있다. 그러므로 자녀들은 노인의 선호를 잘 분별하여 적절히 부탁하면 좋은 변화를 만들어 낼 수 있다.

노인들이 젊은 사람보다 덜 생산적이라는 생각

사회는 노인들이 나이가 많아 일을 못한다는 생각을 갖고 있다. 그러나 잘못된 생각이다. 노인들은 풍부한 경험과 전문적인 지식을 가지고 있다. 누구도 알지 못하는 나만의 노하우를 갖고 있다. 그것은 오랜 세월동안 터득되어진 비법이다. 그들을 잘만 활용하면 얼마든지 창조적인 능력을 발휘하며 더 큰 실적을 올릴 수 있다. 실제로 지금도 장인 정신을 가지고 다양한 직업에 종사하는 노인들도 많이 있다. 또한 노인들도 인생을 포기하지 않고 사회 일선에서 일자리를 찾으면 얼마든지 구할 수 있다. 장 공장, 김치공장, 식당 등 특별생산업종에도 종사할 수 있다. 노년기에는 일할 수 있는 것이 육체적 건강에도 좋고, 정신적인 건강에도 매우 유익하기 때문에 될 수 있으면 무엇이든지 조금씩 일을 하시는 것이 좋다.

노인들은 대개 휴양지를 좋아한다는 생각

노인들은 복지센터나 요양원에서 자연과 더불어 거기 계신 분들과 함께 보내는 것을 좋아한다고 생각하는데 잘못된 것이다. 노인들은 멀리 떨어진 휴양지보다 자녀와 가까이 있는 것을 더 좋아한다. 친구도 주변에서 많이 사귀는 것을 좋아한다. 노년이 되면 가정이 더 좋아지고 가족들과 친구들과 함께 있는 것을 좋아하게 된다. 오히려 그들과 대화하는 것을 절실히 원한다. 그래서 노인들은 자녀들과 주변의 친구들이 많이 있는 것을 좋아하기 때문에 멀리 떨어진 휴양지를 싫어한다.

| 정리와 묵상하기 | 상 처 Healing |

✽ 인생을 단계적으로 구분하면 어떻게 되는가?

20대는 꿈을 꾸고, 도전하고, 시도하는 세대이다. 30대는 꿈을 쟁취하고 이루려고 노력하는 세대이다. 40대는 그 꿈이 조금씩 이뤄지며 번성하는 세대이다. 50대는 꿈이 정착되고 꽃피우는 세대이다. 60대는 다음 세대를 생각하는 성숙한 세대이다. 70대는 인생을 관조하는 지혜로운 세대이다. 80대는 감사와 은혜로 사는 꺼릴 것이 없는 세대이다. 90대는 덤으로 주신 인생을 행복하게 살아가는 고상한 세대이다. 100대는 존경과 사랑으로 감사하는 축제의 세대이다.

✽ 노년기에 대한 잘못된 생각은 무엇인가?

첫째, 모든 노인의 형편과 취향과 기질이 비슷해진다는 생각은 잘못이다. 둘째, 노인들은 대부분 소외되고 외롭다는 생각도 잘못된 것이다. 절대 그렇지 않다. 얼마든지 즐겁게 기쁘게 살 수 있다. 셋째, 노인 남자가 여자보다 더 힘들 것이란 생각도 잘못된 것이다. 그렇게 보이는 것뿐이지 힘든 것은 남자나 여자나 다 똑 같은 짐이다. 넷째, 노인은 배울 필요가 없다는 생각도 잘못된 것이다. 노인일수록 더 배우고자 하는 마음을 가져야 건강해질 수 있다. 다섯째, 노인이 은퇴하면 쇠약해진다는 생각도 잘못이다. 여섯째, 노인들이 자녀들과 같이 사는 것을 선호한다는 생각도 잘못이다, 일곱째, 노인들은 자신의 생활 방식에 굳어 변화되지 않는다는 생각도 잘못이다. 여덟째, 노인들이 젊은 사람보다 덜 생산적이라는 생각도 잘못이다. 아홉째, 노인들은 대개 멀리 떨어진 휴양지를 좋아한다는 생각도 잘못이다.

02
노년기의 상처를 치유하라

> 그를 위하여 나의 인자함을 영원히 지키고 그와 맺은 나의 언약을 굳게 세우며 또 그의 후손을 영구하게 하여 그의 왕위를 하늘의 날과 같게 하리로다 (시편 89:28-29)

사람들은 노년기가 되면 상처가 없을 것이라 생각하지만 아니다. 상처는 노년기에 더 깊어질 수 있다. 노년이 되면 더욱 서운한 일도 많고, 가슴에 담아야 하는 일도 많아지기 때문이다. 자녀들은 그것도 모르고 나이가 드셨기 때문에 모든 것을 이해하리라 생각하지만 착각이다. 노년일수록 정서적으로 더 잘해 드려야 하고 더 가까이에서 친밀하게 대해 주어야 한다.

노년기 상처의 원인

노년기에 상처를 받는 대부분의 원인은 내적으로는 외로움과 공허함이며, 외적으로는 정기적으로 하는 일이 없기 때문이다. 이미 은퇴한 상태이기 때문에 주변과의 관계 설정도 쉽지 않고, 매사가 수동적이고 방어적인 태도로 변하기 때문이다. 그 원인을 세 가지 정도로 구분할 수 있다.

무료감과 상실감

노년이 되면 한 가지의 역할(mono identity)만 맡게 되는 경우가 많다. 대부분 집에서 소일거리를 찾거나 또는 아이를 돌본다든가, 아니면 취미활동을 하는 경우일 것이다. 젊었을 때에는 여러 가지 할 일들이 많고 이리저리 뛰며 바쁘고 힘들었다. 집 안 팎으로 할 일과 역할들이 많았다. 부지런히 그 일들을 감당해야만 했다.

그러나 노년이 되면 이미 자신의 직업에서 은퇴한 상태이기 때문에 많은 일들이 주어지지 않는다. 하는 일이란 주로 자녀들의 아이를 돌보아주는 일 정도일 것이다. 그렇지 않으면 집 안에서 소일거리를 찾는 정도이다. 밖에 나가서 일을 한다고 해도 그다지 많지 않은 일을 하고, 설사 일을 한다 해도 주변의 따가운 눈총을 받기 때문에 소외감을 느끼기가 쉽다. 당연히 무료감과 상실감을 느끼게 된다.

그러므로 노년기는 시간이 남아돌아가기 때문에 무엇을 하여야 보람 있게 살 수 있을 지에 대해 고민해야 하는 나이이다. 자기관리를 하지 아니하면 심각한 우울증이나 무료감에 빠질 수 있다. 예를 들어 가정에만 있는 노인, 반대로 밖으로만 돌아다니는 노인 모두가 다 바람직한 노인상이 아니다. 노년기는 다양한 역할을 모색하는 사람이 되어야 한다. 여전히 인생의 윤활유를 만들고 집에서도 밖에서도 열심히 일하는 노인이 되어야 한다. 인생은 어차피 모험이다. 하늘나라에 갈 때까지 도전하고 새롭게 변화를 이루는 사람이 언제나 건강하고 행복한 사람이 될 수 있다.

은퇴 후 할 일이 없을 때

노인들이 은퇴하면 자신의 역할이 모호해진다. 이전 역할을 할 수 없기 때문이다. 예를 들어 목회자가 은퇴하면 목회자도, 평신도도 아닌 주변인이 되는 경우가 많다. 그 전에는 목회자로서 설교도 하고, 심방도 하고, 목양의 현장을 누빌 수 있었지만 은퇴를 하는 순간 모든 것을 다 내려놓아야 한다. 그래서 목회자가 은퇴를 하면 할 일이 없어 더 빨리 늙는다고 한다. 그러나 은퇴한 목회자라 하더라도 자신의 역할이 분명한 목사는 더 왕성한 사역과 건강을 유지하며 제 2의 인생을 걷는다. 그러므로 노인들은 은퇴 후에도 자신의 역할이 모호하지 않도록 사전에 준비하는 작업이 필요할 것이다.

친구가 없을 때

70세가 넘으면 배운 사람이나 못 배운 사람이나, 있는 사람이나 없는 사람이나 다 똑같아진다고 한다. 왜냐하면 인생 살아온 과정들이 서로 비슷해서 무슨 말을 해도 동병상련으로 공감하는 부분이 많기 때문이다. 그래서 노인들은 마음을 열기만 하면 다른 사람과 쉽게 사귈 수도 있고 가까이 다가가 친하게 지내며 좋은 관계를 맺을 수 있는 장점이 있다.

그런데도 일부 노인들은 70세가 넘었는데도 여전히 가면을 쓰고 위선적인 사람이 된다. 이런 노인들은 주변에 친구가 없다. 본인이 또 사귀려고도 하지 않는다. 배타심이 강하기 때문이다. 그러면 그럴수록 자신은 고립되고 주변에 있는 사람들도 그 사람을 받아들이지 않을 것이다. 혼자 도도한 척하지만 결국 자기 무덤을 파는 것이다. 젊을 때는 그래도 되는지 모르지만 나이가 들어 노인이 되었을 때는 오히려 조금 망가지는 모습을 보여주는 것이 인생을 지혜롭게 사는 방법이다.

그러므로 노인일수록 가면을 벗고 다양한 계층의 친구들을 많이 사귀는 것이 좋다. 친구를 많이 사귈수록 노년의 인생이 즐겁고 재미있게 된다. 나와 다른 친구, 이런 저런 친구들을 만나다 보면 인생의 새로운 면도 배우고 더 즐겁게 된다. 또한 건전한 친구를 사귀어야 한다. 노인들도 나쁜 친구에 휩쓸려 영향을 받기도 한다. 그러면 나도 모르게 걷잡을 수 없이 나락에 떨어질 수도 있다. 그러므로 친구를 사귈 때는 상호 도움을 주고받을 수 있어야 하고 건전한 관계를 유지할 수 있어야 한다. 또한 건전한 단체에 들어가 좋은 관계를 맺는 것도 노인들이 인생을 창조적이고 행복하게 사는 방법이 될 수 있다. 너무 고상한 척하지 마라. 조금만 더 가면을 벗어라. 그리고 내가 먼저 다가가보라. 그러면 인생을 보다 즐겁고 재미있게 살게 될 것이다.

노년기의 상처를 치유하라

노년기는 어린아이와 같다고 한다. 아이들처럼 잘 삐치기도 하고, 울기도 하고, 웃기도 하며 순진한 부분이 많다. 그러면서도 어린아이와 다른 부분이 있다면 노인들은 얼마든지 마음만 먹으면 독립적으로 인생을 멋지게 살 수 있다는 것이다. 그러면 노년의 인생을 보다 행복하게 살기 위해서는 어떻게 해야 하겠는가? 여기에 몇 가지 방법을 기술한다.

은퇴 준비를 철저히 하라

노년기는 은퇴 준비를 철저히 해야 한다. 만약 노년을 준비 없이 맞게 되면, 말년이 괴롭고 처량하기 그지없다. 노년은 돌아가시기만을 기다리는 시간이 아니다. 세월만 보내면 자연히 죽음을 맞이한다는 생각을 하면 잘못이다. 노년은 인생의 새로운 시작이며 황혼의 시간을 멋지게 보내는 것이 가장 큰 축복이다. 그러므로 행복한 사람은 노년을 잘 준비한다.

물질도 준비하라

노년에는 더더욱 물질이 필요하다. 노년에 물질이 없으면 더 초라하다. 어떤 사람은 노년이 되면서 자녀들에게 물질을 유산으로 미리 물려주는데 그러다 잘못하면 찬밥신세로 전락하게 된다. 물질은 가장 나중에 물려주는 것이 좋다. 오히려 물질을 무기로 삼고 효도하는 것을 가르치는 것이 좋다.

노년에 은퇴할 때는 반드시 재정적인 능력을 갖고 은퇴해야 한다. 보통 매달 수입의 2/3 정도는 준비하고 은퇴를 해야 한다. 개인적인 준비, 사회 복지금, 직장 연금 등 미리 신경을 써서 잘 준비하면 무리 없이 노년을 맞이할 수 있다. 또한 노년에는 자식에게 기댄다는 생각도 버려야 한다. 가령 어느 자식과 함께 살기 위해 재산을 미리 물려주었다면 그들이 잘하면 다행인데 그렇지 못한 경우가 많다. 오히려 자식들이 돈만 받고 부모는 나 몰라라 하며 잘 모시지도 못한다. 들어갈 때 마음하고 나갈 때 마음이 다르기 때문이다. 또 재산 때문에 자식들끼리 싸우고 미워하고 시기 질투하는 일도 비일비재하다. 재산은 마지막에 물려주는 것이지 미리 물려주면 쌍방이 좋지 않다.

건강도 준비하라

노년기에 가장 중요한 것이 건강이다. 그래서 이런 말이 있다. "인생에서 돈을 잃으면 조금 잃는 것이고 명예를 잃으면 조금 더 잃는 것이고 건강을 잃으면 다 잃는 것이다." 이것은 그만큼 건강이 중요하다는 것이다. 그러므로 노년기의 가장 큰 관심사가 건강이다. 나이가 들면 육신이 다 되었다는 신호가 온다. 질병도 하나 둘씩 생겨난다. 그대로 방치해두면 심각한 상황을 맞게 된다.

노년에는 꾸준한 운동이 필요하다. 단기적으로 끝나는 운동이 아니라 매일 규칙적으로 조금씩이라도 운동하는 습관을 가지는 것이 좋다. 장수하는 사람의 특징은 매일 꾸준한 운동이나 취미 활동이 있다고 하지 않는가? 그러므로 노년에는 등산, 조깅, 수영 등 자신에게 맞는 운동을 찾아 규칙적으로 하는 것이 건강에도 참 좋다.

취미와 여가활동도 준비하라

노인이 되면 할 일이 없다고 생각하면 안된다. 그럴수록 더욱 할 일을 찾아다녀야 한다. 할 일이 없으면 무료해지고 몸도 더 약해지고 질병도 자주 생긴다. 노인이 될수록 할 일 찾아 열심히 일하는 것이 좋다. 은퇴를 하고 난 후에도 사회와 계속적인 관계를 해야 한다. 모든 것을 단절시키면 안 된다. 여가 활동을 하는 노인과 하지 않는 노인과는 엄청난 차이가 있다. 노후 준비를 잘하는 사람은 취미와 여가활동을 계획하고 잘 만들어 가는 사람이다.

동반자도 준비하라

노인이 되면 동반자가 옆에 있는 것이 훨씬 더 좋다. 노년에 배우자가 있는 노인들이 그렇지 않은 노인들보다 평균 7년을 더 오래 산다고 한다. 또한 노년에 배우자가 함께 살다가 한쪽이 먼저 가면, 대개 몇 년이 못 되어 다른 쪽도 같이 천국에 가는 경우가 많다. 남자의 경우는 더 심하다. 부인이 먼저 가면 시름시름 앓다가 외롭게 뒤따라가는 경우가 많다. 그만큼 배우자가 있는 노인들이 행복하며 건강하게 잘 산다는 것이다.

어떤 노인들은 자녀 눈치 때문에 황혼 결혼에 대해 말 못하는 경우도 많이 있다고 한다. 인생을 자녀가 살아주는 것이 아니다. 잘 준비만 된다면 황혼 결혼도 못할 것이 없다. 행복한 삶과 건강한 삶을 위해 여건이 된다면 좋은 만남도 적극적으로 권장하는 것이 좋다. 배우자가 있는 노년은 아름답다. 배우자와 함께 좋은 시간을 많이 가지는 것이 건강에도 좋고 그동안 못다 했던 인생을 멋지게 사는 것이다.

은퇴 후에도 자기관리를 하라

사람은 자기 관리를 어떻게 하느냐에 따라 행복과 불행이 달라진다. 모든 일은 마음먹기에 달려있다. 그리고 그것을 어떻게 실천하느냐에 달려있다. 행복한 사람은 좋은 생각, 좋은 습관을 가진다. 이것은 노인 때도 마찬가지이다. 노인이라고 인생이 끝났다고 생각하면 안 된다. 노인들도 어떻게 스스로 노년을 만들어 가느냐에 따라 그들의 삶의 질이 달라질 수 있다.

비전을 가진 노인이 되자

인생은 70부터이다. 나이 들었다고 기죽을 필요 없다. 70세가 넘은 어느 유명한 사진작가가 "당신의 가장 훌륭한 작품이 무엇입니까?"라고 묻는 기자들의 질문에 "앞으로 찍을 사진입니다."라고 당당하게 말했다고 한다. 노년일수록 더욱 자신을 개발해야 한다. 멈추면 안 된다. 자신을 돌아보며 꿈과 비전을 계속 가지고 가야 한다. 그것이 건강의 비결이며 행복한 삶을 사는 방법이다. 자기 삶의 방향과 의미를 아는 노인은 정말로 행복한 사람이다.

자책하지 않는 노인이 되자

대부분 노인들을 보면 과거를 돌아보며 자신이 헛살았다고 자책하거나 실망하는 경우가 많다. 옛날에 조금만 더 잘했으면 이렇게 되지는 않았을 텐데 하며 후회하고 낙담한다. 그러나 그렇게 후회하면 할수록 사람은 더 불행하게 된다. 더 소극적이 되고 앞으로도 후회할 일들만 생기게 된다.

사실 과거의 실수와 허물도 지금의 나를 만들어온 과정인 것이다. 그것이 있었기 때문에 많은 것들을 깨달았고, 더욱 성숙한 삶을 살 수 있었다. 과거를 자꾸 돌아보며 후회하면 자책감에 빠져 아무 것도 할 수 없다. 잊어버릴 것은 잊어버려야 한다. 그리고 다시 시작하면 된다. 노인이라고 늦었다고 생각하면 안 된다. 늦었다고 생각하는 순간이 가장 빠른 시간이다. 그러므로 과거를 생각하며 자책하는 것이 아니라 앞을 향해 달려가는 사람이 되어야 건강하고 행복한 삶을 살 수 있다.

장기적 계획을 갖는 노인이 되자

노인이 되었다고 계획을 멈추면 안 된다. 젊을 때 못한 것이 있다면, 늙어서는 더 잘할 수도 있다. 늙었다고 너무 단기적인 것만 계획하는 것이 아니라 장기적인 계획도 만들어가며 자신을 가꾸고 개발하는 모습은 정말 아름다운 것이다. 더욱이 노인이 장기적인 계획을 가지고 살아가면 그것이 사명이라고 믿고 열심히 일하기 때문에 더 건강하고 활기차게 살아갈 수 있다. 만약에 그 일을 추진하다가 생을 마감한다 할지라도 그 일은 의미 있고 보람 있는 것이다. 다음 사람이 또 바통을 이어받을 것이다.

주위 사람과 자연을 사랑하는 노인이 되자

노인이 되면 고립되기 쉽다. 그럴수록 사람들을 자주 만나고 친밀감을 보여주어야 한다. 내 자존심만 내세우게 되면 주변에 사람이 사라질 수 있다. 내가 먼저 적극적으로 찾아가 사람도 만나고 다른 사람과 사귈 때 내 고집도 조금은 꺾어줄 줄 알아야 한다. 이제는 마음을 열고 주변 사람들을 받아주는 넉넉함을 가질 필요가 있다.

또한 노인이 되면 자연을 사랑하는 마음도 필요하다. 꽃이나 나무를 가꾼다든지, 동물을 기른다든지 친 자연적인 습관을 가지는 것이 좋다. 자연을 대하면 마음이 부드러워진다. 자연은 우리에게 평안과 여유를 가져다준다. 자연을 사랑하는 사람일수록 성숙한 사람이며 마음이 넓은 사람이다. 자연은 나를 사랑하게 하고, 남을 사랑하게 하며, 주변을 사랑하게 만든다. 자연은 정신적으로 육체적으로 안정과 위로와 쉼터를 제공해준다.

비평에 대해 신경을 쓰지 말자

나이를 먹다 보면 다른 사람에 대해 신경을 쓰지 않을 수 없다. 가족, 친지들도 생각해야 하고, 자신의 배경과 지위도 생각해야 하고 여러 가지 것들이 신경이 쓰인다. 또 새로운 관계를 맺을 때도 좋은 인상을 주어야 하고, 상대에게 해를 끼쳐서는 안 된다는 부담감도 작용한다. 그러다 보면 몸을 움츠리게 되고 자신감을 잃게 된다. 성격도 소심해지고 우유부단해진다. 그러나 완벽한 사람은 없다. 무슨 일을 해도 비판하는 사람은 언제든지 있다. 노인 때에는 이런 것들에 대해 자유 해야 한다. 신경 쓸 필요가 없다. 다른 사람의 비평에 골몰하면 정신 건강에도 안 좋다. 훌훌 털어버려라.

영원한 가치와 신앙을 삶의 중심으로 삼자

노인들에게는 미래가 두렵다. 죽음이 현실로 다가왔기 때문이다. 그들은 인생의 수명이 얼마 남지 않았다고 생각하기 때문에 못 다한 일들에 대한 조바심도 있다. 그 일들을 이루지 못한 걱정과 두려움도 공존한다. 다 내려놓아야 한다. 현실에 집착하면 할수록 염려는 더 쌓일 수 있다. 집착과 사랑은 다른 것이다. 현실을 집착하면 걱정과 염려가 되지만 인생을 사랑하는 사람은 그 일을 즐길 수 있다.

그리스도인은 이 땅의 삶도 복되지만 앞으로 다가올 영원한 삶도 아름답다고 생각한다. 오히려 눈에 보이는 가치보다 눈에 보이지 않는 가치와 신앙이 더 중요하다고 생각한다. 왜냐하면 이 땅의 가치는 결국 썩어질 것이지만 보이지 않는 천국의 가치는 영원한 상급과 기쁨이 넘쳐나는 곳이기 때문이다. 크리스천 노인들의 삶도 마찬가지이다. 현실에만 눈이 어두워 생활하면 걱정과 두려움과 불안이 엄습할 것이다. 그러나 삶의 중심을 눈에 보이지 않는 가치와 신앙에 우선순위를 둔다면 그분은 새로운 기쁨과 은혜를 경험하며 행복한 삶을 살아가게 될 것이다.

| 정리와 묵상하기 | 상 처 Healing |

* 노년기 상처의 원인이 무엇인가?

첫째, 할 일이 없어 무료감과 상실감을 느끼는 때이다.

둘째, 은퇴 후에 자신의 역할이 모호할 때이다.

셋째, 아직도 마음의 벽을 만들고 주변에 친구를 만들지 못하는 때이다.

* 노년기 준비는 어떻게 해야 행복한 삶을 살 수 있겠는가?

첫째, 노년기를 위한 물질을 준비해야 한다. 자녀들에게 다 물려주면 안된다.

둘째, 건강한 생활도 준비해야 한다.

셋째, 취미와 여가 활동도 준비해야 한다.

넷째, 동반자도 준비하면 좋을 것이다. 배우자나 친구는 노년기일수록 더 필요하다.

* 노년기에는 자기관리를 어떻게 해야 하는가?

첫째, 비전을 가진 노인이 되자. 노인이라고 꿈과 계획을 포기하면 안된다. 끝까지 달려가는 노인이 되어야 한다.

둘째, 살아온 날들을 자책하지 않는 노인이 되어야 한다. 툴툴 털어버리고 또 앞으로 나아가면 된다.

셋째, 장기적인 계획을 갖는 노인이 되어야 한다. 노인이라고 단기적인 계획만 잡으면 안된다. 장기적인 계획도 충분히 잡으며 즐길 줄 알아야 한다.

넷째, 주위 사람과 자연을 사랑하는 노인이 되어야 한다. 노인일수록 사람들과 자연을 가까이 하는 습관을 길러야 한다.

다섯째, 다른 사람의 비평에 대해 신경을 쓰지 말고 즐겁게 인생을 살아야 한다.

여섯째, 무엇보다도 영원한 가치와 신앙을 삶에 중심으로 삼는 노인이 되어야 한다. 그것이 마지막을 가장 잘 준비하는 시간일 것이다.

Chapter 8

좋은 상담자가 되는 비결

내게 능력 주시는 자 안에서 내가 모든 것을 할 수 있느니라 그러나 너희가 내 괴로움에 함께 참여하였으니 잘하였도다 (빌립보서 4:13-14)

21세기는 상담의 시대이다. 상처받고 찢긴 영혼들이 치유 받기를 원하는 사람들이 얼마나 많은지 모른다. 이들을 향해 상담의 기술을 통해 치유와 회복을 경험케 하는 것은 참으로 좋은 일이다. 이 장에서는 그런 기본적인 상담사의 자질을 제시하고 좋은 상담자가 되는 비법을 가르쳐 준다.

01
상담자의 기본적인 자질

> 너희가 비판하는 그 비판으로 너희가 비판을 받을 것이요 너희가 헤아리는 그 헤아림으로 너희가 헤아림을 받을 것이니라 어찌하여 형제의 눈 속에 있는 티는 보고 네 눈 속에 있는 들보는 깨닫지 못하느냐 (마태복음 7:2-3)

사람은 성장하면서 알게 모르게 상담을 주고받으면서 살아간다. 상담자는 내담자의 고민과 문제를 들어주고 해결해주는 사람을 말한다. 전문 상담사는 이런 관계를 전문적으로 배우고 익혀서 치유해주는 사람이고 일반 사람들은 경험이나 책들을 통해 무의식적으로 가족이나 친구, 동료 등을 상담해주는 사람일 것이다. 그래서 이시간은 상담에 대한 전문 지식을 미리 알고 누구든지 요긴하게 효과적인 상담을 주고받을 수 있도록 소개하고 있다.

상담은 기본기가 중요하다

상담을 할 때 기본적인 요건이 있다. 그 요건을 잘 갖추어야 적절한 상담이 이루어질 수 있다. 만약 이런 조건을 갖추지 아니하면 상담의 관계는 흐트러지고 문제도 해결할 수 없으며 좋은 상담의 결과를 이루지 못할 것이다. 그래서 상담자의 중요한 자질 세 가지를 머리에 각인시켜 두면 누구를 만나도 좋은 관계를 유지할 수 있을 것이다.

경청하는 기술 (Listening Skill)

상담의 가장 기본적인 자세가 경청이다. 사람과 대화를 하거나 관계를 맺으면서 경청을 하지 못하면 그 사람은 상대와 좋은 관계를 맺을 수 없다. 아마도 이기적인 대화를 하거나, 아니면 자기 이야기만 함으로써 상대와 좌충우돌하며 문제를 야기하는 사람이 될 것이다. 그런데 애석하게도 사람들의 75%는 경청을 잘 하지 못한다고 한다. 더욱이 나이가 들면 경청의 능력은 더 떨어진다고 한다. 그러나 경청은 대화와 상담의 가장 필수적인 요건이다. 경청하는 사람이 사람의 마음을 사로잡을 수 있고, 좋은 상담자가 될 수 있다.

경청을 할 때는 소음을 피하는 것이 좋다. 조용한 장소나 정돈된 곳이 좋다. 만약 어수선한 책상이라면 정리정돈을 하고 분위기를 차분하고 편안하게 만들면 서로 대화하기가 더 좋을 것이다. 내담자와의 거리는 한 걸음 정도 떨어진 곳이 좋으며 왼쪽 얼굴이 15도 정도 보이게 대화를 하면 훨씬 더 부드럽게 느껴질 것이다. 왜냐하면 경직된 오른쪽 얼굴보다는 부드러운 왼쪽 얼굴이 대화를 편안하게 만들기 때문이다. 중요한 것은 마음을 열 수 있는 분위기와 장소를 선정하는 것이 좋다.

귀로 듣는 경청(Hearing)

경청에는 네 종류가 있다. 무조건 다 듣는다고 경청이 아니다. 경청도 주의 깊게 듣는 경청이 있고, 그렇지 않은 경청이 있다. 귀로 듣는 경청은 한 귀로 듣고, 한 귀로 흘러버리는 방법이다. 듣고는 있지만 실제로 마음에는 담아두지 않는 가벼운 경청이다. 별로 중요하게 생각지 않고 관심이 없는 경청이다. 고개는 끄덕이지만 생각은 다른 곳에 있을 수 있다. 무심코 듣는 경청이며 형식적이고 의무적인 경청이다. 별로 관심도 없기 때문에 예의로 들어주는 것이다. 상담용 경청이다.

첫째로 귀로 듣는 경청은 내담자로부터 정보를 알기 위한 수준 정도이며, 빨리 해답을 주고 시간을 때우려는 경청이다. 그러나 길어지면 정말 의무적인 경청이 되는 것이다. 그러므로 귀로 듣는 경청은 상대가 알아차릴 수 있다. 성의 없이 듣기 때문에 그렇다. 이런 경청은 별로 도움이 안 된다. 시간만 갈 뿐이다. 나도 상대도 감동이 없다. 그러므로 귀로 듣는 경청은 사무적이라 할 수 있다. 보다 더 주의력을 요하는 경청을 해야 할 것이다.

눈으로 듣는 경청(Eye contact listening)

둘째로 눈으로 듣는 경청이 있다. 이것은 귀로 듣는 경청보다는 조금 더 나은 경청의 방법이다. 상대의 눈을 보며 눈과 눈이 마주치는 경청이다. 다른 말로 '아이콘택(eye contact)경청'이라 한다. 이것은 귀로 듣는 경청보다 상대의 말을 훨씬 더 귀담아 들을 수 있다. 그 말의 줄거리를 이해하고, 이따금씩 눈으로 신호를 보내며 서로의 감정을 상호 주고받을 수 있다. 상대는 상담자의 표정을 보며 진심을 알고 편안하게 이야기할 수 있으며 자신의 상태도 돌아볼 수 있는 기회를 갖게 된다. 눈으로 오래 보면서 대화를 하면 거의 속일 수 없다. 왜냐하면 그 속에는 진심이 담겨져 있기 때문이다. 상담자는 경청을 할 때 최소한 눈으로 듣는 경청을 해야 한다.

입으로 듣는 경청(Solution listening)

셋째로 입으로 듣는 경청이 있다. 이것은 적극적으로 경청하고 해답을 주는 방법이다. 상담자는 귀와 눈으로 들으며 말하는 사람의 내용을 사실대로 이해한다. 그리고 그분의 상황을 잘 이해하고 상담자의 전문적인 지식을 통해 대안을 제시하며 적절한 방법으로 유도하는 경청이다. 건강하고 전문적인 좋은 상담자를 만나면 적절한 대안을 찾을 수 있다.

그러나 입으로 듣는 경청의 약점은 상담자 중심의 경청이 될 수 있다는 것이다. 내담자의 말을 적극적으로 듣기는 하지만, 그 방향은 상담자가 생각하는 대로 질문하고 지시하고 대안을 제시하는 것이기 때문에 자칫 잘못하면 내담자가 자기가 생각하는 것과 다를 때 마음의 문을 닫을 수 있다. 그렇게 되면 강압적이 되고 강요적이 되며 설득적인 상담이 이뤄질 수밖에 없다. 대개 목사님들이 이런 상담을 한다고 할 수 있다. 그러나 입으로 듣는 경청은 말하는 내담자가 해결책을 내놓는 것이 아니라 상담자가 혼자서 마무리하는 것이기 때문에 일방적이라고 할 수 있다.

마음으로 듣는 경청(Heart listening)

넷째로 마음으로 듣는 경청이 있다. 가장 바람직한 경청의 방법이다. 이것은 말하는 내담자의 입장에서 듣는 경청이다. 귀와 눈, 입뿐만 아니라 가슴으로 듣는 경청이다. 그의 몸동작, 얼굴 표정, 제스처 등 어느 하나 빼놓지 않고 같이 느끼고 대화하는 경청의 방법이다. 사람의 의사소통은 60%가 몸동작으로 표현된다고 한다. 그래서 몸동작을 보면 그 사람의 진실과 마음을 읽을 수 있다. 마음으로 듣는 경청은 상대의 몸동작만 아니라 마음과 마음이 통하는 대화를 하는 진실한 경청이다. 이금희 아나운서가 남북가족상봉을 할 때 테이블 밑에서 무릎을 꿇고 같이 눈물을 흘리며 인터뷰를 하는 모습을 보고 많은 국민들이 함께 울었다. 그것이 바로 마음으로 듣는 경청이며, 진실한 대화 방법이라 할 수 있다.

마음으로 듣는 경청은 상담자가 해답을 주는 경청이 아니다. 입으로 듣는 경청은 내가 해답을 주는 경청이다. 그러나 마음으로 듣는 경청은 내가 해답을 주는 것이 아니라 말하는 상대가 그 해답을 스스로 말하게 하는 경청이다. 단지 나는 상대가 해답을 말할 수 있도록 적극적인 질문을 하며 좋은 대안을 찾도록 유도하는 것이다. 그래서 마음으로 듣는 경청은 좋은 질문을 던지며 상대가 적극적으로 말하도록 지혜를 모아야 할 것이다.

의사소통하는 기술 (Communication Skill)

두 번째 상담자의 기본적인 자세는 의사소통의 기술이다. 상담을 할 때 대화가 물 흐르듯이 흘러가야 한다. 때로는 침묵도 괜찮다. 침묵도 대화의 과정이다. 어떤 사람은 대화할 때 침묵을 못 견디는 사람이 있다. 의사소통을 못하는 사람이다. 침묵도 의사소통의 한 방법이다. 침묵은 깨지게 되어있다. 그러나 침묵 후에 나오는 첫 이야기는 대화의 중요한 물꼬를 트는 도화선이 될 수 있다. 그래서 침묵도 대화의 과정인 것이다.

래포(rapport)를 형성하라

래포를 형성하는 것은 의사소통의 가장 중요한 기술이다. 래포는 관계의 일체감, 친밀감, 하나됨을 느끼는 것을 말한다. 사람이 래포를 느끼면 마음을 연다. 진심을 이야기하고, 가식을 던져버리며 솔직해진다. 그러나 래포가 형성되지 않으면 가면을 쓴다. 눈치를 본다. 의심한다. 상대를 믿지 못한다. 신중하게 말을 한다. 형식적이 된다.

래포를 형성할 수 있는 것은 말로만 되는 것이 아니다. 상대와 마음과 마음이 통해야 한다. 그것은 진심이 드러나야 하고, 상대가 느낄 수 있어야 한다. 만약 상대가 그 진심을 느끼지 못하면 아무리 말을 해도 마음의 문을 열지 않을 것이다. 그만큼 래포는 중요한 의사소통의 기술이다. 방법은 다양할 것이다. 그러나 해답은 한 가지이다. 마음을 열게 해야 한다. 마음이 열리지 않으면 래포는 형성되지 않는다.

대화의 규칙을 지켜라

마음을 열고 의사소통을 잘하는 기본적인 방법이 있다. 그것은 대화의 규칙을 나름대로 정하는 것이다. 이것을 야고보 사도는 우리들에게 "사람마다 듣기는 속히 하고, 말하기는 더디 하며, 성내기도 더디 하라"고 원칙을 제시해 주었다. 맞는 말이다. 사람들이 대화할 때 내가 말하는 것보다 상대가 말하도록 유도하는 것이 좋은 상담자의 자질이다. 나는 대화를 잘 경청하는 인내와 포용력을 갖고 있어야 상대가 편안하게 말을 할 수 있다. 그러면 자연히 래포가 형성되는 것이다.

좋은 대화를 하는 데는 일반적인 규칙이 있다. 그것은 3:2:1의 규칙이다. 이 규칙을 따르면 상대와 좋은 관계를 만들어갈 수 있다. 이것은 3번 듣고 2번 맞장구를 치며 1번 말하는 것이다. 또는 3분 듣고 2분 맞장구를 치며 1분 말하는 것이다. 예를 들면 대화할 때 상대가 말을 많이 하도록 잘 유도하고 나는 추임새 같은 것을 넣으며 맞장구를 친다. "그런데요? 그래서요? 그렇군요! 저도 같은 생각을 했는데요. 아, 참 잘하셨어요!" 등과 같이 상대의 끝말을 반복해서 동의해주고 흥을 복돋아 주는 것이다. 그리고 마지막에 약간의 내 말을 하는 것이다. 그러면 상대가 기분 나쁘지 않고 편안하게 대화를 할 수 있을 것이다. 상대와 오랫동안 지속적인 관계를 유지하려면 이 법칙을 따르는 것이 좋다. 그러면 정말 좋은 효과를 거두게 될 것이다.

질문을 다양하게 하라

의사소통을 효과적으로 하는 또 다른 방법은 상대방에게 질문을 다양하게 하는 것이다. 질문을 잘하면 대화의 폭이 넓어진다. 상대와 무한한 대화를 할 수 있고 깊이 있게 얼마든지 대화를 진행할 수 있다.

확대질문과 특정질문

특정질문은 생각 없이 바로 대답할 수 있는 질문이다. 예를 들면 "교회는 몇 년 다녔나요?" "나이는, 학교는 어디 나왔나요?" 등과 같이 단답형으로 대답할 수 있는 질문을 말한다. 특정질문은 "예, 아니오!"라고 대답하기 때문에 대화의 맥이 끊길 수 있다. 그러나 확대질문은 단답형 질문을 못하도록 하는 질문이며 서술형으로 대답할 수 있게 하는 질문이다. 예를 들면 "당신은 앞으로 어떤 일을 하고 싶나요?" "당신은 장로로서 어떤 사역과 비전을 가지고 계시나요?" 등과 같이 서술적으로 대답할 수 있게 한다. 특정질문은 사실정보만 확인하는 수준이라고 하면 확대질문은 상대방의 능력과 가능성을 확대하여 마음껏 말할 수 있도록 유도하는 질문이다. 그러므로 대화할 때는 특정질문보다는 확대질문을 유도하는 것이 좋다.

미래질문과 과거질문

미래질문은 과거질문과 대립되는 개념이다. 과거질문은 "지금까지 무엇을 했느냐?" "왜 못했는가?" "왜 그것을 했느냐?" 하며 과거의 행적을 들추는 것을 말한다. 물론 경각심을 갖기 위해서는 필요하지만 건설적인 질문은 아니다. 반면에 미래질문은 가능성을 개발하는 질문이다. 예를 들면 "앞으로 무엇을 하고 싶나요?" "그 일을 잘하려면 어떻게 하는 것이 좋겠습니까?" 등과 같이 대안을 찾고 건설적으로 대화를 이끌어가는 질문이다. 대화를 할 때 미래질문을 많이 하면 창조적이고 생산적인 이야기들이 다양하게 나오게 되는 것이다.

긍정질문과 부정질문

부정적인 질문은 부정적인 관점에서 질문하는 것이다. 예를 들면 "왜 전도를 하지 못했느냐?" "왜 그것을 하지 않았느냐?" 하며 책망적인 개념에서 질문하는 것이다. 이것은 사람의 자존심을 죽이며 부정적인 사람으로 만든다. 질문을 받는 입장에서는 열등감이 느껴지고, 앞으로 할 일도 도전하지 못하도록 하게 한다. 반면에 긍정적인 질문은 앞으로 해결할 방안을 찾고, 적극적인 태도를 취하게 한다. 예를 들어 "그 일을 어떻게 하면 잘 할 수 있을까요?" "잘하려고 하면 나는 어떻게 해야 돼?" 등과 같이 안되는 쪽보다는 되는 쪽에서 질문을 하고 적극적으로 대안을 모색하는 것이다. 그래서 긍정질문은 언제나 상대를 기분 좋게 하고 자신감을 심어주며 적극적으로 열린 자세를 갖게 한다.

전인적 질문과 부분적 질문

부분적 질문은 인간의 지성이면 지성, 감성이면 감성, 의지면 의지 등을 감안해서 인간의 한 부분만 생각하며 질문하는 것을 말한다. 그러나 전인적 질문은 인간의 지정의(知情意)를 다 동원하여 질문하는 것이다. 즉 내가 알고, 느끼고, 행하는 방법까지를 묻는 질문이다. 신앙적으로도 지성, 감성, 영성의 부분을 다 인지하며 질문하는 것이다. 예를 들어 "당신은 현재 이 사역에 대해 어느 정도로 알고 계시나요?" "당신은 이 사역에 대해 어떻게 느끼나요?" "당신은 어느 부분에서 주님과 함께 사역을 하고 계시나요?" "당신이 만약 예수라면 어떻게 하겠습니까?" "당신은 현재 어떤 영적 습관을 갖고 있습니까?" "다음 단계는 무엇입니까?" 등과 같은 질문이다.

전인적 질문은 마음으로 듣는 경청을 해야 하며 질문도 마음과 마음이 와 닿을 수 있도록 말투, 얼굴, 제스처, 몸짓 등을 진솔하게 싣는 질문이어야 한다. 그래야 상대방도 상담자의 마음과 진심을 알고 마음의 문을 열 것이다. 상담자는 전인적 질문을 많이 해야 한다. 형식적이고 부분적인 질문은 가면을 쓰기 쉽다. 래포도 형성되지 않는다. 그러나 전인적인 질문은 친밀감이 느껴지고 상대와 일체감을 만들게 한다. 전인적 질문은 래포를 형성하는 가장 **빠른** 방법이다.

통찰력을 가져라

의사소통을 할 때는 상대를 직면해야 한다. 회피하거나 수동적인 자세를 가지는 것은 안 좋다. 보다 적극적으로 대하는 것이 대화를 화기애애하게 이끌어 갈 수 있다. 그러기 위해서는 상대의 마음을 읽을 수 있는 통찰력을 가지고 대화할 필요가 있다. 세 가지의 통찰력을 소개한다.

외면적인 통찰력

첫째, "외면의 통찰력(outsight)"이다. 이것은 상대방의 환경의 상태를 파악하는 것이다. 상대방이 왜 그런 이야기를 했는지 알려면 그분의 환경을 먼저 알아야 이해가 된다. 그분의 배경과 가족사, 직업, 출신성분, 학교내력 등 환경에 대해서 미리 인지를 하면 대화를 할 때 큰 도움이 된다. 그러므로 상담자는 먼저 그분의 환경적 상태를 파악하고 대화를 시작하면 보다 효과적이고 원활한 의사소통이 될 것이다.

내면적인 통찰력

둘째, "내면의 통찰력(insight)"이다. 상담할 때는 내담자의 내면을 볼 줄 알아야 한다. 지금 현재 내담자의 내면의 세계가 어떤가를 알고 있어야 한다. 질문을 하면서도 그런 상태를 인지하며 해야 한다. 그래야 내담자의 정서와 영성을 진단할 수 있다. 만약 상담자가 상대에 대한 내면의 통찰력을 갖고 있지 않으면 그 대화는 발전이 없다. 해법도 제시할 수 없다. 그냥 들어주는 대화에 불과할 것이다. 그러므로 상담자는 내담자의 내면세계를 읽을 줄 아는 내공을 길러야 한다.

미래적인 통찰력

셋째, "미래를 보는 통찰력(foresight)"이다. 이것은 상담을 할 때 내담자의 미래를 보며 대화를 하는 것이다. 예를 들면 그분과 대화를 하다 보면 '아, 이 분의 미래는 이렇게 되겠구나!' 하는 생각이 든다. 부정적인 사람은 부정적인 미래가 펼쳐질 것이고 긍정적인 사람은 긍정적인 미래가 펼쳐질 것이다. 그러므로 대화를 할 때 부정적인 내담자는 긍정적인 미래를 볼 수 있도록 질문과 대화를 이끌어 주어야 할 것이다.

결정하는 기술 (Decision Skill)

상담자의 세 번째 자세는 결정을 하는 것이다. 경청을 하고 의사소통을 하는 것은 모두가 해답을 얻기 위한 것이다. 실컷 이야기는 했는데 아무런 성과도 없었다고 하면 다시는 찾아오지 않을 것이다. 상담자는 주어진 시간에 무언가 해답을 얻도록 하지 않으면 그 상담자는 훌륭한 상담자라 말할 수 없다. 그것이 결정의 단계이다. 여기에도 몇 가지 원칙이 있다.

내담자가 이미 해답을 갖고 있다

결정을 해야 할 때, 상담자 자신이 결정을 하면 안된다. 상대가 하도록 유도해야 한다. 내가 하려는 유혹이 온다 하더라도 인내하며 기다려야 한다. 이미 상대는 해답을 갖고 있다. 그렇기 때문에 내 입에서 나오는 것보다 상대의 입에서 나오는 것이 훨씬 변화가 빠르고 강력한 힘의 바탕이 되는 것이다. 그러므로 상담자는 마음으로 듣는 경청을 하고 전인적인 질문을 통해 상대가 자신을 객관적으로 진단하게 하여 스스로 해답을 말하게 하는 것이 가장 효과적이다. 그리고 약간의 마무리 대안을 제시하면 금상첨화일 것이다.

단점보다 장점에 초점을 맞춰라

상담자는 내담자에게 대안을 제시할 때는 단점보다는 장점에 초점을 맞춰야 한다. 단점은 사람을 위축하게 만든다. 열등감을 느끼게 하고, 다시 시작하겠다는 마음을 상실하게 한다. 반면에 장점은 보다 적극적인 마음을 갖게 한다. 한 번 해보자는 마음이 안에서 자극되며, 무엇이든지 하면 될 것 같은 자신감을 갖게 한다. 그러므로 마지막 결정 부분에서는 항상 단점보다는 장점에 포인트를 맞춰 대화를 끌어가야 한다. 고래도 칭찬하면 춤춘다고 하지 않는가? 더욱이 사람은 더할 것이다.

문제의 원인을 밝히고 책임을 묻기보다 해결에 초점을 맞춰라

상담자는 내담자와 이야기할 때 그의 문제가 무엇인지 발견할 것이다. 그 문제는 실제로 내담자의 치료의 열쇠이다. 그렇기 때문에 중요한 문제라 할 수 있다. 그러나 상담자는 그 문제를 들었을 때 그 문제에 대한 해부와 책임과 결과를 말하기 보다는 해결과 치료에 초점을 맞춰야 한다. 문제아의 경우는 사람이 문제가 아니라 그 문제를 일으킨 원인과 배경이 문제인 것이다. 문제를 문제로만 보고 사람까지 싸잡아 비난하지 말고 그 문제를 해결하는 방법에 초점을 맞추면 좋은 상담이 이뤄질 것이다.

필요가 무엇인지 채워주려고 하라

내담자는 상담을 할 때 말보다는 실제적인 해결을 원한다. 물론 말의 위로도 중요하다. 그것만으로도 충분한 위로를 받는 사람도 있다. 하지만 많은 사람들은 상담을 할 때 실제적으로 몸으로 체감할 수 있는 해결을 원한다. 직업이 없는 사람은 직업이 구해지길 원한다. 몸이 아픈 사람은 몸이 치료받기를 원한다. 갈등이 있는 사람은 그 갈등을 해결하고 다시 좋은 관계를 갖기를 원한다. 가난한 사람은 조금이라도 그 가난을 벗어날 수 있는 방법을 알기 원한다. 이렇듯 상담을 해줄 때는 내담자의 필요가 무엇인지를 파악하고 그 필요를 채워주는 관점에서 풀어나가야 할 것이다.

단 한 번의 돌봄보다 주기적으로 계속 돌보라

마지막으로 상담은 단 한 번의 돌봄으로 끝나는 것이 아니다. 계속 주기적으로 규칙적으로 상담을 하고 돌봄과 사랑을 제공해야 한다. 그리고 그 사람이 변화되었는지를 점검하고, 같이 체감온도를 느낄 줄 아는 전인적 상담자가 되어야 한다. 그렇지 않으면 그 사람은 일시적인 변화와 치료를 경험할지 모르지만 계속적인 변화의 사람은 되지 못할 것이다. 그러므로 그 사람이 독립적으로 일어설 때까지는 주기적이고, 규칙적으로 상담하고 돌보는 사역을 계속해야 할 것이다. 사람을 세우는 것이 가장 힘든 일이지만 가장 보람 있는 일이기도 하기 때문이다.

상담자의 선지식

상담을 할 때 기본적인 지식을 먼저 알면 갈등도 줄일 수 있고 문제도 빨리 해결할 수 있다. 21세기는 정보의 시대이다. 조금이라도 먼저 알면 힘이 된다. 그동안 알지 못해서 상처 받고 갈등하고 마음 고생한 적이 얼마나 많이 있었는가? 그러므로 의사소통도 알아야 할 선지식이 있다. 이런 것들을 사전에 인지하면 많은 도움이 될 것이다.

내담자의 입장에서

문제를 만나는 내담자는 처음엔 난감할 것이다. 자기도 모르게 다가온 문제를 끌어안고 어찌할 바를 몰라 안타까울 때가 많이 있을 것이다. 이때에 내담자가 위기를 극복하는 반응단계가 있다. 그 첫 번째는 내담자가 일련의 사건을 접하는 것이다. "암에 걸렸다. 교통사고로 딸이 죽었다." 등과 같은 비보를 만나게 된다. 두 번째는 그 사건에 대해 충격을 받을 것이다. 개인적으로는 "아, 내가 암에 걸렸구나! 악, 암이다!"하며 충격을 이기지 못한다. 동시에 내면에는 무의식적으로 "억울하다. 왜 나만 암에 걸렸는가? 오히려 잘됐다!"하면서 나름대로 충격에 대한 재해석을 한다.

세 번째는 몸으로 자기보호 장치를 가동한다. 화, 슬픔, 비애, 탄식, 멍해짐, 일시적인 마비 등 부정적인 반응을 보이기도 하고, 눈물, 기도, 찬양, 감사 등 긍정적인 반응을 보이기도 한다. 그러나 자기보호 장치를 어떻게 가동하느냐에 따라 해결방법이 달라질 수도 있다.

네 번째는 위기의 반응이다. 드디어 다가오는 계속되는 고통의 순간들을 이길 면역성이 점점 약해진다. 기도해도 소용이 없다. 그때 비탄과 좌절, 패배의식, 분노 등 정신상태가 극에 달한다. 이럴 때 문제아가 되는 것이다. 문제를 만나는 사람의 입장에서는 이러한 위기를 어떻게 극복하느냐에 따라 삶의 성숙도가 완전히 달라지는 것이다.

마지막으로 수용의 단계이다. 계속되는 고통 속에서도 이런 위기의 순간을 끝까지 긍정적으로 반응하여 자신의 처지를 자연스럽게 수용하고 극복하며, 회복과 감사의 단계로 나아가는 것이다.

행복한 죽음

어떤 사람이 암말기 진단을 받았다. 그는 의사를 폭행하고, 주변사람에게 폭력을 행사하며 자신을 망가뜨렸다. 그러던 어느 날 벽을 한참 쳐다보다 문득 벽에 걸린 시를 발견했다. "햇볕이 없으면 무지개가 없지만, 비가 없어도 무지개가 없다" 그는 생각했다. 인생은 좋은 일, 궂은 일이 상존한다는 사실을. 그리고 그 깨달음을 통해 치유를 받고 그때부터 주변 사람들을 위로하며 오히려 격려하기 시작했다. 그리고 10개월 후에 행복한 죽음을 맞이했다. 이것이 건강한 사람의 치유 단계라 할 수 있다.

상담자의 입장에서

그러면 반대로 문제를 안고 다가온 내담자를 보며 상담자는 어떤 선지식을 갖고 상담에 임해야 하겠는가?

첫째, 내담자의 배경을 먼저 파악해야 한다. 그의 중요경험, 행동, 감정 등을 미리 선점하는 것이 좋다. 그래야 그 사람과의 대화도 용이하고 그 문제를 해결하는 것도 빠를 수 있다.

둘째, 내담자와 대화할 때는 너무 빠르게 진행하면 좋지 않다. 대화의 시작부터 결론을 말하면 내담자는 아직 마음의 준비도 되지 않았는데 정곡을 찔렀기 때문에 어디로 튈지 모른다. 나가버릴 수도 있고 말을 안 할 수도 있으며 역으로 크게 반항할 수도 있다. 그렇기 때문에 공통된 주제로 이야기를 부드럽게 시작하고 천천히 본론에 접할 수 있는 기술을 익혀야 한다.

셋째, 내담자와 대화할 때 내담자가 사용한 단어를 다시 사용하며 공감을 표시하면 상당히 좋은 반응을 일으킬 수 있다. 내담자의 말을 적극적으로 반응하며 같이 맞장구를 쳐주고 공감을 표시하는 것은 대화의 기본기술이다.

넷째, 강요적이거나 지시적인 단어는 피하는 것이 좋다. 그것은 내담자에게 혐오감을 주기 때문에 마음의 문을 닫게 한다. 래포를 형성하기 위해서는 상대가 말을 많이 하게 해주고, 상담자가 혹 말을 할 때는 부드러운 단어 선택이 필수적이다.

다섯째, 일방적으로 미리 해답을 주어서는 안 된다. 미리 단정해서도 안 된다. 내담자를 추궁해서도 안 된다. 내 마음에 들지 않는다고 결론적인 대화를 미리 주도하려고 해서도 안 된다. 상담자는 대화의 시간이 가면서 내담자가 자연스럽게 깨닫도록 좋은 질문을 해주며, 자기의 입에서 긍정적인 결론이 나오도록 유도하는 인내와 지혜가 필요하다. 이렇게 하면 좋은 상담자의 자질을 갖추었다고 할 수 있다.

> 정리와 묵상하기

상 처 Healing

* 상담자의 기본적인 기술이 무엇인가?

첫째, 내담자의 말을 경청하는 기술이다(Listening Skill).

둘째, 내담자와 의사소통하는 기술이다(Communication Skill).

셋째, 문제의 대안을 제시하고 결정하는 기술이다(Decision Skill).

* 내담자의 말을 잘 경청하려면 어떻게 해야 하는가?

첫째, 귀로 듣는 경청이 있다. 한귀로 듣고, 한귀로 흘러버리는 경청이다. 이것은 내담자로부터 정보를 알기 위한 수준 정도이며, 빨리 해답을 주고 시간을 때우려는 경청이다.

둘째, 눈으로 듣는 경청이 있다. 이것은 내담자의 눈을 보며 듣는 경청이다. 그 말의 줄거리를 이해하고, 이따금씩 눈으로 신호를 보내며 서로의 감정을 상호 주고받을 수 있다.

셋째, 입으로 듣는 경청이다. 귀로 듣고 질문도 하며 보다 더 적극적으로 주의 깊게 듣는 경청의 방법이다. 입으로 듣는 경청은 적극적으로 경청하고 해답도 적극적으로 말해주는 방법이기 때문에 자칫 잘못하면 상담자 중심의 경청이 될 수 있다. 이것이 약점이다.

넷째, 마음으로 듣는 경청이다. 이것은 내담자의 귀, 눈, 입뿐만 아니라 몸동작, 얼굴 표정, 제스처 등 어느 하나 빼놓지 않고 같이 느끼고 대화하는 경청의 방법이다. 가장 이상적인 경청의 방법이다.

* 내담자와 의사소통을 잘하려면 어떻게 해야 하는가?

첫째, 내담자와 래포(rapport)를 형성하라. 상담자와 내담자가 서로 친밀감을 형성하면 그 다음부터는 대화가 술술 잘 풀린다.

둘째, 대화의 규칙을 준수해야 한다. 세 번 듣고 두 번 맞장구치고 한 번 말하라. 많이 듣고 적게 말하는 습관을 가지면 좋은 의사소통을 할 수 있다.

셋째, 질문을 다양하게 하라. 내담자가 말을 많이 하도록 유도하며, 그 대화를 통해서 자신이 스스로 해답을 내도록 유도하는 것이 좋다.

넷째, 통찰력을 갖고 대화하라. 대화의 방향을 잡고 건전한 흐름을 타도록 주도해나가야 한다. 대화가 삼천포로 빠지는 것은 경계해야 한다.

* 내담자에게 대안을 제시하고 결정하는 것은 어떻게 해야 하는가?

첫째, 내담자가 이미 해답을 갖고 있다. 대화를 하다보면 자연히 그것을 깨닫게 된다. 그러므로 상담자는 내담자에게 먼저 해답을 주지 않는 것이 좋다.

둘째, 단점보다 장점에 초점을 맞춰라. 단점은 사람을 죽이지만 장점은 사람을 살리는 역할을 한다. 비판보다는 칭찬, 책망보다는 예언적 축복을 심어주는 것이 좋다.

셋째, 문제의 원인을 밝히고 책임을 묻기보다 해결에 초점을 맞춰라. 부정적인 에너지보다는 긍정적인 에너지에 초점을 맞춰야 미래지향적이 될 수 있다.

넷째, 내담자의 필요가 무엇인지 채워주려고 하라. 그래야 실제적인 도움이 되고 해결의 실마리를 찾게 된다.

다섯째, 단 한 번의 돌봄보다 주기적으로 계속 돌보라. 상담은 한 번으로 끝날 수 없다. 계속적인 돌봄과 양육이 있을 때 자아가 건강해지고 성숙해지는 결과를 낳는다.

02
상담의 실제적인 기술들

내가 진실로 진실로 너희에게 이르노니 한 알의 밀이 땅에 떨어져 죽지 아니하면 한 알 그대로 있고 죽으면 많은 열매를 맺느니라 (요한복음 12:24)

상담을 배운 사람과 안 배운 사람과는 천지차이이다. 왜냐하면 사람을 보는 시각이 달라지기 때문이다. 상담을 배우기 시작하면 대화할 때 내담자의 문제가 보이기 시작한다. 자녀들과 대화할 때도 그들이 무슨 문제가 있는지를 발견하게 된다. 그리고 그들의 문제를 어떻게 처리해야 갈등을 조율하고 화합할 수 있는지 알게 된다. 이것이 상담을 배우는 묘미라 할 수 있다.

상담의 행동주의적 접근

상담을 할 때에는 내담자의 행동과 객관적인 데이터를 갖고 해야 성공할 수 있다. 이것을 상담의 "행동주의적 접근"이라고 한다. 첫째, 상담은 행동이 "객관화" 되어야 한다. 상담의 진행과정이 주관적이 아니고, 객관적이어야 한다는 것이다. 둘째, 상담은 행동을 "관찰"할 수 있어야 한다. 보고 듣고 느끼는 상담이 되어야 한다. 셋째, 상담은 행동을 "검증"할 수 있어야 한다. 무턱대고 주관적으로 정리하고 결론을 내리는 것이 아니고 검증된 시스템이나 패러다임이 있어야 한다. 넷째, 상담은 행동을 "수치화"할 수 있어야 한다. 상담의 유형을 수치화하고, 그것에 대입할 수 있는 데이터가 있어야 한다. 그러기 위해 수많은 임상실험을 통해 수치화를 이룰 수 있어야 한다.

상담 전에 점검할 부분

상담을 진행할 때 점검해야 될 문제가 있다. 그것은 그 사람에게 "어떤 특징"이 있느냐를 관찰하고 해결해주는 것이다. 예를 들어 상담자는 내담자가 사람들 앞에서 얼굴이 빨개진다는 행동의 특징을 발견했다고 하자. 그러면 상담자는 내담자가 대중들 앞에서 얼굴이 안 빨개지도록 행동목표를 설정해야 한다. 그리고 그러한 행동 목표를 위해 방법을 찾아 해결해주어야 한다.

예를 들면 내담자에게 '거울 앞에서 나는 잘 생겼다' 하며 자기 암시를 하게 하는 것이다. 이런 구체적인 방법을 통해 얼굴이 안 빨개지도록 도와준다. 또한 내담자가 대중들 앞에서 얼굴이 안 빨개졌던 경험을 찾아보게 해주는 것이다. 예를 들어 "친한 사람이 있을 때는 얼굴이 안 빨개졌다. 또 자기가 좋아하는 행동을 할 때는 얼굴이 안 빨개졌다." 등과 같은 패러다임을 만들어보는 것이다. 그래서 내담자가 매번 빨개지는 것이 아니라 안 빨개질 때도 있다는 것을 알아차리게 하고 안 빨개질 때의 경험을 살려 빨개질 때에도 그것을 극복하도록 훈련을 시켜준다. 그러면 상담의 진행과정이 긍정적으로 효과를 발휘하게 될 것이다.

실제적인 상담치료 요법

문제아와 상담할 때는 치료요법이 필요할 때가 있다. 마냥 경청한다고만 되는 것은 아니다. 그들에게 실제적인 학습을 통해서 그것을 멈추게 해주어야 한다. 만약 부모가 문제아 자식을 지도할 때 이런 치료요법을 익히면 많은 도움이 될 것이다.

혐오요법

상담 치료요법 중에 '혐오요법'이라는 것이 있다. 이것은 상대에게 충격을 주거나 혐오스럽게 만들어 잘못된 습관을 끊게 하는 것이다. 예를 들어 아이가 손가락을 빠는 나쁜 습관이 있다. 그러면 그 아이의 손가락에 싫어하는 약을 발라놓으면 더 이상 손가락을 빨지 않는다.

또한 노출증 증세가 있는 아이들이 갑자기 바지를 내려 여자들을 도망가게 해서 성적인 만족을 느끼는 경우도 있다. 주로 눌려있는 아이들이다. 이런 아이들은 그런 행동을 할 때마다 전기충격을 준다든지, 경찰이 오는 사이렌을 울린다든지 등과 같은 두려움을 마음에 심어주어 그것을 극복하게 한다.

어떤 아이들은 잘못된 고집으로 난로에 자주 가까이 가는 경우도 있다. 이럴 때는 한 번 데이게 해서 그 아픔을 맛보게 하면 가지 않을 것이다. 또 문제 아들이 있는데 낭비벽이 심해 철이 들지 않는다. 그러면 조그만 사업을 차려주어 실패를 하게 하면 나중에 깨닫고 다음에는 조심하게 된다.

긍정적 유도요법

긍정적 유도요법은 문제아의 행동을 긍정적으로 유도하여 치료하게 하는 것이다. 예를 들어 학교에서 제멋대로 지껄이는 문제아를 보면 그를 책망하기보다는 흥미롭고 재밌는 프로그램으로 학교생활을 신나게 유도하는 것이다. 그래서 그 아이가 스스로 고치며 균형감각을 갖게 하는 것이다.

교회생활도 마찬가지이다. 교회 안 나오는 교인이 있다고 하자. 그러면 긍정적인 유도요법은 교회에 나오도록 그 사람에게 어울리는 프로그램을 만들어 유도하는 것이다. 또 아이가 있어 교회를 못 나오면 그 아이를 돌보아주는 공간을 제공해줌으로 자연스럽게 교회 나오도록 유도하는 것이다. 이런 것들이 긍정적인 유도요법이라 할 수 있다. 이것은 책망보다는 칭찬으로, 단점보다는 장점을 살려 그 사람이 스스로 치유가 되도록 유도하는 치료 방법이다.

무반응 치료요법

무반응 요법은 상대에게 더 이상 반응하지 않음으로써 치료하는 방법이다. 사람은 때때로 관심을 가져다주면 더 응석을 부리고 더 이기적이 되는 수가 있다. 그래서 무반응 요법은 이런 이기적인 사람에게 아예 반응을 하지 않고 무관심한 것처럼 보임으로써 그 행동을 고쳐주는 방법이다.

예를 들어 애가 운다고 하자. 그 애를 달래려고 하면 더 우는 경우가 있다. 그때는 상관하지 말고 아예 반응을 보이지 않으면 울다가도 뚝 하고 그친다. 또한 직장 동료나 이성 친구가 집착증에 걸려 매사를 간섭하고 공격할 때 거기에 맞서 하나하나를 응수하면 피곤해진다. 그럴 때는 화제를 다른 데로 돌린다든지, 반응을 보이지 않으면 제 풀에 꺾인다. 이런 요법이 무반응 요법이다.

처벌 치료요법

처벌 치료요법은 문제의 행동을 징계함으로써 치료하는 방법이다. 처벌할 때는 감정적으로 하면 절대 안 된다. 그것은 안 한만 못하다. 처벌을 할 때는 반드시 육하원칙에 의해 합리적으로 처벌해야 한다. 상대방도 수긍이 갈만큼 민주적인 요소가 있어야 한다. 무턱대고 하면 안 된다. 거기에 합당한 설명과 이성적인 판단이 수반되어야 한다. 그렇지 않으면 오히려 더 큰 문제를 야기할 수 있다. 또한 처벌을 할 때는 기억에 남을만한 것이어야 한다. 처벌이 크고 작고의 문제가 아니라 처벌을 받음으로써 변화하고자 하는 마음이 들도록 기억에 심어주어야 한다. 상담자는 그런 처벌이 되도록 지혜를 모으고 인내하며 전략을 짜야 할 것이다.

타임아웃 치료요법

타임아웃 치료요법은 문제아의 행동을 잠시 멈추게 함으로써 치료하는 방법이다. 예를 들어 아이가 잘못을 했다고 하자. 그러면 그 자리에서 처벌을 하는 것이 아니라 방에 들어가서 한 번 생각해보라고 하며 자신이 그것을 깨닫도록 시간을 주는 것이다. 그리고 나중에 나왔을 때는 방 안에서 무엇을 생각했는지 말해 보라고 한다. 이것은 자신이 잘못을 깨닫게 됨으로 스스로 수정하고 고쳐나가도록 하기 위함이다.

인간중심의 상담

이것은 칼로저스의 상담 방법이다. 인간중심의 상담은 전적으로 내담자 중심으로 하는 것을 말한다. 치유도 내담자 중심(Client Centered Therapy)으로 이뤄진다. 그래서 서비스 상담이라고도 한다. 이것은 눈높이를 내담자의 수준에 맞춤으로써 내담자가 성숙하도록 돕는 상담방법이다. 더욱이 인간중심의 상담은 약점보다 강점을 살리는 상담이다. 부정적인 충고보다는 긍정적인 격려를 중심으로 한다. 신체와 정신을 분리하지 않고 하나의 영역으로 생각하며 문제의 원인을 분석하고 이해하며 그 문제와 정신적 문제를 격려하며 함께 풀어주는 상담이기도 하다.

상담자는 해석적 안내자

상담자는 주로 해석적 안내자로서의 역할을 담당한다. 즉 내담자가 사물을 파악하는데 주관적인 현실을 긍정적으로 해석하도록 돕는 역할을 한다. 예를 들면 내담자의 비관적인 현실을 긍정적으로 해석해주어 미래지향적인 대안을 찾도록 돕는다. 처음에 상담자는 내담자가 현실적인 자각과 현실적인 감정을 솔직히 고백하게 한다. 그런 다음 이상적인 자아와 현실적인 차이를 줄여주어 그 대안을 찾게 한다. 그리고 새로운 대안을 일관성 있게 행동하게 한다. 마지막으로 그것을 책임감 있게 새로운 틀을 정착하도록 노력하게 한다.

인간의 세 가지 욕구

칼 로저스는 인간중심의 상담에서 인간에는 세 가지의 욕구가 있다고 한다. 첫째는 자기를 실현하고자 하는 욕구, 둘째는 자기 일관성의 욕구(일체감), 셋째는 긍정적인 반응을 받고자 하는 욕구이다. 이런 욕구들이 있기 때문에 상담자는 내담자들의 필요를 잘 채워주면 건강하고 좋은 상담이 될 것이다.

인간중심 상담의 세 가지 원칙

더욱이 칼로저스는 상담을 할 때 세 가지 원칙을 갖고 있어야 한다고 주장한다. 첫째는 "존중성"이다. 인생 자체를 긍정적으로 존중하라는 것이다. 둘째는 "진솔성"이다. 내담자의 경험과 일치시켜 감정을 이입하며 진솔하게 받아들여야 한다. 셋째는 "친밀감"이다. 상담을 통해 래포(rapport)를 형성하는 것이다. 래포가 형성되면 관계가 호전되고 향상된다. 결국 변화를 유도할 수 있는 것이다.

갈등의 관점에서의 상담

이것은 역동적 관계에서 보는 프로이드(Sigmund Freud)의 상담방법이다. 사람은 살다보면 현실과 본능이 자주 충돌하게 되어 있다. 왜냐하면 현실 상황은 본능대로 되지 않기 때문이다. 따라서 인생은 항상 역동적인 갈등을 유발하지 않을 수 없다. 프로이드는 특히 무의식 세계를 발견하여 의식세계보다 무의식의 세계가 더 중요하다고 주장했다. 인간의 행동 속에는 무의식적인 동기가 숨겨져 있다는 것이다. 그래서 사람이 선택할 때는 무의식 속에 반드시 '이익'

이라는 동기를 갖고 행동한다. 그것이 갈등을 유발하는 것이다.

인격적 장애

프로이드는 현실과 본능이 갈등할 때 인격적 장애가 나타난다고 말한다. 예를 들면 본능적인 생각을 억누르며 신경질적이 되는 억압, 자기는 안 그런 척하는 부정, 자기 생각은 감추고 마치 다른 사람의 말인 것처럼 전가하여 표현하는 투사, 스트레스를 받으면 유아기적 행동으로 돌아가는 퇴행, 종로에서 뺨 맞고 한강에 가서 화풀이하는 전이, 현실이 안 따라주면 본능을 포기하며 자기 스스로 합리화하는 것 등이 있다. 그러나 이런 것들을 뛰어넘는 승화의 과정도 있다. 자신의 욕구와 본능을 예술, 종교, 운동 등 긍정적인 에너지로 전환하여 자아를 실현하는 자들도 있고 자기 사랑을 타인 사랑의 에너지로 전환하는 이타주의(altruism)의 반응도 있다.

역동적 상담의 진행과정

역동적 갈등의 관점에서의 상담은 현실과 본능 사이에서의 갈등을 어떻게 조절하느냐에 관한 상담이다. 이런 상담을 효과적으로 하기 위해서는 다음과 같은 것을 유념할 필요가 있다.

개인의 독특성을 파악하라

첫째, 내담자 "개인의 독특성"을 파악해야 한다. 왜냐하면 개인이 어떤 본능을 갖고 있고, 지금 현실은 어떤 상태인지를 파악해야 하기 때문이다. 이것은 주관적인 판단이 아니라 데이터를 중심으로 한 객관적인 배경이 되어야 한다.

객관적인 데이터를 확보하라

둘째, 육하 원칙에 의해서 자료를 수집할 때까지는 판단을 유보해야 한다. 왜냐하면 내담자의 객관적인 배경과 데이터가 확보되었을 때에야 비로소 내담자의 현실이 어떤지를 알 수 있기 때문이다. 그렇게 되면 내담자의 본능과 현실을 이해하며 상담에 임하기가 쉽기 때문이다.

과거 이야기를 하게 하라

셋째, 내담자의 배경을 조사한 후에 "내담자의 과거 이야기"를 하게 한다. 과거 이야기를 할 때는 자유연상 대화를 통해 무의식에 있는 과거의 상처를 끌어올리는 과정을 거친다. 그래서 내담자의 본능과 억압된 과거의 상처가 무엇인지를 인식하고 그것을 풀어주는 작업을 계속 해나간다.

저항을 이상히 생각하지 마라

넷째, 혹시 내담자가 과거 상처에 대한 적개심과 분노 등을 나타낼 때 저항하는 것을 보고 이상히 여기면 안 된다. 내담자는 변화보다는 본능적으로 저항을 선택하기 때문이다. 그러므로 상담자는 그런 과정을 통해 과거의 상처가 풀어지도록 유도하며 본능과 현실을 내담자가 좁혀가도록 지혜롭게 유도해 나가야 한다.

주기적으로 돌보라

다섯째, 중요한 것은 한 번의 상담으로 끝나는 것이 아니라 주기적인 돌봄으로 내담자의 상처를 계속적으로 풀어주어야 한다. 상담은 탁상공론이 아니다. 이론이 아니다. 그것은 생활이며 관계이다. 그것이 형성되지 않으면 건강한 상담이 될 수 없다.

참된 자기(True self)를 찾게 해주는 상담

이것은 융(Carl Gustav Jung)의 상담 방법이다. 그는 개인의 내면에 존재하는 신의 형상(Imago Dei)을 찾는 것을 "참된 자기"를 찾는 것이라고 주장한다. 그렇게 될 때 온전한 인간이 되는 것이며 건강한 인간이 되는 것이다. 그는 특별히 세 가지 관점에서 건강한 인간이 되게 하는 상담의 근거로 삼는다.

가면(Persona)을 벗어라

융은 참된 자기를 발견하기 위해서는 첫째, "페르조나(persona)"를 벗어야 된다고 한다. 사람에게는 수많은 가면(mask)이 있다. 학벌, 지위, 배경, 체면, 위선, 가식 등 이런 페르조나를 벗어던짐으로 자연스러운 하나님의 인간성을 찾는 것이다. 때로는 공동체의 유익을 위해서 긍정적인 가면은 살릴 필요가 있겠지만 부정적인 가면은 과감히 벗어던져 성숙한 인간성을 만들어가야 한다. 이런 페르조나만 벗어도 위선과 경직성을 피할 수 있다.

그림자(shadow)를 제거하라

둘째, "그림자(shadow)"를 제거해야 한다. 이것은 경직된 페르조나이다. 거짓된 자아(false self)이다. 나의 왜곡된 습관 속에 폭력적, 공격적, 비판적, 권위적, 열등감, 비굴, 아첨 등 부정적인 그림자들이 더덕더덕 붙어있다. 문제아는 먼저 이런 것들을 인정하고 직면하는 것이 중요하다. 그리고 부정적인 그림자를 제거하고 긍정적 해석을 마음에 심는 것이다. 그런 다음 변화의 과정을 통해 참된 자기를 찾는 작업을 한다.

양성적 인간(androgynous)이 되라

셋째, "양성적 인간(androgynous)"이 되는 것이다. 여성은 남성 호르몬을,

남성은 여성 호르몬을 병행하여 양성적 인간이 되는 것이다. 남성에게는 여성적 성향의 구조(anima)가 있다. 여성에게도 남성적 성향의 성격 구조(animus)가 있다. 더욱이 나이가 들면 남성은 여성 호르몬이 강해지고 여성은 남성 호르몬이 강해지지 때문에 양성적 사람이 된다. 양성적 사람이 된다는 것은 보다 균형적인 인격체를 갖는다는 의미이기 때문에 좋은 것이다. 그러므로 양성적 인간이 되려고 노력하는 것은 건강한 자아를 찾는 작업이라고 할 수 있다.

인간 욕구의 5단계

이것은 마슬로(Abraham Maslow)의 이론이다. 인간에게는 기본적인 5단계의 욕구가 있다. 이것은 1단계에서부터 시작하여 5단계까지 올라가면 보다 더 성숙한 인간이 되는 것이다. 그러므로 상담자는 내담자가 5단계에 오르도록 유도하는 것이 바람직한 상담의 기술일 것이다.

생존의 욕구

1단계는 "생존의 욕구"이다. 이것은 의식주의 가장 기본적인 욕구이며 생노병사에 관한 생존의 본능 욕구이다. 사람은 누구나 생존의 욕구에서부터 시작한다.

안전의 욕구

2단계는 "안전의 욕구"이다. 사람은 변화의 욕구도 있지만 안전을 희구하는 욕구가 더 강하다. 정치, 경제, 사회, 문화에 걸쳐 안정을 바라는 욕구이다. 보수 성향의 욕구이다. 또한 편하게 쉬고 싶고, 불편하고 싶지 않은 안정적인 욕구이기도 하다.

소속감과 사랑의 욕구

3단계는 "소속감과 사랑의 욕구"이다. 사람은 그룹에 소속되기를 원하고 멤버들로부터 사랑받고 싶은 욕구가 있다. 이것은 사랑하고자 하는 욕구와 사랑을 받고자 하는 욕구가 동시에 작용한다.

존중의 욕구

4단계는 "존중의 욕구"이다. 남에게 인정받고 싶은 명예의 욕구이다. 사람은 나를 인정하고 존중해주는 사람을 좋아한다. 칭찬과 격려는 인간관계의 소중한 자산이다. 또한 자기 자신에게도 인정받고 싶은 욕구가 있다. 이것은 자기 존중의 욕구이다. 자신이 하는 일에 대한 자존감을 느끼는 욕구이다.

자아실현의 욕구

5단계는 "자아실현의 욕구"이다. 가장 높은 단계의 욕구이다. 남을 위해 이상적인 꿈을 실현하고자 하는 이타주의적인 욕구이다. 세속을 초월한 무한한 자아실현의 욕구이다. 인간은 5단계까지 올라갈 때 온전하고 건강한 인간상을 가질 수 있다.

상담의 7가지 주의사항

결론적으로 상담자가 내담자와 대화를 할 때 어떤 기준으로 하는 것이 가장 바람직하겠는가? 상담자는 실제적으로 일곱 가지 과정을 생각하며 내담자와 상담을 할 때 가장 효과적인 결과가 나타날 것이다.

고정관념을 깨라

첫째, 나의 고정관념을 먼저 깨뜨려야 한다. 편견을 갖거나, 미리 주관적인 생각을 개입시키는 것은 버리는 것이 좋다. 철저히 객관적인 데이터나 배경을 바탕으로 상담을 하는 습관을 길러야 한다.

내담자의 감정에 귀 기울이라

둘째, 내담자의 내적 감정에 귀를 기울어야 한다. 겉으로 드러난 말만을 생각하지 말고 행간에 숨어있는 내적 음성을 들을 줄 아는 귀를 가지고 있어야 한다. 상담자는 객관적인 정보와 내면적인 통찰력을 갖고 있어야 좋은 상담자가 될 수 있다.

질문의 반응을 관찰하라

셋째, 질문을 던졌을 때 어떻게 반응하는가를 관찰해야 한다. 적절한 질문은 내담자의 마음을 열기도 하고 해답을 주기도 한다. 또한 내담자의 반응을 보면 그 질문의 강도가 어떤 것인지도 알 수 있다.

흑백논리로 보지마라

넷째, 상황을 흑백논리로 절대 보지 않으려고 노력해야 한다. 흑백논리로 가면 사람을 판단하게 된다. 내 생각이 개입하게 된다. 개방적이고 열린 마음으로 접근해야 한다. 해답이 다양하게 나올 수 있는 개연성을 갖고 상담을 해야 한다.

내담자에게 자긍심을 심어주라

다섯째, 내담자에게 자긍심을 심어주며 상담해야 한다. 내담자가 자긍심을 갖지 않으면 마음을 닫고 대화를 하지 않는다. 내담자가 마음껏 이야기를 할 수 있도록 긍정적인 질문과 격려를 아끼지 말아야 한다.

책임감을 갖도록 해주라

여섯째, 내담자가 현실을 회피하지 않고 책임감을 갖도록 도와주어야 한다. 의존적이 아니라 독립적인 자아를 만들어가야 한다. 스스로 해답을 찾도록 도와주고 자연스럽게 말한 것에 책임을 지도록 유도해주어야 할 것이다.

규칙적으로 돌보아주라

일곱째, 내담자가 충분히 변화되도록 돌보아 주어야 한다. 한 번으로 끝나는 것이 아니라 주기적으로 규칙적으로 돌보아 주어야 한다. 그리고 본인이 선택한 것은 자유롭게 책임을 지도록 하는 훈련을 해야 한다. 왜냐하면 상담자의 목표는 내담자가 "충분히 기능을 제대로 하는 사람(Full functionary person)"으로 변화되는 것이기 때문이다.

> 정리와 묵상하기

상 처 Healing

* 실제적으로 상담을 치료하는 요법은 어떤 것이 있는가?

첫째, 상대에게 충격을 주거나 혐오스럽게 하여 잘못된 습관을 끊게 하는 혐오요법이 있다.

둘째, 재미있고 유익한 프로그램을 만들어 그 일을 하도록 유도하는 긍정적인 유도요법이 있다.

셋째, 상대에게 무반응을 보임으로 끊게 하는 무반응요법이 있다.

넷째, 징계를 가하여 잘못을 수정하게 하는 처벌요법이 있다.

다섯째, 잘못을 했을 때 모든 것을 멈추고 혼자 생각하게 하는 타임아웃 요법이 있다.

* 인간중심의 상담은 어떤 원칙을 갖고 있는가?

첫째, 개인의 인간성은 누구든지 존중해야 한다. (존중성)

둘째, 내담자의 경험을 진솔하게 받아들여야 한다. (진솔성)

셋째, 내담자와 인격적인 래포를 형성하는 것이다. (친밀감)

* 역동적 갈등의 관점에서의 상담은 어떻게 진행되는가?

첫째, 객관적인 데이터를 확보하여 내담자의 현실을 인식하는 것이다.

둘째, 내담자의 과거 이야기를 하게 하여 그의 본능적인 갈등이 무엇인지 찾는다.

셋째, 내담자의 본능과 현실을 좁혀주며 적절한 대안을 찾아주는 것이다.

넷째, 한 번의 돌봄이 아니라 주기적으로 상담을 해주는 것이다.

* 참된 자기를 찾게 해주는 상담은 내담자를 어떻게 해주는 것인가?
첫째, 위선과 가식으로 가득 찬 페르조나를 벗게 해주는 것이다.
둘째, 거짓된 자아인 그림자를 제거해주는 것이다.
셋째, 남자는 여성처럼 부드럽고 여성은 남성처럼 강한 면을 가진 양성적인 인간이 되게 해주는 것이다.

* 인간욕구의 5단계는 무엇인가?
1단계는 의식주에 관한 생존의 욕구이다.
2단계는 편한 것에 정착하고 싶은 안전의 욕구이다.
3단계는 소속감과 사랑의 욕구이다.
4단계는 나와 다른 사람으로부터 명예를 지키고 싶은 존중의 욕구이다.
5단계는 남을 위해 이상적인 꿈을 실현하고자 하는 자아실현의 욕구이다.

|에|필|로|그|

이 책을 집필하는 순간 오랫동안 남겨두었던 숙제를 다 끝낸 기분이다. 여러 해 동안 신학교에서 상담에 관한 강의를 해왔고 목회 현장에서 성도들의 아픔과 문제들을 상담해주기도 했다. 그런 가운데 주변의 많은 사람들로부터 책을 내보라는 권유를 받고 망설이다가 이렇게 출간을 하게 되었다. 필자는 여기에서 나름대로 상담과 치유에 관한 기본적인 정보와 지식을 쉽게 풀어보며 목회자와 신학생, 평신도들의 문제를 치유하는데 조금이나마 도움을 주려고 노력을 했다.

나는 지금 길고 긴 겨울을 지나고 화창한 봄날을 기대하며 이 책을 마무리하고 있다. 나는 이 책에서 몇 가지 대안을 갖고 서술했다.

첫째, 인생의 깊이 패인 각자의 굴곡을 조금이나마 완만하게 하고, 거기에 대한 치유와 회복을 위해 갈등과 문제를 발견하며 개선하고자 여러 방안을 제시했다.

둘째, 개인과 가정, 교회에서 받은 다양한 상처와 갈등들을 해소하고 그리스도인으로서 건강한 자아를 갖도록 그 방법을 가르쳐 주었다.

셋째, 자녀의 상처, 부모의 상처, 남녀의 상처, 중년기의 상처, 노년기의 상처 등, 성별, 세대별, 나이별, 기질별로 구분했고 그들이 안고 있는 아픔을 어떻게 적절하게 치유할 수 있는지도 알아보았다.

넷째, 누구나 다 좋은 상담자가 될 수 있다. 그러기 위해서는 효과적인 상담의 기술들을 배울 필요가 있다. 여기에서 그런 방안들을 모색하며 상대와의 인간관계를 부드럽게 하고 문제아를 치유할 수 있도록 만들어 주었다.

지금도 하나님은 우리를 만들어 가고 계신다. 내가 무언가를 할 때 하나님도 같이 움직이신다. 눈에 보이는 것 없고, 손에 잡히는 것 없어도 지나고 나면 '아하~ 그것이 하나님의 은혜였구나!' 깨닫게 된다. 이번 겨울도 나는 습관처럼 책을 뒤적이며 원고를 수정하고, 바쁘게 목회를 하며 일상을 지내왔다. 그러나 그런 와중에서도 내 자신을 돌아보며 기도를 하면 '아~ 내가 이만큼 왔구나!' 하는 성숙함을 느끼며 감사하게 된다. 때로는 '내 믿음의 분량이 이것 밖에 안 되는구나!' 하는 생각도 들지만 주님의 마음을 생각하며 글을 써 내려갈 수 있도록 작업을 허락하신 하나님께 더더욱 감사를 드린다. 게다가 힘들 때, 어려울 때마다 늘 뒤에서 든든히 버팀목이 되어주는 은혜로운교회 성도들을 생각할 때면 어깨가 축 늘어지다가도 다시 하늘을 쳐다보게 하는 이상야릇한 신비로운 힘을 얻게 한다.

나는 새벽마다 말씀과 기도로 큐티(Q.T)를 하며 상쾌한 아침을 맞는다. 매일 새롭게 다가오는 주님의 음성이 내 마음을 흥분시킨다. 오늘도 행복한 하루를 시작하며 날마다 신선하게 반응하는 주님을 바라본다. 오늘도 웬지 좋은 소식이 있을 것만 같다. 어제의 태양은 어제의 것이고, 오늘의 태양은 다시 희망의 빛을 발하고 있다. 주님이 창조하신 이 아름다운 세상이 신묘막측하며 오묘하기만 하다. 오늘도 내 입가에 살포시 미소를 짓고 은혜의 주님을 바라보며 높이 찬양한다.

주님, 사~랑해요!

아침 햇살을 바라보며
일산 은혜로운교회 목양실에서

상한 갈대의 치유

인쇄일	2010년 03월 20일
발행일	2010년 03월 30일
지은이	옥수영
펴낸이	장사경
편집장	강연순
해외마케팅팀장	장미야
마케팅	이현빈, 김학진
편집디자인	김은혜, 송지혜
경영총무	조자숙
펴낸곳	(Grace Publisher) 은혜출판사
출판등록	제 1-618호 (1988. 1. 7)

주소 서울 종로구 숭인 2동 178-94
전화 (02)744-4029 전화 (02)744-6578

ⓒ 2010 Grace Publisher. Printed in Korea
ISBN 978-89-7917-882-1 03230

이 출판물은 저작권법에 의해 보호를 받는 저작물이므로 무단 전재와 무단 복제를 할 수 없습니다.